글누림 문화콘텐츠 총서 17

문화 라이프사이클을 통해 본
N1.5세대의 삶과 여가

저자 소개

이인정 호서대학교 교양학부 교수

글누림 문화콘텐츠 총서 17
문화 라이프사이클을 통해 본 N1.5세대의 삶과 여가

초판 인쇄 2007년 11월 12일
초판 발행 2007년 11월 22일
지은이 이인정
펴낸이 최종숙
편집 권분옥 이소희 양지숙
펴낸곳 도서출판 글누림
주소 서울 서초구 반포4동 577-25 문창빌딩 2층
전화 3409-2055
팩시밀리 3409-2059
등록 2005년 10월 5일 제303-2005-000038호
전자우편 nurim3888@hanmail.net
값 9,000원
ISBN 978-89-91990-60-9 03330

글누림 문화콘텐츠 총서 17

문화 라이프사이클을 통해 본
N1.5세대의 삶과 여가

이인정 저

글누림

글누림 문화콘텐츠 총서 발간에 부쳐

호서대학교 문화콘텐츠 연구 역량이 결집된 글누림 문화콘텐츠 총서 발간을 진심으로 축하합니다.

지금 우리 주변에는 창의적이고 도전적인 선구자들이 새로운 학문을 개척하는 모습을 많이 볼 수 있습니다. 특히 환경이 악화되고, 사회가 복잡해지면서 인류의 정체성 문제가 새로운 물음으로 대두되고 있습니다. 이제 인류의 미래와 번영에 대한 문제는 단순히 미래학자들의 몽상 속에서 등장하는 물음이 아니라 인류의 생존을 가늠하는 현실적인 문제가 되었습니다. 이런 중에 문화에 대한 탐구는 21세기 학문의 가장 빛나는 중심이 될 것이라고 믿어 의심치 않습니다.

이번에 발간되는 2차 글누림 문화콘텐츠 총서는 이와 같은 학문 내·외적 물음에 대하여 우리 대학 연구자들이 마련한 성실한 답변서라고 할 수 있습니다. 이 총서가 우리 대학을 세계적인 명문대학으로 성장시킬 'World Class 2030 Project'의 한 부분이 될 것을 기대합니다.

지난 1차 글누림 문화콘텐츠 총서에 이어 미개척의 학문 분야인 문화콘텐츠 분야에 대한 도전적이고 창의적인 정신을 실현한 우리 대학의 문화콘텐츠 총서 기획단, 집필진 여러분의 노고와 결실에 다시 한번 경의를 표합니다.

호서대학교 총장 강 일 구

EDITOR'S NOTE

문화가 21세기를 이끌 새로운 분야로서 등장하기 시작한 것은 얼마 되지 않았는데, 지금은 학문의 중심 테마로 자리 잡아가고 있다. 산업 분야에서는 21세기의 새로운 지식 산업으로서 문화 산업이 이제는 당당히 한 자리를 차지하고 눈부시게 성장하고 있는 것을 확인할 수 있다.

이러한 현상은 근대 학문 체계에 대한 회의와 맞물려 있는데, 이 점도 주목해야 할 것이다. 이미 20세기 후반부터 각 분과 학문의 분류 체계에 대해 회의하기 시작했고, 한편으로는 개별 학문을 넘어선 통합 학문을 지향하거나, 학문 간 연계를 강화한 이른바 학제 간 학문이 강조되었으며, 다른 한편으로는 학문의 근본 요소에 대한 성찰도 강화되었다.

이러한 경향은 학문의 정체성 찾기와 학문의 보편성, 그리고 학문 제도에 대한 근본적 반성과 새로운 학문 제도의 형성이라는 다소 상반되고 혼란스러운 현상으로 나타나고 있다. 이것은 그동안의 각 분과 학문이 개별적이고 고립된 대상에 대한 연구였다는 고백과 반성으로 요약할 수 있다.

여러 학문 중에서 특히 인문학은 인간과 인류에 대한 탐구라는 점에서 이와 같은 새로운 학문적 경향을 선도하는 역할을 해야 한다. 그러기 위해서 인문학은 개인, 고립된 주체에 대한 탐구를 지양해야 한다.

흔히 인간은 생각하는 동물이라고 한다. 인간은 생각하는 능력 때문에 동물과 다른 변별적인 특성을 갖는다는 말이다. 이와 같이 인류라는 한 집단이 다른 동물종들의 집단과

구별되는 변별적인 특징들도 찾아 볼 수 있을 것인데, 그 여러 가지 중에서 문화는 가장 중요한 변별적 특질이라고 할 수 있다. 인류는 다른 군집과는 다른 그들만의 독특한 문화를 만들어낼 수 있다. 인류를 인류로서 구별하게 하는 이 문화가, 인류의 사고하는 능력에 못지않게 중요한 인문학의 테마로 부각되는 이유가 거기에 있다.

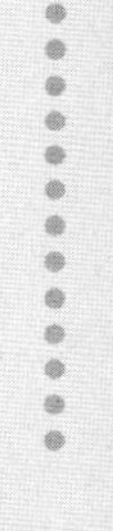

우리 대학은 기독교 정신과 벤처 정신으로 성장하는 학교이다. 기독교 정신은 나와 하나님, 인류를 사랑하는 정신이다. 벤처 정신은 창의적인 도전이고 한 걸음 더 나아가는 모험의 정신이다. 우리 대학은 이러한 정신을 산학 연계와 교육에서 실현하고자 애썼고, 어느 분야에서는 일정한 정도의 그 선도적 의의를 인정받고 있다. 이제는 이러한 역량이 학문 분야에서도 실현되어 학문을 선도할 때가 되었다. 문화의 탐구, 문화콘텐츠의 생산이 바로 그것이다.

이미 1차 총서에서 천명한 바와 같이 이 총서는 '교양 있는 일반인'을 위한 '문화콘텐츠'의 학술적 동향을 안내하는 것이 그 목적이다. 쉽고 간결한 문체를 선택하고, 그림과 도표로써 이해를 돕도록 하며, 설명을 위한 최소한의 주석만 넣는 등의 편집 지침은 이전과 동일하다. 선정이 까다롭고 지원이 크지 않았음에도 불구하고 연구 성과가 풍성했다. 향후 3차 총서에서도 21세기 학문을 반성하는 문화학의 테마와 그의 산학적 실천이라는 문화콘텐츠 생성에 보다 의미 있는 저작이 풍성하게 결실하기를 희망한다.

호서대학교 한국어문화학부 김성룡

PROLOGUE

오늘날 사람들이 말하기를, 두 달이면 태초부터 지금까지의 정보량과 같은 양의 정보가 쏟아져 나온다고 한다. 정보화의 격차는 250 대 1이라고 한다. 이는 돈으로 환산할 때 정보화되지 못한 자가 1,000원을 벌 때 정보화된 자는 25만 원을 번다는 얘기다. 이러한 정보화의 격차는 점점 더 커져서 향후 5년 내에 10,000 대 1로 확대될 것이라는 주장도 있다. 그리고 이러한 주장이 실제로 현실에서 나타나고 있다. 어떤 사람이 1980년대 초반까지 사업을 하다가 20여 년을 쉬고 2000년 초부터 다시 사업을 시작했는데, 불과 몇 년 만에 십 억 정도를 잃어버렸다. 그 이유는 사회적 변화에 발맞추지 못하고 더욱이 정보에서 뒤쳐졌다는 데에 있다.

인터넷의 발달로 각종 정보가 쏟아져 나오고 있다. 이러한 정보화 사회 속에서 성장한 청소년들은 어른들보다 더 빠르고 쉽게 새로운 문화를 흡수하고 자기화한다. "하나의 새로운 습관이 우리가 알지 못하는 우리 내부의 낯선 것을 일깨울 수 있다."고 생텍쥐페리는 말했다. 이제 어른들 역시 새로운 문화를 받아들여야 하는데 그러려면 생텍쥐페리의 말처럼 습관을 바꾸어야 하고, 그것은 청소년들을 통해 좀더 쉽게 이루어질 수 것이다. 이러한 의미에서 N1.5세대들의 삶을 연구해 보는 것은 매우 바람직하다고 생각한다.

먼저 1장에서는 N세대와 그들의 문화적 행동 특성을 알아본다. 여기서 복잡한 수식이 등장하기도 하는데 문화사회학적 흐름을 이해하는 데 도움이 되는 수식이기에 소개하였다. 그리고 그들의 문화적 특성을 이어받은 N1.5세대에 대해 정의를 내렸다.

2장에서는 정보문화의 변천 과정을 정치적, 경제적, 교육적 관점에서 살펴보았고, 그 결과 정보의 격차가 부의 격차에도 영향을 주고 있음을 알 수 있었다.

3장에서는 사이버 공간 속에서의 청소년들의 행동 특성과 문화적 특성을 조명하고 많은 사람들이 우려하는 사이버 공간의 악영향에 대해서 생각해 보았다. 실제로 사이버 공간에서의 청소년들은 우리가 우려하는 것처럼 음란적이고 폭력적이기보다는 수준 높은 문화적 세계를 구축하며 살고 있었다.

4장에서는 새로운 IT문화 질서에 대해 알아보았는데 물리학에서 연구되는 복잡계 시스템의 문화적 창발이 N1.5세대의 문화와 관계가 있음을 보았다.

마지막 5장에서는 윤리문제와 정보화 시대의 새로운 사회윤리에 대해 생각해 보았고, N1.5세대들이 새로운 문화적 도전을 성취해 나갈 주역임을 확인하였다.

N1.5세대들은 앞으로 새로운 문화의 주역답게 성공을 확신하며 살아가야 하리라고 보고, 끝으로 성공철학의 대가 나폴레온 힐(Napoleon Hill)이 전하는 '자신감을 심어주는 선언문' 중 한 구절을 인용한다.

"나는 인생의 명확한 목표를 완수할 수 있는 능력이 나에게 있음을 안다."

2007. 10. 저자 이인정

CONTENTS

1. N1.5세대

N1.5세대라는 말은 신문이나 여러 매체에서 이미 수차 등장하고 있는 말이다. 그 말의 뜻은 1세대와 2세대 사이에 끼인 세대라는 의미다. 이민 1세대와 이민 2세대 사이에 끼인 세대를 이민 1.5세대라 부르기도 한다. 2차 산업과 3차 산업 사이에 끼인 산업을 2.5차 산업이라 한다.

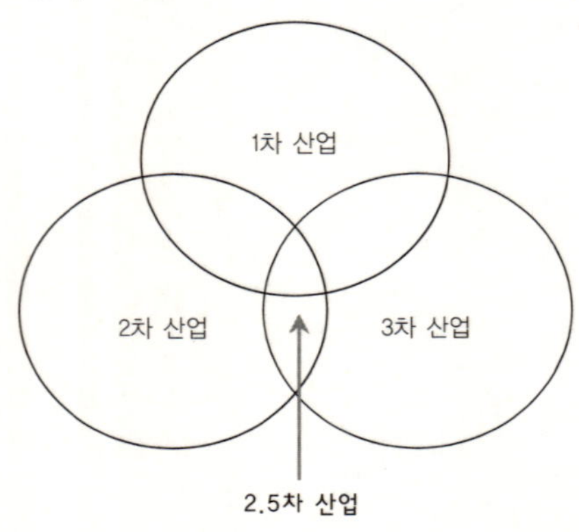

〈그림 1〉 산업구조 중 겹치는 부분을 0.5로 계산함.

컴퓨터 산업은 제조업과 서비스업 사이에 있는 경우가 많다. 프로그램은 밤을 새워가며 만들게 되는데, 제조업이라 부르기보다 서비스업이라 부른다. 이럴 경우 이것을 표현할 적절한 용어로 2.5차 산업이 어울린다. 이런 맥락에서 인터넷 1.5세대는 제2세대로 넘어가는 과도기적 표현으로 보는 것이 옳을 것이다. 혹자는 야후세대가 웹 1세대이며 구글세대가 웹 2세대라고 부르며, 인공지능 검색시스템을 갖추고 데이터베이스를 공유하는 제3세대 웹이 준비되고 있다고 말한다. 기술적인 구분으로는 홈피를 만들어 문서를 공유하고 블로그나 싸이월드를 통해 인터넷상에서 새로운 사회가 만들어지던 세대가 1세대이며 네이버나 구글에서처럼 지식검색이 이루어져 문서 간에 링크와 공유가 사이버상에서 이루어진 세대가 제2세대라고 본다. 기술이 앞서가고 문화가 뒤를 따르는 IT사회에서 현세대를 인터넷 1.5세대로 보는 것은 나쁘지 않다고 생각된다. 물론 UCC를 생각한다면 이미 제2세대로 진입한 사람들도 있고 아직 1세대에 머물러 있는 사람들도 많다고 생각된다. 보편적인 층이 형성되어 있는 세대를 굳이 정의하자면 지금 우리가 서 있는 세대는 인터넷 1.5세대라 부를 만하다.

인터넷을 주도하는 연령층은 주로 10대를 들 수 있으며 실제로도 설문조사 결과 <그림 2>에서 인터넷을 수시로 한다는 응답자 중 거의 대부분 20세 미만을 이루고 있음을 볼 수 있다. 그들을 우리는 청소년이라 부른다.

그러므로 청소년들이 인터넷을 통해 행하는 문화를 알아보는 것이 가장 시급하다고 생각한다. 지금도 그들을 사람들이 N세대라 부른다. N세대는 디지털 기술 혁명을 통해 멀티미디어를 일상생활에서 접하는 세대이며 디지털 멀티미디어를 떠나서는 생각할 수 없는 세대이다. 이들의 삶의 조건은 디지털이라는 매체와 복잡하게 얽혀져

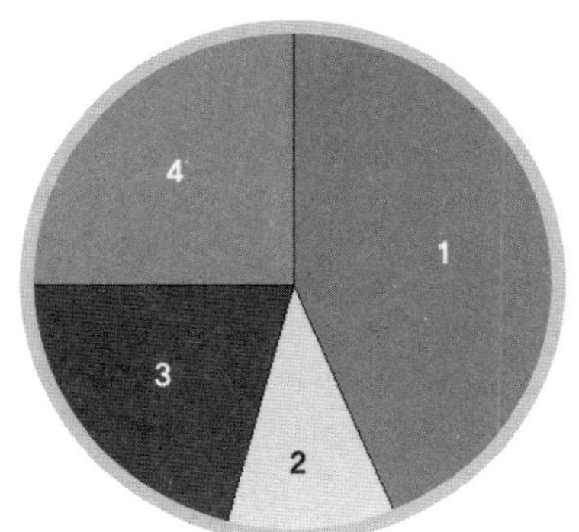

〈그림 2〉 인터넷에 접속하는 횟수에 대한 질문에 1. 수시로, 2. 1일 5회 이상, 3. 1일 5회 미만, 4. 1주일에 3,4회 정도로 응답했다. 이중 1, 2번 응답자의 90%는 20세미만으로 나타났다. (2005년 7월 일반인 대상)

있으며, 인터넷이나 핸드폰이 단순히 기능적인 차원에서의 도구가 아닌 이들의 감정과 정서를 구성하는 주요한 매체가 되고 있다. 먼저 N세대가 어떻게 인터넷 매체를 다각적으로 활용하고 있는지를 분석하여 보자.

이를 위해 청소년들과의 심층 면담을 통해, 청소년들이 인터넷을 어떻게 경험하고 활용하며 의미를 부여하는가를 경험적으로 분석한다. '청소년'과 인터넷의 관련성에 관한 기존의 연구가 주로 청소년의 인터넷 활용 실태에 관한 통계적 조사이거나 인터넷의 부정적 효과로서 게임중독이나 성인물에의 노출도 등에 관심을 가졌다면, 여기서는 청소년들이 인터넷을 활용

〈그림 3〉 청소년들의 다양한 인터넷 활용 분야

함으로써 새로운 정체성을 확보해 가는 과정과 그들의 주관적 해석에 주목한다. 청소년들은 인터넷 게임의 생산자와 소비자로서, 또한 의사소통의 확장된 채널로서, 그리고 일터로서, '시민사회'적 커뮤니티의 질서를 실험해 보는 장으로서, 다양한 방식으로 인터넷과 접촉하고 있다. 청소년들의 다양한 인터넷 활용 양상을 분석하여 보면 그들은 교육, 소비, 일, 오락, 비즈니스 등 전반적인 부분에서 디지털 기술과 일상 문화가 결합하는 방식에 대한 시사점을 보이고 있으며 N세대들이 만들어 가고 있는 사이버 공동체에 대한 이해가 필요함을 보이고 있다.

(1) N세대의 정체성

혹자는 N세대를 "PC 통신과 게임과 인터넷의 대중화가 만들어낸 10대"로 명명한다. 이들은 인터넷을 통해 다양한 사람들과의 사회적 관계망을 폭발적으로 확장시키는 것을 자연스럽게 경험하고, 일상화한 첫 세대라고 할 수 있다. N세대는 이제 영화, 음악, 광고 등의 대중문화의 영역에서부터 오락 및 상품 생산의 영역까지 거대한 '문화 권력'을 행사하고 추동하는 집단이 되고 있으며, 그들의 빠른 이동성은 자본과 상품의 회전력을 강화시키고 있다. 산업사회의 일상이 여가와 일 또는 여가와 공부로 이분화된 시간 개념으로 구획되었다면, 디지털 기술은 N세대의 일상을 '접속(connected)'과 '접속중지'의 축을 오가는 분절화된 시간성으로 구성해내고 있다. 일반적으로 N세대란 디지털 신기술을 통해 확장된 사회적 관계들에 익숙해진 세대를 지칭하며, 집합적인 의미에서 이런 경험을 공유하는 집단을 의미한다. 그러나 N세대는 미디어에 의해 '만들어진' 개념의 성격이 강하다. 이러한 '세대론'이 가진 추상성을 벗어나기 위해서는, 한국의 청소년들이 자신의 일상에서 어떠한 방식으로 디지털 기술 환경을 경험하며, 새로운 의미를 구성해가고 있는지에 대해 구체적인 경험적 접근이 요구된다. 우리가 염려의 시각으로 바라다 본 부정적 효과보다는 청소년들이 인터넷을 활용함으로써 만들어내는 인터넷 문화의 다양한 양상을 알아보자. 여기서는 청소년들이 인터넷을 활용함으로써 만들어내는 인터넷 문화의 다양한 양상을 알아보자.

미국의 N세대(Net Generation)를 연구한 탭스콧은 N세대를 1999년을 기점으로 2세에서 22세에 이르는 이들을 총칭하는 것으로, 디지털 매체에 둘러싸여 성장하는 첫 세대로 정의한다. 그는 뉴미디어의 디지털 과학기술 혁명을 일상적으로 경험한 베이비붐 세대들은 이전 세대와는 다른 방식의 행동양식과 가치체계를 내재화하고 체화함으로써 '세대적' 특성을 보여준다고 주장한다. 한국적 상황에서도 2001년 탈 제약성으로 특징지어진 사이버 공간이라는 새로운 공간을 체험한 세대들은 특징적인 의식과 행동을 보여주는 경향이 있었다. 이러한 행태적 특징은 표출화, 경량화, 조급화, 시각화, 유목화, 놀이화 경향 등으로 나타난다. 2000년 한국정보문화센터의 연구보고에 의하면 N세대가 한편으로 문화적 잠재력을 보여주지만, 동

〈그림 4〉 사이버 공간에서 청소년들이 보이는 행동 양식

시에 위반적인 행위에 동기를 부여하고 자제력을 상실하는 등 일탈 성향을 가지게 된다는 점을 지적한바 있다.

같은 시기에 미래인력연구센터 주최 여성 연구 학술대회에서 전효관은 탭스콧에 의해 대중화된 N세대란 개념이 한국 사회에서 컴퓨터 보급률이나 10대들의 인터넷 사용 정도와 같은 수치를 통해 막연하게 적용되고 있는 점에 주의를 요청하면서, 한국의 특수한 맥락에 대한 이해와 10대들의 경험과 사회적 조건에 대한 구체적인 분석의 필요성을 지적하였다. 이러한 지적에도 불구하고, 인터넷이라는 특정한 기술이 삶의 질서를 새롭게 구축해내고 이러한 삶의 질서가 특정한 행동양식을 형성해나간다는 점에서 한국 청소년들의 경험은 세대적 특수성을 갖는다고 볼 수 있을 것이다.

N세대 논의는 단순히 청소년들의 인터넷 접속 여부와 활용도를 통해서만 설명력을 갖고 있는 것이 아니라 이러한 디지털 환경에 의해 구성되는 새로운 '인간형'에 대한 논의를 포함한다. 디지털 기술은 전통적인 관념의 '생산자'와 '소비자'로서의 이분법을 해체시키고 있다. 조한혜정은 근대적 인간형으로서의 아날로그 세대는 사회적 생산자가 되기 위해 참고 인내하며 미래를 위해 긴 준비 시간을 거치는 반면, N세대는 소비의 경험을 통해 생산자로서의 자질을 획득하는 생비자(proconsumer)의 세대이며 기다림의 삶을 믿지 않는 세대로 정의하고 있다. 그

들의 즉시성과 자유분방함은 디지털이라는 기술 혁명에서 요구되는 새로운 인간적 자질의 습득 결과이며 동시에 디지털이라는 기술을 특정한 방식으로 현실화시키는 추동체가 되고 있다.

그러나 많은 곳에서 지적되고 있듯이, 디지털 기술이나 컴퓨터 자체가 어린이나 청소년들에게 자동적으로 문화적 생산자가 될 수 있는 창의성을 제공하는 것은 아니다. 실제로 우리는 이러한 기술들이 제공하는 새로운 공간으로서의 사이버가 만들어내고 있는 특정한 유형의 정체성에 주의를 기울여야 한다. 황상민은 2000년에 인터넷이 만들어낸 사이버 공간은 익명성을 기초로 하여 자아가 확장될 수 있는 새로운 공간이므로 현실에서의 행동들이 아주 과장된 형태 또는 증폭되거나 축소된 형태로 변형되어 일어난다고 말한바 있으며 사이버 공간에서 인간들이 보이는 행동은 현실 공간과는 다른 법칙에 의해 좌우되기 때문에, 사이버 공간의 인간 심리는 새로운 연구 대상이 된다고 했다. 홍성태는 사이버 사회의 익명성을 기초로 만들어지는 정체성을 내적 정체성으로 규정하는데 이는 타자에게 드러나지 않으며 내가 나에 대해서 생각하는 정체성으로, 이는 사기, 욕설, 스팸 메일, 크래킹 등의 반사회적 행태들을 낳는 원천이 되기도 한다고 했다. 즉 타자에게 드러나는 외적 정체성과 모호한 관계를 맺고 있는 새로운 다중적 정체성들이 긍정적, 또는 부정적으로 형성되어질 수 있는 공간이 바로 사이버 공간이라는 점을 지

〈그림 5〉 익명성 때문에 보이는 행동 특성

적하였다.

디지털 기술의 급격한 발전은 아날로그 세대와 디지털 세대의 문화적 격차뿐만 아니라, N세대 청소년 내부에서도 다양한 경험의 차이를 불러일으키고 있다. 청소년들이 인터넷을 통해 자신을 어떻게 정체화하는지를 알아보자.

(2) N세대의 문화적 행동 습성

❶ Cyber Romancer와 Story-teller

청소년들은 사이버에서 대화가 통하는 사람을 발견하게 된 것과, 알고 지냈지만 잘 몰랐던 아이들을 이해하게 된 것을 인터넷이 가져다준 좋은 점이라고 했다. 그들은 인터넷이라는 기술에 인간적인 감정을 불어 넣으면서 인터넷의 사용형태를 변화시켜낸다. 그들은 게임 중에서도 디지털 인공생명을 키우거나 특정 캐릭터를 만들어내기 위해 온갖 정성과 사랑을 쏟아붓는다. 사이버 로맨서들은 바로 이렇게 인터넷을 감정이 흐르는 공간으로 변화시켜내는 사람들이며, 사이버 이야기꾼들은 다른 사람과의 감정적 교류를 위해 자신의 이야기를 올리거나, 시, 소설 등의 창작물을 게시하고, 사회적 언설들을 만들어내는 N세대들이다.

사이버 로맨서들은 채팅을 통해 모르는 사람과의 연애를 실현시키지만, 미국의 청소년 연구에서도 밝혀지듯(Gross, Elisheva et. al 2002), 대부분은 아는 사람과 일상적인 언어를 주고받는 일에 더 헌신적이다. 최근 청소년들은 좀 더 즉각적인 반응을 얻기 위해, 전자메일보다는 인스턴트 메신저(instant massenger)인 쪽지나 채팅을 즐기고 있다. 핸드폰의 문자 메시지를 끊임없이 주고받음으로써 자신의 즉각적인 감정을 전달하는 데 익숙해 있고, 인터넷에서는 자신의 감정을 짧게 표현하고 그에 대한 반응을 쉽게 얻기 위해서 Buddy-Buddy와 같은 메신저를 많이 활용한다. 여자 청소년들의 경우 타인과의 채팅 경험은 있지만 곧 재미가 없어지거나 의미가 없어져서 그만 둔 경우가 많았다. 채팅에 대한 그들의 생각은 상당히 부정적이었으며, 서로 나이를 속이기 때문에 믿을 수 없는 곳, 청소년 성매매의 온상인 곳, 그리고 여자들을 희롱하는 공간으로 인식하고 있었다. 그들에게 채팅은 즉각적인 만남을 목적으로 한 미팅이상의 것은 아니라고 대답했다. 남자 청소년들의 경우에는 아직 호기심이 많은 중학생들을 제외하고는, 잘 모르는 사람들끼리의 채팅은 별 재미도 없고, 의미도 없다고 했다.

실제 사이버 공간을 감정이 흐르는 사회적 관계망으로 만들어내는 데 가장 큰 기여를 하는 것은 사이버를 통한 연애가 아니라, 사이버상에서 오고가는 글이나 이미지 텍스트들이다. 사이버상에서 오고가는 많은 글과 대화는 실제 공간에서 표현되지 못했던 감정들을 교류시키는데 많은 기여를 하고 있다. 감정을 잘 전달하기 위해서는 인터넷이 제공하는 다양한 형식과 수단을 활용하는 것이 필수적이다. 여자 청소년들의 경우에는 메일을 받을 때는 평범한 전자 메일 계정을 사용하지만, 메일을 보낼 때는 캐릭터 메일이나 카드 메일을 사용하여 자신의 감정을 이미지화시키려고 노력했

〈그림 6〉 일상을 탈피하려고 하는 행동양식의 한 예

다. 또한 여학생들의 경우 감정과 정서를 기호로 표현하는 이모티콘(emoticon)을 자주 사용하고, 이를 통해 글 속에서 보낸 사람의 표정을 읽어간다고 했다.

디지털 문화에서 참여자는 단순한 정보와 이미지의 소비자가 아니다. 그들은 "문화 사용자, 혹은 문화 생산 – 소비자"라는 말이 적절할 만큼 자신들의 생각과 감정을 가지고 텍스트 속으로 개입한다. 청소년들 중에는 디지털 문화의 콘텐츠를 만들어 가는 적극적인 글과 이미지의 생산자들이 있다. 이들은 쪽지나 메일을 통해 구체적인 상대방과 대화를 나누기보다는 자신의 생각과 주장을 에세이와 같은 형태로 올리거나, 구체적인 정보들을 수집하여 제공한다. 그들은 단순한 리플의 수준에서 벗어나 인터넷에서 사회적 연설을 만들어내고, 아이디어를 공유하기 위해 시간을 투자하고, 자신을 드러낸다. 그들은 게시판에 소설이나 에세이를 쓰고 팬클럽 홈페이지에 올려놓기도 한다.

인터넷 로맨서이며 스토리텔러로서 이들은 자신들이 사회에서 생각하는 것처럼 미성숙한 10대가 아닌 인터넷에 인간적 감정을 불어 넣는 감성의 생산자이며, 사회 변화를 추구하는 변혁적 담론 생산자로 생각하고 있다. 이들은 공통적으로 디지털 문화는 사람들이 많이 찾는 게임이나 커뮤니티를 통해서 활성화되는 것이 아니라, 사이버를 의미 있는 공간으로 만들어내는 소수에 의해 이룩될 수 있다는 신념을 가지고 있다.

인터넷은 아날로그 세대가 만들어 낼 수 없었던 다양한 문화 생산자를 만들어내고 있다. N세대들은 디지털 기술을 통해 담론, 감정, 유머, 이미지, 텍스트를 광범위하게 사용하면서 자신들이 생산하는 것들을 빠르게 유통시켜내고 있다. 또한 이들은 디지털을 단순히 기술이 아닌 '문화'로 변화시켜내는 데 주요한 역할을 담당하고 있다.

❷ 사이버 플레이어

인터넷의 사이버 플레이어(Cyber Player)들은 자기 확장과 변화의 욕구가 큰 N세대들이다. 아바타라고 불리는 사이버상의 캐릭터의 인기는 바로 이러한 자기 확장과 변화의 욕구를 적극적으로 수용하여 상업화시켜내고 있다. <여성신문> 2001년 8월 24일자에서 말한 아바타란 고대 인도의 힌두 신화에서 유래한 분신 또는 화신이란 말로 가상공간에서는 "접속 주체인 현실의 이용자를 대신해 3차원 게임이나 인터넷 채팅 등에 참여하는 가상의 인물"을 의미한다. "한 사람이 여러 개의 아바타를 갖고 채팅, 게임, 구매 등 다양한 활동이 가능한 까닭에 다수의 자아를 구현하는 데 적절한 수단이라 할 수 있다." 아바타는 사이버상의 가상 육체로서, 벗은 몸을 한 만화 캐릭터의 형태로 나타나는데, 이것에 옷을 입히고 액세서리를 달게 하여 자신의 이미지와 비슷하게 만들어 낼 수 있다. 아바타는 내 소개하기나 옷 갈아입기 등을 통해 사이버에 자리를 잡고 있지만, 단순한 자기표현을 넘어 그 자체가 하나의 cyber embodiment를 부여받고 있다.

사이버 플레이어들은 자신의 정체성을 특정한 방식으로 구축하고 싶다는 욕구가 가장 큰 N세대들이다. 자신이 많은 사람들의 관심의 대상이 되는 것을 즐기는 듯 했고, 자신의 홈페이지에 많은 사람을 등록시키고 연결 시켜 내는 것을 즐긴다. 사이버 플레이어들은 특정한 이미지를 생산하고 유지하기 위해 홈페이지를 개설하고 이 홈페이지를 자신의 팬클럽 홈페이지라 부르며, 자신을 인기와 매력의 중심인물로 구성해낸다. 사이버 플레이어들의 특징은 자신을 중심으로 타자들을 배열하고, 범주화해내면서 보스적 성향을 강하게 가지고 있다는 점이다. 그들은 사이버세계가 가져다주는 자율성과 개별성을 찬미하면서도 디지털 권력을 얻고 싶어 하는 욕구를 갖고 있다.

사이버 플레이어들의 자기확장에 대한 욕구는 이러한 홈페이지에 가입한 멤버들을 통해 이익을 내거나 사업을 벌이려는 욕구로 전환되기도 한다. 그들은 자신들의 독창적인 아이디어를 기반으로 한 사업 계획서를 제출하기도 하고, 트렌드(trend)를 읽어 나가는 감각을 잃지 않으려고 많은 시간을 인터넷에 투자하기도 한다.

❸ 커뮤니티와 네티즌십

사이버 공간에는 동호회를 비롯하여 다양한 커뮤니티가 존재한다. 청소년들 사이에서도 동호회나 커뮤니티는 인터넷에 접속하는 주요한 이유가 되고 있으며, 지속적이고 헌신적인 참여를 보이는 경우가 많다. 특히 커뮤니티가 구체적인 목적이나 지향점을 갖고 오프라인상에서의 모임과 연결되어 공동 작업을 한 경험이 있는 경우 커뮤니티 구성원간의 상호 신뢰와 선호도는 상당히 강한 편이다. 사이버 공동체 주민은 이미 구획된 지역에 장기간 거주하면서 다양한 대화와 정보를 나누기 때문에 온라인에서부터 친근감을 갖고 있는 경우가 대부분이다. 이들은 지역적인 거리나, 나이 차이 등의 장애를 뛰어넘으면서 공동 작업을 위해 만난 경우들이 많고, 이 경우 가장 헌신적이고 충실한 사이버 세계의 고정 참여자가 된다. 그들은 공동체 주민으로서의 신뢰를 쌓고 살기 위해 다른 사이버 공간에 비해 엄격한 질서를 가지고 있고, 커뮤니티에서는 지나치게 튀는 인간들을 경멸하고, 공동체 주민끼리 따뜻한 교류를 이상화한다. 동호회나 커뮤니티는 정규모임을 통해 회원들 간의 결속력을 강화시킬 뿐 아니라,

진정한 친구들을 만들어주기도 한다. 청소년들은 일단 특정 커뮤니티의 멤버가 되면 커뮤니티의 충실한 참여자가 된다. 그들의 일상은 이러한 동호회들을 규칙적으로 방문하고 글을 읽고 남기는 것으로 구성된다. 또한 동호회 활동은 청소년들이 나이의 제약에서 벗어나 자신의 의사를 자유롭게 표현할 수 있는 권리를 얻어내게 했다는 데 큰 의의가 있다. 고등학생들 거의 대부분은 TV 매체에서 인터넷 매체로의 전이를 경험하고 있었는데, 이유는 TV 매체는 재미없고 지루하고 인터넷 커뮤니티에서 느끼는 공감대가 없다는 것이다. 입시와 학교 공부로 인해 시간을 많이 낼 수 없는 고등학생들은 시간에 구애받지 않고 쉽게 접속할 수 있는 인터넷을 편리하고 유익한 도구로 인식하고 있다. 그들은 사이버 커뮤니티에서 아이디어를 교환하고, 감정을 교류하는 친구들을 만나기 위해 규칙적으로 시간과 에너지를 투자하며, 커뮤니티에서 요구하는 성원으로서의 의무를 충실히 수행한다. 이들이 인터넷 시민 사회의 주요한 구성원으로 등장하고 있다.

❹ 게임

청소년들의 컴퓨터게임 문화는 수용의 과정에서 상호작용성이라는 특성을 가지며 전통적인 대중매체에 비하여 커뮤니케이션 활동이 활발하다. 컴퓨터게임의 과정은 1차적으로 플레이어와 게임텍스트 간의 상호작용에 의해 커뮤니케이션이 진행되며 2차적으로는 네트워크상이나 인터넷상에서의 플레이어와 플레이어 간의 상호작용에 의한 커뮤니케이션으로 진행된다. 특히 청소년들은 2차적 상호작용으로서 플레이어 간의 커뮤니케이션으로 인한 변화무쌍한 게임세계에 열광하는 것이며, 인터넷을 매개로 한 인간 대 인간 간의 커뮤니케이션에 몰두하는 것이다. 무엇보다도 청소년들이 컴퓨터게임을 통해 느끼는 즐거움은 '컴퓨터게임이 제공하는 다양한 캐릭터의 위치로의 정체성의 획득'이라는 것이다. 전략게임의 경우, 청소년들은 자신의 위치를 사령관이나 지휘관 등으로 놓음으로써 현실적인 억압상태를 벗어나 자기 욕망의 표현 또는 자기보상의 효과를 경험하고자 하는 것이다. 이것 역시 컴퓨터를 매개로 한 것이지만 인간 대 인간이라는 상호작용적 커뮤니케이션을 전제로 하는 것이다.

청소년들을 대상으로 컴퓨터게임이 가지는 기술적 특징으로 기존의 대중매체문화가 주는 즐거움이나 정체성 형성과는 다른 점이 있을 것이라는 관점을 가지고 조사해본 결과, 수용자들의 즐거움을 보장하는 상호작용적 커뮤니케이션이라는 특성을 확인할 수 있었다. 이것으로 인간 대 인간의 커뮤니케이션이 사이버 공간을 넘어 실재 세계에까지 확장되는 것은 컴퓨터게임을 부정적인 시각으로 보는 것을 극복할 수 있는 사회문화적인 의미라고 판단된다. 다음의 한 사례를 보자.

스타크래프트는 잘하면 아이들이 인정해주고 게임하는 사람들 사이에서도 좀 많이 인정해주고 그런 게 있거든요. 그리고 제가요, 프로게임하는 데 등록이 되어 있거든요. 방학 때면 리그에 나가요. 잘하면 베틀넷에서 연락이 와요. 게임하면서 채팅하고 그러다가 서로 모르는 친구끼리 알게 되어서 나중에 같이 게임방에 가기도 해요. 잘 모르는 형들도 "너 되게 잘한다" 그러면서 가르쳐 달라고 하면서 더 친해져요. 그리고 싸웠던 애들이나 서먹한 애들과도 게임 같이 하면 다시 친해져요.

온라인상의 커뮤니케이션 양식이 실재 생활과 연결되어 구성원간의 정서적 사회적 유대를 이루는 이와 같은 현상은, 사이버 공간과 실재세계가 온라인 게임을 통해 매끄럽게 이어지고 있다는 것을 보여주는 것이다. 그리고 이러한 공간을 넘나드는 커뮤니케이션의 측면이 청소년들을 비롯한 많은 플레이어들을 온라인 게임의 세계로 불러들이고 있는 것이다.

현재 컴퓨터게임은 청소년문화를 이루는 하나의 큰 줄기가 되었다. 청소년들은 컴퓨터게임의 수행을 통해 또래집단을 형성하고 그에 참여하며 정보사회가 요구하고 있는 기능까지 습득하고 있다. 청소년문화의 담론으로 형성되어 있는 컴퓨터게임 문화가 지배문화의 한 유형이다. 컴퓨터게임 문화는 그것을 즐기는 청소년들 사이에서 자신들의 독특한 스타일을 형성하면서 지배문화에 상징적으로 저항하고 있는 모습이 발견된다는 다소 이율배반적인 내용을 보인다. 이것은 현재의 청소년 문화가 하위문화로서 가지는 지배문화에 대한 타협수준을 보여주는 것이라 생각한다.

컴퓨터의 이용이라는 정보사회적 담론은 기성세대뿐만 아니라 청소년들 사이에서도 서로의 관계를 형성하고 서로의 능력을 평가하는 주요 내용이 되고 있다. 청소년들은 게임을 해독하고 그것을 마스터하기 위해서 스스로를 연마한다. 컴퓨터게임의 상호작용성과 수행성이라는 텍스트적 특성은 시간과 노력을 투자하는 만큼 그에 준하는 능력의 획득을 가능하게 한다. 그래서 청소년들은 컴퓨터게임과 관련된 정보를 얻기 위해 게임시장을 헤매고, 게임 잡지를 뒤적이고, 밤을 새워가며 컴퓨터게임과의 일전을 치르는 것이다.

청소년의 컴퓨터에 대한 태도와 경험에 관한 한 연구에서는 청소년들의 컴퓨터에 대한 부정적 감정은 상당히 낮은 수준이며 컴퓨터를 유용한 도구라고 여겨 컴퓨터를 배우려는 욕구가 강하게 나타나는 것을 보여주었다. 이러한 태도는 컴퓨터를 소유하고 컴퓨터게임·컴퓨터통신·인터넷 등을 경험한 집단, 오래 이용한 집단, 그리고 자주 사용한 집단이 그렇지 않은 집단에 비해 강하게 나타나고 있는 것으로 조사되었다.

이런 청소년들은 컴퓨터게임에 대한 사회적인 분위기에 대해서도 긍정적으로 생각하고 있으며, 컴퓨터와 관련되는 직업을 장래희망으로 갖고 있는 경우가 많았다. 이것은 정보사회에 대한 환상이 청소년들에게 컴퓨터게임을 통해서 여과되지 않고 수용되고 있음을 보여주는 것이다.

컴퓨터게임 문화가 특히 청소년층을 중심으로 형성되고 있는 것은 과학기술의 발전에 의한 정보화의 물적 토대 구성과 이것의 혜택을 받으며 자라나는 청소년들의 감각기능이 변화·확장되고 있다는 측면과 그것을 자신의 생활과 문화형성에 이용하는 청소년들의 정서적 구조와 사회적 위치와 관계가 깊다고 볼 수 있다. 대중매체의 문화에 참여하며 자신들 만의 문화적 즐거움을 향유하는 청소년들이 발전하는 정보기술을 이용해 새로운 형태의 문화를 일구고 있음을 보여 주는 것이다.

인간생활에서 컴퓨터가 가져올 수 있는 역기능적인 측면으로 여러 학자들에 의해 지적되어 온 견해 중의 하나는 '컴퓨터가 이용자들로 하여금 기계에 대한 친화성을 증대시키게 하고 그 결과 원만한 대인관계를 형성하는 데 장애를 일으킬 수 있으며, 쉽게 고독감을 느끼게 할 수 있다'라는 것이었다. 그러나 문화체육부의 조사에 의하면 게임경력이 증가할수록 5명 이상의 친구를 가지고 있는 청소년의수가 증가하고 있음을 알 수 있다. 또한 컴퓨터게임의 빈도와 친구의 수 사이에 나타나고 있는 관계는 게임의 경력과는 조금 다르지만 게임의 빈도수가 일정한 수의 친구를 유지하는 데에는 관련이 있음을 보고하고 있다. 즉, 컴퓨터게임이 친구를 사귀는 데 촉매제 역할을 할 수 있다는 가능성을 주는 것이다.

(3) N1.5세대의 정체성

이제까지 우리는 N세대들의 문화적 정체성에 대해 알아보았다. 이미 서두에서 말했듯이 많은 사람들이 야후세대가 웹 1세대이며 구글세대가 웹 2세대라고 부르며, 인공지능 검색시스템을 갖추고 데이터베이스를 공유하는 제3세대 웹이 준비되고 있다고 말한다. 기술적인 구분으로는 홈피를 만들어 문서를 공유하고 블로그나 싸이월드를 통해 인터넷상에서 새로운 사회가 만들어지던 세대가 1세대이며, 네이버나 구글에서처럼 지식검색이 이루어져 문서 간에 링크와 공유가 사이버상에서 이루어진 세대가 제2세대라고 본다. 그러므로 현세대를 인터넷 1.5세대로 보고 그들의 행동을 살펴보기로 하자. 그들은 N세대에서 출발하여 진화하였으므로 N세대의 습성을 모두 품고 있으며 거기에 더하여 지식사회로 진화해가는 과정에서 나타나는 현상을 보인다.

이러한 현상을 문화 사이클을 통해 알아보자. 최근 각종 IT 자원의 생성부터 폐기에 이르는 수명 주기를 관리하는 라이프사이클관리(LCM : Life Cycle Management) 솔루션들이 부상하고 있다(<Digital Times>, 2004. 7. 31). 문화가 생겨나서 정착해 가는 과정을 시간에 대한 함수로 나타내면 다음식과 같이 표현할 수 있다.

$$f(t) = \frac{1}{1 + e^{-(t-a)/p}} + e^{-((t-a)/p)^2}$$

여기서 t는 시간이며 a는 최고점에 도달할 때의 시점이고 p는 시간지연인수이다. 이것을 그림으로 그려보면 다음 <그림 7>과 같다.

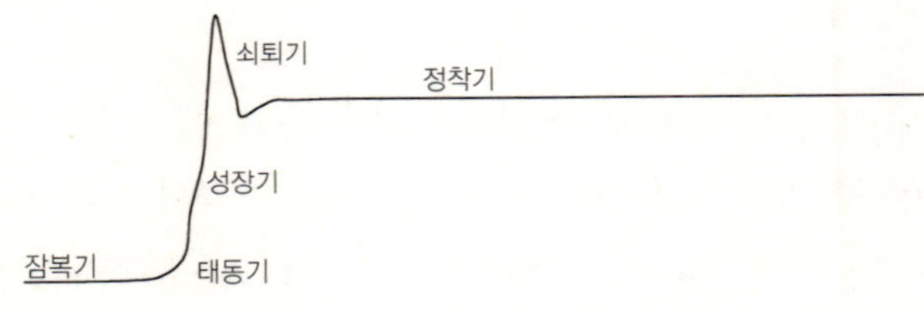

〈그림 7〉 문화의 성장 및 정착곡선

이 <그림 7>은 p=1로 본 그림이며 p값에 따라서는 다음 <그림 8>과 같이 완만한 그림을 보여준다. <그림 8> a)는 p가 4일 때이며 b)는 p가 8일 때이다. 농경사회와 같이 오랜 세월을 두고 변화해온 문화는 p가 크며, 산업사회에서 지식정보화 사회로 변하는 과정에서는 p값이 작게 나타난다.

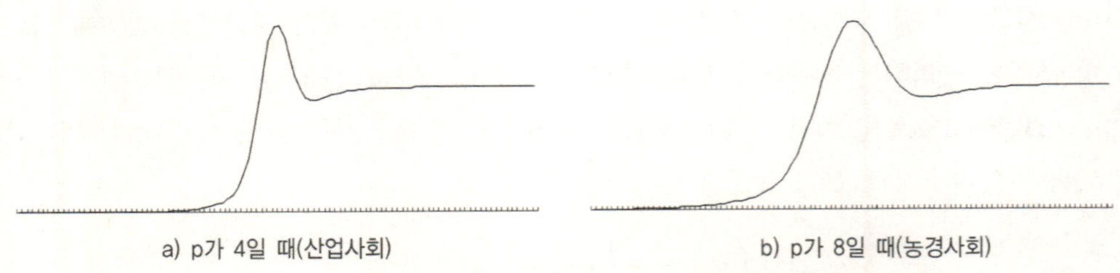

〈그림 8〉 p=4일 때와 p=8일 때의 곡선의 개형

우리나라의 인터넷 수준은 상당히 앞서 있다. 이런 의미에서 우리나라의 인터넷 문화 수준을 위의 라이프 사이클에서 보면 10년을 단위로 p=4, 즉 40년 정도의 잠복 태동기를 가졌으며 a=2005, 즉 2005년에 곡선의 정상에 와 있음을 알 수 있다. 여기서 2005년을 정상으로 잡은 것은 인터넷 인구가 폭발적으로 증가했던 2005년 이전에 비해 접속횟수는 늘어나지만 국내 인터넷인구의 증가세는 거의 안정적이라는 자료를 토대로 추정한 값이며 이는 <그림 9>와 같다. 또한 여기서 그래프의 오른쪽 꼬리 부분은 문화는 쇠퇴하지만 완전 소멸되는 것이 아니고 그 여파가 지속된다는 가정에 의한 것이다. 예를 들어 산업사회가 되었다고 하여 농경문화가 완전하게 없어지지 않고 여전히 남아 있기 때문이다. 다음 <표 1>은 사이버 문화와 관련된 몇 가지 기술들의 라이프 사이클을 나타낸 것이다.

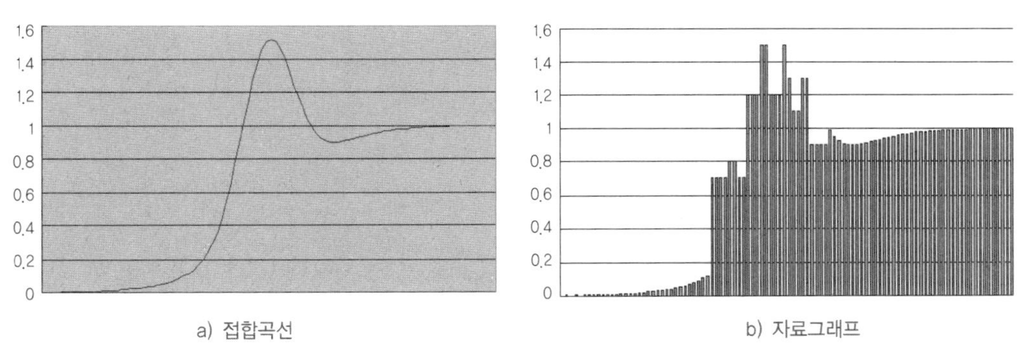

〈그림 9〉 접합곡선과 자료그래프로 자료는 단위를 정량화시켰으며 시간 축은 10년 단위로 p=4이고 a=20005이다.

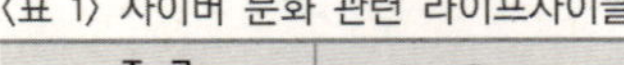

〈표 1〉 사이버 문화 관련 라이프사이클

종 류	α	p	시간 단위	비 고
농경사회	1500년	8	100년	
산업사회	1950년	4	30년	
전화	1980년	4	20년	
TV	1990년	2	10년	
인터넷	2004년	1	5년	
모바일	2005년	1	2년	
유비쿼터스	2006년	1	1년	

각각의 군소 문화요소들을 f_i라 하면 이러한 문화요소들이 서로 관련되어 전체의 어떤 조류를 이루는 문화의 힘을 F라 한다면 $F(f_1, f_2, f_3, \cdots f_n) = \sum_{i=1}^{n} \alpha_i f_i + N$ 라 표현할 수 있으며 각각의 알파 값은 가중치이고 N은 불확실성 요소이다. f가 연속적 요인이라면 $F = \int_{t=t_0}^{T} \alpha(t) f(t) dt + N$이 된다(<그림 10> 참조).

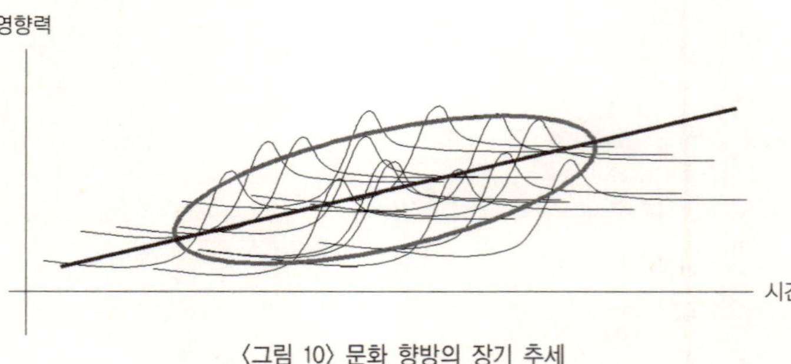

〈그림 10〉 문화 향방의 장기 추세

예를 들어 문화가 농경문화를 거쳐 산업사회로 들어섰다면 f_1이 농경문화이고 f_2가 산업사회 문화이다. 즉, 문화적 영향력은 아래와 같다.

$$F = \alpha_1 f_1 + \alpha_2 f_2$$

$$= \alpha_1 \frac{1}{1 + e^{-(t-1500)/800}} + e^{-((t-1500)/800)^2}$$

$$+ \alpha_2 \frac{1}{1 + e^{-(t-1950)/120}} + e^{-((t-1950)/120)^2} + N$$

여기서 주목할 것은 α값으로 신생문화 요소에 가중치가 크게 나타난다는 것이다. 이 식의 시간 t에 대한 그래프를 그려보면 거의 직선에 가까우며 조금씩 증가할 것이다. 하지만 지금의 세태는 다르다. 지식 정보화 사회가 되면서 p값은 작아지고 α값도 자주 나타나기 때문이다. 이것은 문화요인에 대한 문화 영향력이 기하급수적으로 증가하는 양상을 띤다. 더구나 네트워크의 빠른 증가로 영향력의 증가 속도를 가중시키고 있으며 이것은 사이버 문화에 커다란 영향력을 행사하는 변수이다. 또한 여기서 신생 문화요소의 가중치는 늘 크기 때문에 전체요소 중 영향력에 미치는 힘이 제일 크게 나타난다.

❶ 구겨진 종이 이론

수백 년의 전통을 이어온 중세시대는 자유시장이 형성되면서 깨어지기 시작했다. 십자군 원정에서 얻은 노획물들이 성주나 기사들과는 상관없이 자연스럽게 거래되면서 자유시장이 생겨

났고 시장에서 부를 축적한 상인 들이 새로운 세력을 형성하면서 자유에 대한 문화를 형성하고 민주주의의 발판이 되었다. 이와 같이 잠재되어 있던 욕구들이 어떤 계기를 만나면 분출하게 되고 이것이 새로운 문화질서를 만들어 나가게 된다. 이것은 마치 잘 재단된 종이가 한 장씩 한 장씩 흩어져서 공간에 가득차는 느낌이다. 현재의 인터넷 문화도 여기에 비추어 보면 잘 해석할 수가 있다. 채팅, 블로그, 아이러브스쿨, 쇼핑몰, 인터넷 게임, 싸이월드 등 새롭게 생겨나고 쇠퇴하고 정착하는 것들을 분석하여 또다시 생겨날 것들을 예측해 본다.

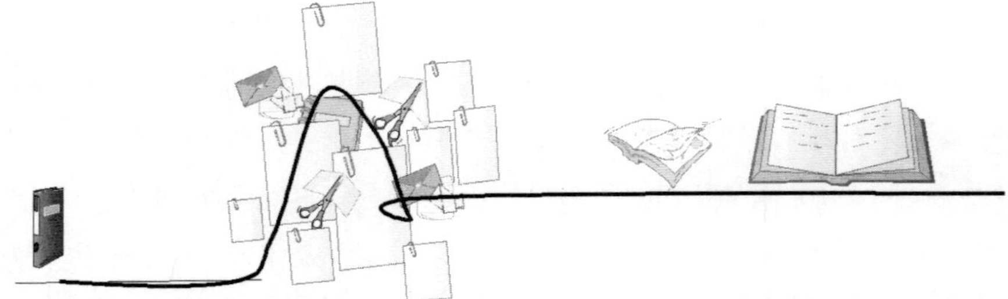

〈그림 11〉 책이 구겨지면 부피가 커지듯이 새로운 문화가 생기면 붐이 일어나고 시간이 흐르면 전체적인 양이 많아진 상태로 정돈된다.

❷ 자기장 이론

책 밑에 자석을 놓고 책 위에 쇠붙이를 놓으면 자석은 보이지 않지만 힘이 작용하고 있음을 볼 수 있다. 눈에는 보이지 않지만 자석의 힘이 책 밑에서 작용하듯이 잠재된 힘이 어디서 분출할 것인지를 힘의 균형과 편재를 통해 알아보고 앞으로 어떤 종류의 문화가 힘을 발휘하면서 나아갈지를 가늠해 본다.

❸ 사람이 많이 모인 곳에 힘이 발생

잘되는 음식점에는 줄을 서서 기다리면서도 사람들이 찾아와 먹는다. 모두가 잘되는 것은 아니지만 인터넷 쇼핑몰이 잘되는 이유는 찾는 사람이 많기 때문이다. 노사모가 표밭을 일군 이유는 찾는 사람이 많았기 때문이다. 맥도날드가 프랜차이즈 가맹점을 낼 때 중요하게 보는 점 하나가 시내 중심가인가, 즉 사람이 많이 모이는가이다. 사람이 많이 모이는 곳이 어디이며 무엇이 그들을 모이게 하는가를 알아본다.

❹ 암묵지가 형태지로

은밀하게 행해지던 일들이 인터넷이 발달하면서 점점 겉으로 드러나는 일로 변하고 있다. 경영에서도 투명경영이나 윤리경영이 중요해지는 것이 이 때문이기도 하다. 거기다가 예전에는 감정 속에 숨어 있던, 즉 내가 말하지 않으면 아무도 알 수 없었던 일들이 알려진다. 센서들이 개발되면서 나의 의지와 상관없이 나의 건강상태가 인터넷을 통해 어딘가로 전송되고 있다. 전에는 집에서 밥이나 짓던 아줌마들이 인터넷을 통해 자기 의사표시를 하면서 사회 각계각층에 영향력을 행사하고 있

〈그림 12〉 숨겨졌던 내 감정은?

다. 숨어 있던 감성적 요소들이 폭발적으로 표출되고 있으며 외압에 의해 억압되었던 요소들이 인터넷 파워를 통해 꿈틀거리고 있다.

❺ 생활의 전부가 되어버린 인터넷 쇼핑

5일마다 서는 장날을 기억하는가? 약장사들이 베푸는 연극을 보느라 해가 저무는 것도 모르던 시절이 있었다. 하지만 지금은 다르다. 인터넷이 열리자마자 쇼핑몰이 눈앞에 있으며 사고 싶은 물건을 장바구니에 올리면 하루 만에 집으로 배달된다. 요즘 성장하는 세대들에게 인터넷 쇼핑은 삶 그 자체이다. 2005년 8월 16일자 동아일보에는 "X세대, 우린 쇼핑한다. 고로 존재한다"라는 기사가 있었다. 이 기사를 보더라도 인터넷세대가 쇼핑몰과 얼마나 가까이 있는지 우리에게 호소하는 바가 크다. 그들의 마음속에 쇼핑몰은 집 앞에 있는 구멍가게보다 더 가깝다. 게임 속에 있는 사이버 무기마저 실제로 돈을 주고 사고팔며 옥션과 같은 쇼핑몰을 통해서 물건을 경매로 사고팔기도 한다. 요즈음 인터넷 세대에게 쇼핑몰은 시간과 공간의 개념이 함축되어 그들의 손안에 들어와 있다. 이러한 상황에서 N1.5세대에게 쇼핑몰이 주는 의미를 정확히 분석하고 그 쇼핑몰을 통해 새로운 문화를 정립해 갈 수 있는 방향을 제시해 보기도 한다.

❻ 디지털 배우의 등장과 거울 효과

chosun.com의 최근 기사를 보면 "영화 '시몬'의 주인공 타란스키(알 파치노) 감독은 완벽한 기술로 몰래 디지털 여배우를 만들어 시몬이라 이름 붙이고 그 배우를 합성 기술로 영화에 출연시켜 큰 성공을 거둔다"라는 내용이 있다.

사이버 공간상에 합성된 인물이 실제 인물처럼 살아가고 있다. 게다가 우리의 젊은이들이 그 인물을 마치 큰 바위 얼굴처럼 흠모하면서 모방하려 하고 있다. 거울에 비친 모습을 우리는 실제 모습으로 생각하며 살아가고 있다. 하지만 거울이 잘못되어 있다고 생각해본 적이 있는가. 비추어 볼 좋은 거울을 그들에게 주어야 한다.

❼ 엄지가 음성을 이기다

문자 메시지가 음성을 앞질렀다는 표현이다. 젊은이들이 엄지손가락으로 문자를 보내는 것이 원래의 전화 통화의 매체였던 음성보다 많아졌다는 것이다. 이러한 일들이 도처에 잠재되어 있다. 그러면서 그들은 새로운 용어를 만들어 가고 있다. 음성도 문자도 음악도 화상도 그들의 마음속에는 어떤 시그널일 뿐이다. 그러기에 앞으로는 이것들이 혼용된 메시지가 자연스럽게 그들의 매체가 될 것이다.

❽ 인터넷 정착

이러한 모든 요소들이 새롭게 생겨나기도 하고 쇠퇴되기도 하면서 사이버 문화를 정착시켜 나갈 것이다. 여기서 우리는 새로운 질서를 접목시켜야 하리라. 젊은이들은 살아 있는 느낌을 좋아한다. 그래서 그들은 춤을 즐긴다. 그들의 대부분은 청소년들이다. 그런데 기성세대들은 춤을 추는 그들을 상스럽게 생각한다. 인터넷 속에서는 기성세대도 젊은 세대도 없다. N1.5세대가 멋진 질서를 만들어 2세대에게 넘겨주어야 한다.

조금 있으면 아빠가 될 한 사내가 병원 분만실 앞 복도에서 초조하게 서성이고 있었다. 분만실 문이 열리고 두 간호사가 나왔지만 그에게 눈길조차 주지 않고 서둘러 지나가 버렸다.

다시 문이 열리고 의사가 나왔다. 의사는 그에게 들어오라고 손짓했다. 의사가 말했다

"미리 말해 둘 것이 있습니다. 아들이지만 귀가 없는 채로 태어났습니다. 평생을 귀머거리로 지내야 할 것입니다."

아버지는 의외로 차분한 표정으로 대답했다.

"귀가 없이 태어났더라도 그것 때문에 평생을 귀머거리로 지내지는 않을 겁니다."

의사가 다시 말했다.

"선생님의 심정을 이해합니다. 하지만 현실을 있는 그대로 받아들이는 편이 나을 겁니다. 의학계에 이런 사례가 몇 번 있었지만 한 사람도 청력을 회복한 적이 없습니다."

그러나 아버지는 대답했다.

"선생님, 어떤 의미에서 저도 의사입니다. 인간이 진실로 원하고 갈구한다면 어떤 역경이라도 극복할 수 있는 강력한 치유법을 알고 있기 때문입니다. 그 첫 단계가 무엇인지 아십니까? 어떤 경우라도 체념하지 말라는 것입니다."

그로부터 25년 후 한 의사가 손에 엑스레이 필름을 들고 흐뭇한 미소를 지으며 진료실로 들어왔다.

"정말 기적입니다. 이 청년의 머리를 모든 각도에서 엑스레이 촬영을 해보았지만 청력기관의 징후는 어디에서도 찾아볼 수 없습니다. 그런데도 이 청년은 정상인의 청력 65%를 갖고 있습니다."

이 이야기는 조금도 꾸며낸 것이 아니다. 귀가 없는 채로 태어난 것을 결코 치유될 수 없는 숙명적 천형으로 받아들이기를 거부한 아버지가 바로 나폴레온 힐이었다. 그는 거의 9년 동안 아들의 청력을 회복시켜 주기 위해 엄청난 시간과 노력을 기울였다. 그 결과 아들의 청력을 정상인의 65%까지 회복시킬 수 있었다.

2. 정보문화의 변천

(1) 정보화의 의의

인간의 특성 가운데 하나로 도구의 사용능력을 들 수 있다. 인류(Homo Faber)는 도구를 활용하여 원시 시대를 헤쳐 나왔다. 또한 역사의 시대—인간에 초점을 맞춘—를 살아가는 데 있어서도 도구의 소유 형태는 생활의 행태를 결정하였음은 물론 헤게모니(hegemony) 창출의 결정적 인자 중 하나였으리라 생각한다.

과학과 기술의 진보가 시대의 변화를 창출하는 주요 동인임은 재론의 여지가 없을 것이다. 先史 이후 여러 사건들은 차처하고 가까이 되돌아보면 18세기의 산업혁명이 삶의 모습과 사회의 구조를 획기적으로 변화시키는 데 크게 기여하였음은 주지의 사실이다. 이러한 성향이 지금껏 그래왔듯이 앞으로도 그러할 것임은 자명한 것이다. 21세기에 달한 지금 과학과 기술의 진보는 이제 정보화란 화두를 우리에게 던져준다.

정보화가 우리 사회에 미친 영향과 미래상에 대해 논의하기에 앞서 정보가 무엇이고 정보화라는 것이 어떠한 것인지 파악해야 할 것이다. 정보화의 대표적 도구 중 하나인 인터넷을 이용하여 검색해 본 결과 한 웹사이트에서 제공하는 검색서비스에서 정보와 정보화는 다음과 같이 소개되고 있다.

정보(情報, information)

- **요약** : 생활 주체와 외부의 객체 간의 사정이나 정황(情況)에 관한 보고
- **본문** : 정보의 기원은 생물의 탄생과 함께 시작되었다. 생물은 생존유지를 위해 끊임없이 외부로부터 그를 둘러싼 정황에 관한 소식을 얻고, 이를 식별·평가하여 외부환경에 대응하는 행동을 취한다. 즉, 그것이 식용물이면 잡고, 적이면 피한다.

그래서 정보에는 반드시 생활주체→ 객체→ 소식→ 평가→ 행동선택→ 효용실현이라는 사이클(cycle : 循環過程)이 있게 마련이며, 이를 '정보 사이클'이라 한다. 그리고 '정보의 효용'은 어떤 특정의 목적을 달성하기 위한 행동선택에 작용하는 유용성이다. 생물의 진화와 함께 정보의 개념도 복합화·고도화하여, 인간의 경우에는 언어나 문자와 같은 고도의 정보매체가 생산되었고, 정보는 인간이 사회생활을 유지하는 데 필요불가결의 생활용구가 되었다.

그리고 '컴퓨터 정보'는 정보화 사회에서 대량으로 생산되는 정보이며, 그 특징은 논리적·예지적·행동선택적인 점에 있다. 또 컴퓨터 정보는 매스컴 정보와 달리 쌍방통행으로 커스텀 메이드(custom made : 주문품)이며, 게다가 단순한 뉴스가 아닌 복합적인 정보이다. 컴퓨터 용어로는 정보와 '데이터(data)'가 있는데, 데이터란 정보 작성을 위해 필요한 자료를 말하는 것으로, 이는 '아직 특정의 목적에 대하여 평가되지 않은 상태의 단순한 여러 사실'이다. 이것을 일정한 프로그램에 따라 컴퓨터가 처리·가공함으로써 특정목적을 달성하는 데 필요한 정보가 생산된다. 또 '지식'이란 이와 같은 동종의 정보가 집적되어 일반화된 형태로 정리된 것으로, '어떤 특정목적의 달성에 유용한, 추상화되고 일반화된 정보'라고 할 수 있다.

정보화

정보통신 기술을 사회생활의 각 부문에 응용하는 과정을 의미. 정보처리 능력이 획기적으로 증대된 컴퓨터, 통신 속도를 극대화시킨 광섬유와 위성의 등장으로 현대사회에 정보화라는 새로운 현상을 출현시킴.

우리는 불과 수년 전에 비해 기술적으로 정보를 찾는 과정이 과거 종이 시대의 그것과는 현격한 차이가 있음을 체험할 수 있다. 혹자는 세계 4대 발명품으로서 종이, 인쇄술, 화약, 나침반을 제시한다. 채륜과 구텐베르크는 종이와 인쇄술을 세상에 내어놓음으로써 인류문명이 진보하는 데 크게 기여하였다. 채륜이 종이를 발명한 후 1900년이 흐른 지금, 정보화라는 신조류가 (과거 종이와 인쇄술의 발명이 그러하였듯) 앞으로 인간의 생활 나아가 사회의 변화를 가속화할 것임에 대한 동의를 구하는 것은 이제 더 이상 필요치 않을 것이다. 정보화의 조류에 힘입은 정보의 신속, 대량, 정확한 유통과 나아가 이것의 쌍방향성 구현은 정치, 경제, 사회, 문화 전반에 걸쳐 큰 변화를 가져오는 동인으로 작용한다.

(2) 정보화 사회의 정치적 모습

조지 오웰(George Orwell)은 1949년 간행된 그의 작품 '1984'에서 전체주의사회의 통제도구로서 정보독점화─Big Brother로 상징되는─의 폐해를 경고한 바 있다. 이에 대한 독서와 그후 논의 과정에서 우리는 정보가 권력행사의 통제도구임과 동시에 권력의 실체를 구성하는 것임을 볼 수 있었고 나아가 권력의 원천 가운데 하나임을 확인할 수 있었다.

고래로 정보는 사회 지배계층의 전유물일수록 보다 고급화되고 독점폐쇄적인 것이었다. 이러한 성격은 아직도 상당부분 유효하겠지만, 그럼에도 불구하고 정보화 사회에서는 과거에 비해 대중에게 소위 고급 정보를 공유할 수 있는 기회를 보다 확대하고 있다. 인터넷으로 대표되는 정보의 공개화된 장은 대중들에게 정보의 접근에 대한 보다 수평적인 기회를 제공한

다. 일례로 사회적으로 이슈화되고 있었던 어느 네티즌의 국민연금에 대한 문제제기를 살펴
보자.

'국민연금의 허와 실을 밝힌다'는 글이 인터넷에 급속도로 퍼지면서 네티즌들이 그동안 몰랐
던 국민연금의 문제점에 대해 분노하고 있다. 이 글의 출처는 네이버 토론장에서 'mariavet2000'
이라는 아이디를 쓰는 네티즌이 작성한 것이다. 이 후 이 글이 네티즌들에 의해 포털과 커뮤
니티 각 게시판으로 퍼졌던 것은 국민연금의 실태를 오목조목 알기 쉽게 따져 놓았기 때문
이다.

국민연금은 월급쟁이든 자영업자든 소득이 있는 한국인이면 누구나 강제적으로 가입해야
하고 매달 일정액을 꼬박꼬박 내야 한다. 그런데 이 돈이 어떻게 관리되는지, 언제 어떻게 연
금으로 되돌려 받을 수 있는지 잘 몰랐던 사람들은 이 글을 읽고 정부와 연금관리공단에 대
해 '속았다'는 반응을 보이고 있다. 이 네티즌은 우선 '국민연금, 칼만 안 들었지 날강도다'라
는 말로 글을 시작했다. 그는 초기에 적게 내고 많이 받자던 국민연금이 이제는 많이 내고 적
게 받자는 쪽으로 취지가 바뀌었다고 비판하고 '지금 국민연금의 모순점을 안다면 여러분들
은 어쩌실지 궁금하다'며 글을 이어갔다.

국민연금제도에 대하여 이전에도 수차례의 문제제기가 있었지만, 그 내용에 대한 정보는
사실상 정부와 관련기관의 독점하에 있었다고 해도 과언이 아니기에 이에 대한 납부자들의
이해가 부족하였으나, 인터넷상에서의 정보제공을 수반한 문제의 제기는 이에 대한 이해를
촉발하고 나아가 제도개선에 대한 사회적 공론이 형성되어 가는 과정임을 엿볼 수 있다.

W. Habermas는 이성의 합리적 논증을 위한 의사소통행위의 이론을 전개하며 담화를 위한

공론영역의 중요성을 강조한 바 있다. 정보화는 이러한 공론영역을 활성화하는 데 유용한 도구를 제공한다고 볼 수 있을 것이다.

앞선 기사에서 볼 수 있듯이 정보화는 커뮤니케이션을 효과적으로 할 수 있는 기반을 제공한다. 정보화가 진행되기 이전에는 정보의 흐름은 쌍방향간 소통보다는 일방적 전달의 체계 중심이었기에 상대방의 의사를 정확히 수렴하는 데 어려움이 있어서 의사를 왜곡할 여지가 지금보다 컸다. 위 국민연금에 대한 문제제기 과정에서의 여론형성과정에 비추어 보자. 정보화가 성숙되어가기 전의 상황이라면 위와 같은 문제제기가 용이치 않고, 또한 여론의 형성도 쉽지 않았을 것이고 이에 근거하여 관계부처는 국민연금납부자들의 진의를 왜곡할 여지가 적지 않았을 것이다. 그러나 인터넷을 비롯한 정보화의 새로운 기술은 의사소통의 쌍방향성을 구현하기 용이하도록 하여 진의의 왜곡을 절감하고 나아가 공론을 형성하는 데 이바지한다. 이는 결국 제도의 개선, 사회의 변화로 이어진다.

커뮤니케이션의 활성화는 개개의 사례에 그치지 않고 나아가 사회의 변화, 사회구조의 재형성으로 이어진다. 노무현정권의 탄생과 탄핵소추사건, 4·15 총선 등 우리 사회의 굵직한 정치적 현안에서 인터넷과 네티즌이 현실사회의 변화를 주도적으로 이끌어간 일련의 과정을 통해 우리는 이러한 흐름을 읽을 수 있을 것이다.

인터넷에 투사된 제16대 대통령선거의 결과는 한국 사회에서 본격적인 변화가 시작되고 있음을 대변한다. 혹자는 이를 인터넷을 통한 세대교체혁명이라고 부르기까지 한다. 세대교체는 문화를 넘어서 이제 정치뿐만 아니라 사회 전체의 흐름을 판독할 수 있는 키워드로서 등장하였다. 실제로 이번 선거를 통해서 한국 사회의 중심축이 빠르게 이동하고 있으며 그

중심축은 산업화시대의 '아날로그세대'로부터 정보화 시대의 '디지털세대'로 옮겨가고 있는 것이 감지된다. 다시 말해 기성세대로서의 '5060세대'가 사회의 전면에서 물러나고 새로운 정치사회적 담론의 생산자로서 '2030세대'와 소위 386세대가 등장하고 있다는 것이다. 이러한 맥락에서 지난 십여 년간 IT벤처나 사이버 문화 등의 영역에서 사회의 변화를 주도해온 2030과 386세대가 이번 대통령선거를 통해서 이러한 변화의 흐름을 읽고 주도할 수 있는 지도자를 선택한 것이라고 볼 수도 있다. 그리고 이러한 정치사회적 변화의 배후에는 인터넷으로 대변되는 정보화의 확산이 있는 것이다.

포괄적인 의미에서 정보화는 기술과 산업 영역의 변화를 넘어서는 사회문화 내지는 사회구조의 변동을 의미한다. 다시 말해 정보화는 단순한 기업과 시장, 산업정책과 사회제도 등과 같은 정치경제학적 변수를 넘어서는 보다 심층적인 사회문화의 구조적 요인에 의해 촉발되고 뒷받침되는 것으로 파악된다. 예를 들어 사회문화변동으로서의 정보화는 사회세력과 사회구조뿐만 아니라 각 사회의 개인과 공동체의 관계를 규정하는 상호구성원리의 변화와 선택적 친화성의 관계를 가지면서 진행된다. 전통에서 근대로의 이행 시기에 사회의 주도세력과 사회구조의 기본틀 및 개인과 공동체의 구성원리 등이 소위 근대적 형태로 재편되었듯이 정보화는 근대적인 사회세력과 사회구조 및 사회구성원리를 넘어서는 새로운 '정보사회문화'의 등장을 수반한다는 것이다.

정보화는 독립하여 어느 한 사회에 영향을 미칠 뿐 아니라 국제적인 정치적 변화를 촉발한다. 정보화와 관련된 정치학적 논의는 다양하게 진행되고 있다. 우선 민주주의와 관련된 논의로서, 우선 정보화의 진전이 민주주의의 창달을 가져올 것인가 아니면 감시체제를 가져올 것인가의 문제를 들 수 있고, 정치과정과 행위자들에 가져올 변화에 관한 논의 등을 들 수 있다.

국제정치와 관련하여 보자면 첫째, 국민국가의 속성에 관한 문제를 들 수 있다. 대내적 최고성과 대외적 독립성의 원칙에 기반한 국가의 주권이 정보화 시대를 맞이하면서 약화되거나 의미가 없어지고 있다. 국경에서 통제할 수 있었던 정보가 인터넷을 통하여 국경을 무시하고 유통되고 있다. 국가가 개별적으로 유지하고 있던 재산권제도와 조세권에 관련된 부분들이 온라인상에서는 무력화되고 있다. 이에 더하여 국가안보에 유해하거나 불법적인 정보들을 통제할 수 있는 방법이 점점 없어지고 있다. 정치적 공간 개념이 변화하고 있다. '주권을 뛰어넘는 행위자(sovereignty-free actors)'의 증대가 '주권적 행위자(sovereignty-bound actors)'의 정치적 능력을 위협하고 있다.

둘째, 갈등과 전쟁의 속성이 변화하고 있다. 정보화로 인해 새로운 형태의 갈등이 출현하고 있다. 즉, 가상공간과 정보통신기술을 갈등과 전쟁에 활용하는 것이다. 전통적인 전쟁과는 다른 형태로 나타나는 갈등은 다음 세 가지로 분류될 수 있다.

네트전(netwar), 사이버전(cyberwar), 의지전(neocortical war)이 그것이다. 정보화는 새로운 형태의 지역적, 국가적, 국제적 갈등을 창조할 뿐만 아니라, 갈등이 전개되고 해소되는 새로운 방식도 만들어낸다. "가상공간이라는 차원이 추가되면서 새로운 형태의 전쟁양상이 생겨날 것이다. 정

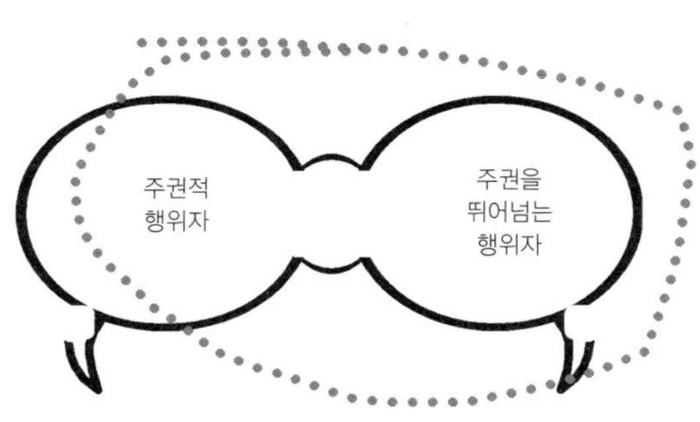

보와 연결된 사활적 자원에 대한 전자적 공격이 가능해졌고, 심리전의 가능성과 언론매체에 기초한 문화적 갈등과 인식관리를 통한 전쟁의 가능성을 증대시켰다.”

셋째, 이에 따라 안보의 개념도 변화하고 있다. 전통적인 의미에서의 국가안보는 외부의 적이 물리적인 힘을 동원하여 침공하여 왔을 때 이를 격퇴하여 국가의 독립성을 유지할 수 있는 개념에 치중하였다. 탈냉전의 시대와 더불어 도래한 ‘세계화’는 국가안보 문제에서 전통적인 군사력과 대비하여 경제문제의 우위를 가져왔다. 정보화는 이러한 세계화되고 있는 경제에 국가의 경계를 넘어서는 교류가 더욱 증가하도록 강제하고 있고, 이에 따라 국가안보의 개념도 변화하고 있다. 세계화로 인한 세계경제의 상호의존성 증가 때문만이 아니다. 정보화에 따라 방어해야 할 국경의 개념도 바뀌고 있다. 이제는 더 이상 국경에서의 여권과 비자의 통제에 의한 방문객의 통제와 국경에서의 무력행사를 통하여 국가안보를 확보할 수 없는 시대가 도래하였다. 공간적으로 정의되던 국가와 국경의 개념이 바뀌고 있는 것이다. 논의를 극단적으로 확장한다면 가상공간에서의 안보개념이 더욱더 적실성을 확보하여 가고 있다고 할 수 있다. 바로 국민국가의 성격과 존재양태의 변화와 밀접하게 연관되는 분야이기도 하다.

넷째, 국제체제의 수준에서 정보화는 이전 시기에 명확히 드러나지 않고 있는 쟁점들을 전면에 부각시키고 있다. 지구적 정치의 전체적 구조가 “국민국가의 무정부적 체제(anarchic system)”로부터 “무정부적 체제가 국가중심적하위체제와 다중심적하위체제로 양분화되고 있다.” 국경을 넘어서는 정보의 흐름은 지금까지 국제정치에서의 중요 행위자였던 국민국가의 주권에 심각한 도전을 제기하고 있다. 앞의 첫 번째 변화가 국가의 대내적 주권에 관련되었다면, 이 유형은 국제체제의 속성과 관련이 된다. 국제비정부기구(INGO)나, 지구적 기업들이 정보를 활용하면서 근대국제체제의 기초라고 할 수 있는 국민국가의 기초를 흔들고 있다. 도메인 네임의 관리를 둘러싸고 벌어지는 갈등과 ICANN의 등장 등이 예가 될 수 있다.

마지막으로, 행위자의 정체성과 관련된 것이다. 정보화는 개인, 집단 그리고 국민국가의 새로운 정체성을 출현시킬 것이다. 여기에는 두 가지 상반된 견해가 존재한다. 그 하나가 민족과 민족주의를 대체하면서 등장할 세계시민사회이다. 특정 민족 혹은 국민이라는 정체성이 사라지고 세계시민이라는 정체성이 등장할 가능성을 추론하여 지구적 공동체의 출현을 조심스럽게 예견한다. 다른 하나가 '전자적 중세(electronic feudal)'로의 회귀를 점치는 시각으로, 시민들의 다층화된 정체성과 충성을 확보하고자 하는 다양한 정치적, 비정치적 단위들이 경쟁하는 상황을 의미한다. 충성을 확보하고자 하는 단위로 전지구적 기업, 국가, 비정부기구, 그리고 종족(ethnos) 등을 들 수 있다. 어떠한 방향으로의 변화이던 간에 전환기 동안 대부분의 사람들은 변덕스럽고 불안정한 정체성 때문에 고통을 겪게 될 것이고, 이것이 국제적인 갈등의 주요 원천이 될 가능성도 배재할 수 없다.

(3) 정보화 사회의 경제적 모습

정보화 사회에서는 정보혁명의 전개를 통하여 정보의 대량생산과 활발한 유통이 이루어지며 사회조직은 더욱 확대되고 복잡해진다. 동시에 자유와 계획 간의 창조적인 조화에 기초를 둔 최적사회조직형태로의 모색과 관리시대로의 이행이 시작되고, 정보산업의 발달을 통하여 고도지식사회로 변천하게 된다. 이 사회를 다니엘 벨은 정보화 사회 또는 탈공업 사회로 정의

하고 있다. 다시 말해서, 무형의 지식정보를 생산하는 것이 주체가 되는 사회라고 할 수 있다. 이러한 정보화 사회의 도래가 경제적인 측면에서 우리에게 어떤 영향을 미치게 될지 살펴보자.

먼저, 정보화 사회를 이끌어 가는 원천이 무엇인지에 대해 살펴보자. 일반적으로 경제학자들은 생산과 교환을 설명하는 공식적인 개요에서 '토지, 노동, 자본'을 주요 변수로 설정한다. 좀바르트나 슘페터 같은 제도학파 경제학자들은 이욕정신 내지 기업가정신이라는 개념을 사용해 이를 설명하고 있다. 경제학자들이 사용하고 있는 생산함수라는 분석방식은 경제 체제를 오직 자본과 노동으로 설명하고 있으며, 지식의 역할 혹은 조직현상이나 경영의 역할에 대해서는 아예 무시하고 있다. 그러나 노동시간이 단축되고 생산노동자가 감소함으로써, 지식과 그것의 응용이 국민생산에 있어서 '부가가치'의 원천으로서 노동을 대체하고 있다는 사실이 명백해지고 있다. 이러한 의미에서, 자본과 노동이 공업화 사회의 중심 변수가 되어온 것처럼 정보와 지식이 정보화 사회의 결정 변수가 된다. 즉, 정보를 소유하느냐 못하느냐에 따라 계층과 계급이 결정되고, 정보가 생존의 기반이 되는 사회가 도래하게 된 것이다.

이러한 정보화 사회의 출현은 기존의 산업사회와는 다른 많은 변화를 보여준다. 우선, 정보화 사회에서는 경제활동이 정보를 중심으로 이루어진다. 정보의 생산 및 관리에 있어 경쟁이 보장되고 정보의 유통이 원활하게 이루어질 수 있도록 정보망이 확산된다. 이러한 변화로 모든 경제 주체들이 공공정보뿐만 아니라 민간정보에 쉽게 접근할 수 있게 된다면, 정보의 집중화 현상은 초기 산업사회의 자본 집중에 비해 상당히 완화될 수 있다.

또한 정보화 사회에서는 노동에 비해 상대적으로 우위를 누리던 기계와 같은 유형자본의 중요성이 약화되어 고전적 의미에서의 자본주의는 그 의미를 상실하게 될 것이다. 반면 노동의 가치가 중시되면서 자연스럽게 노동에 따른 보상이 크게 증가하게 될 것이다. 이와 더불어 후기 산업사회에서는, 노동의 장기고용을 유도하기 위한 종업원주주제도 등이 광범위하게 전파되어 산업화 초기와는 달리 대부분의 기업이 설립자보다는 광범위한 의미의 종업원을 나타내는 대중주주에 의해 소유되고 앞으로도 이러한 추세는 지속될 것이다. 산업사회에서는 고정자본이 투자된 기계를 가동하기 위해 일정한 인력을 필요로 하여 고용의 안정성이 보장되었으나, 정보화 사회에서의 기업활동은 보다 신축적으로 운영되어질 것이기에 연공서열에 입각한 종신고용 관행은 더 이상 지속되기 어려울 것이다

정보화 사회의 경제운영을 위한 중요한 관건 중 하나는 생산단위 내에 흩어져 있는 지식 및 소비자의 취향에 관한 정보를 최대한 조직화하여 소비자가 원하는 다양하고 개성 있는 상품을 적시에 생산해낼 수 있는가이다. 소비자의 다양하고 차별화된 기호는 과거의 소품종 대량생산체계로는 충족시킬 수 없게 되었다. 따라서 이제는 기업조직 안에서 종업원 각자가 체득해서 갖고 있는 지식 및 숙련을 조직 차원에서 효율적으로 활용하는 것이 향후 기업의 발전을 가늠하는 척도로 인식되고 있다. 그러므로 정보화 사회에서는 종업원 중심의 경제운영이 필수적이고, 종업원들의 참여를 유도하기 위해서는 종업원 각자에게 정확한 직무를 배정하고 이를 책임·관리하도록 하여 작업장에서의 보람과 긍지를 느끼도록 해야 한다. 산업사회에서는 기계를 중심으로 노동이 고용되어 생산활동이 영위되었다는 점에서 노동이 기계에 종속적이었다면, 정보화 사회에서는 사람이 중심이 되어 자신의 지식 및 정보를 활용하여 기계를 사용하는 이른바 인간중심의 생산활동으로 전환되어 산업사회보다 더 많은 부가가치를 창출할 수 있게 되었다.

　　이러한 점에 비추어 볼 때 산업사회와 정보화 사회에서의 기업의 모습 및 역할도 판이하게 달라지게 될 것이다. 산업사회에서 기업을 하려면 기계라는 고정자본의 막대한 투자가 요구되기에 자기자본이 없이는 기업을 만들기 어려웠던 반면, 정보화 사회에서는 정보의 생산, 처리, 가공 능력만 있으면 누구든지 쉽게 기업을 만들 수 있게 되었다. 그렇기 때문에 정보화 사회에서는 산업사회보다 더 큰 경쟁의 압력이 존재할 것이다. 또한 산업사회에서의 기업은 기계를 생산하고 가동시키기 위해 많은 노동인력을 필요로 하였기에 그만큼 고용효과면에서 중요한 역할을 담당하였으나, 정보화 사회의 기업은 기계의 생산 및 유지를 위해서 최소한의 인력만 필요로 하기 때문에 고용창출 효과는 줄어들게 된다.

　　한편, 초기 산업사회에서의 연구개발이 생산현장과는 독립적으로 이루어지는 데 반하여, 정보화 사회에서의 연구개발은 그 자체로서 고부가가치를 창출할 수 있기에 생산현장과 밀착되어 있을 수밖에 없다. 노동시간의 측면에서도 산업사회와 정보화 사회에서는 크게 차이를 드러낸다. 산업사회에서는 기계를 가동시킨 만큼 부가가치를 창출할 수 있었기에 기업가의 입장에서 보면 노동시간을 최대한 늘리는 것이 최선의 전략이었다. 반면 정보화 사회에서는 기계에 대한 인간의 종속성이 줄어들 뿐만 아니라 인간의 사고를 토대로 하는 기업활동이 이루어지기에 노동시간에 비례하여 기업의 효율성이 증대되는 것이 아니다. 따라서 정보화 사회에서는 보다 유연한 노동시간의 관리가 가능할 것이다. 한편, 정보화 사회에서의 고용은 정보의 가공 및 처리가 노동집약적이라는 점에서 사회 전체로 볼 때 고용가능성은 높아지나, 개별 기업차원에서는 고용규모는 줄어들 것으로 예상된다.

(4) 정보화 사회의 교육적 모습

현대는 무한 경쟁의 시대이다. 전보다 훨씬 많아진 기업들이, 전보다 확대된 글로벌 시장에서 치열한 경쟁을 벌이고 있다. 따라서 경쟁사나 시장에 대한 정보 또한 훨씬 많아졌음은 물론이다. 세계적인 수준의 디지털 신경망을 구축하여 조직 내에 정보가 원활하게 흐르도록 함으로써 최대한의 지속적인 "학습"을 해나가는 기업들만이 경쟁에서 살아남게 될 것이다.

- 빌 게이츠

빌 게이츠의 저서 『미래로 가는 길』의 제 9장 제목은 '미래의 학교'이다. 이 장에서 빌 게이츠는 정보화가 교육에 제공할 무한한 가능성과 긍정적인 미래에 대하여 언급하고 있다. 아이들은 인터넷 사이트를 통해 개구리를 해부할 수 있고, 공룡의 뼈를 맞추어볼 수 있으며, 비행기의 단면도를 공부할 수도 있다. 정보 고속도로가 설치되기 이전 시대에는 상상도 할 수 없었던 일들이다.

그러나 정보화의 교육적 혜택이 이러한 사소한 삶의 영역을 벗어나 경제 영역의 문제로 나아간다면 논의는 달라질 수밖에 없다. 첫째는 정보 분배와 교육 수준의 밀접한 연관 때문이고, 둘째는 정보화와 함께 진행되는 학문(교육) 영역과 기업 간의 밀착 때문이다.

정보가 곧 부를 낳는 정보화 시대, 오늘날 인터넷에는 그야말로 무한한 양의 정보가 존재하고 있다. 자택에 개인용 컴퓨터와 인터넷 연결망 두 가지만 갖춘 사람이라면 누구나 동등하게 무한한 양의 정보-지식의 원천-에 접근할 수 있다. 초기 정보 고속도로의 실현을 정열적으로 주장하고 추진한 이들은 정보화가 진행됨으로써 시장이 얼마나 이상화될 것인지, 교육면에 있어서 얼마나 긍정적인 개편이 일어날 것인지, 우리 삶의 질이 얼마나 더 나아질 것인지 열심히 설파했다. 특히 교육면에 있어 빌 게이츠는 정보 고속도로의 건설로 인해 학생들이 무한한 정보에 쉽게 접근할 수 있는 기회를 얻게 되어 학문적 궁금증을 적극적으로 해결하고, 그 과정에서 지식욕을 가속화시킬 수 있으리라는 긍정적인 전망을 내놓았다. 그는 정보화를 통해 교육의 목적이 단순한 학위 취득 수준에서 배우는 즐거움 수준으로 격상될 것이라고 주장했다. 그의 논지를 따라가다 보면, 정보화는 만인으로 하여금 배우는 것의 즐거움을 깨우치게 하여 소위 이상 사회로 향하는 지름길을 제시할 것만 같다.

그러나 역설적이게도, 정보화는 더욱더 심한 정보와 부의 불균등한 분배를 낳고 있다. 정보화는 말 그대로 교육의 도구일 뿐, 정보화 시스템의 이용 주체가 정보화에 선행한 교육을 받지 못했다면 별 소용이 없는 것이다. 사실 정보화 사회에서 중요한 것은 내가 원하는 정보가 어디에 있는가, 이것은 내가 필요로 하는 정보인가, 이 정보는 가치가 있는 정보인가 아닌가 판단하는 능력, 즉 정보 독해력이다. 충분히 교육받지 못한 이들의 경우, 정보 접근능력과 정보 독해 능력의 부족으로 인해 정보 시장에서 계속해서 소외될 수밖에 없다.

기호학자 움베르토 에코는 이제 모든 지식, 모든 가능한 정보는 아무리 적절하지 않다고 해도 우리 수중에 있다고 말한다. 문제는 정보를 거르는 능력이다. 예를 들어, 검색 엔진 알타비스타는 커피에 관한 1,400만 개의 웹사이트를 제공한다. 이는 거르지 않는 정보인데, 사실 정보를 찾는 이의 입장에서 그런 정보는 없는 것이나 마찬가지이다. 웹에는 가치 있는 정보를 선택하고 보존하는 규칙도, 무가치한 정보를 버리는 규칙도 존재하지 않는다. 정보를 선별하고 거르는 중심이 없기 때문이다. 가치 있는 정보를 담은 웹사이트가 하루 밤새 하나 사라지면, 무가치한 정보를 담은 웹사이트들이 그 자리를 대신한다. 따라서 정보를 거르는 것은 개인 주체가 될 수밖에 없다. 그런데 과연 이 개인들의 정보처리능력은 동일한가?

에코는 철학자 칸트에 대한 정보 찾기를 예로 든다. 에코는 지적으로 고도로 훈련된 학자이고, 뛰어난 철학적 소양을 지니고 있기 때문에 인터넷의 수많은 사이트들에서 유용하지 않은 정보를 거르고 원하는 것을 찾아낼 수 있다. 그러나 칸트나 철학에 대해 아는 것이 거의 없는 사람이 인터넷에서 칸트의 자료를 찾으려 든다면 어떠할까? 정보의 바다에서 길을 잃을 가능성이 적지 않을 것이다. 만약 주식 시장에 관한 정보라면 어떠할까? 아마추어 수준의 경제 지식을 가지고 주식 시장에 손을 대는 회사원과 체계적인 경제학 교육을 받은 고급 학위 소유자가 인터넷을 통해 주식 시장 정보를 알아보려고 한다. 누가 더 유용한 정보를 찾아내고 구한 정보를 적절하게 해독할 것인지 짐작하는 것은 어렵지 않다.

여기서 우리가 확인할 수 있는 것은 정보사회에서 지식(정규 교육을 통해 획득되는 지적 능력)이 갖는 막강한 중요성이다. 소위 정보화 사회라고 불리는 시대에 접어들면서 이제 중요한 것은 자기가 원하는 정보의 소재파악과 그것의 식별능력이다. 그것은 일상의 경험으로서 간단히 체득되는 것이 아니라 고급의 지식 훈련을 통해 얻을 수 있는 능력이다. 정보는 금광처럼 도처에 널려 있지만, 그것을 캐내고 이용하기 위해서는 고급 지식이라는 채굴 도구가 필요하다는 것이다.

때문에 정보는 만인에게 열려 있는 동시에 닫혀 있는 것이 된다. 오늘날 정보가 부의 원천으로서 핵심적인 역할을 차지한다는 점에서 이것은 문제가 아닐 수 없다. 정보의 불평등한

접근은 곧 부의 불평등한 분배를 의미한다. 이런 상황에서 유용한 정보를 유료로 제공하는 기업들도 생겨나고 있다. 정보를 찾고 거르는 능력 자체가 시장 가치를 지니는 것이다. 심지어 학생들에게 리포트 자료를 유료로 제공하는 사이트들도 심심찮게 찾아볼 수 있다. 열려 있는 공간에서의 정보 채굴 능력은 다시금 경제 논리에 편입된다.

정리하자면 정보화 시대는 교육 수준에 따른 정보 접근 능력과 정보 독해력의 불평등을 낳았고 이러한 정보 처리 능력은 경제적 유인으로 사고 팔 수 있는 것이 된 것이다. 정보화는 여전히 자본주의 시장 논리에서 벗어날 수 없다. 소위 큰손들은, 잘 교육받은 인재들을 고용하여 정보력을 구매함으로서, 일반인과는 비교할 수 없는 힘, 정보와 자본에 접근할 수 있는 강력한 무기를 얻게 된다.

이런 상황에서, 정보화와 함께 추진되고 있는 세계화는 정보 처리 능력 피라미드 상층부에 위치한 노동자들과 하층부에 위치한 노동자들에게 전혀 다른 의미로 다가온다. 뛰어난 교육을 받은 인재들은 전 세계와 국제 시장을 무대로 거액의 몸값을 받아가며 일할 수 있지만, 그렇지 못한 지식 하층민들은 정보화-세계화의 동시 진행으로 인한 고용 불안정 속에서 허덕일 수밖에 없는 것이다.

정보화의 진행과 교육의 문제는, 그것이 단순히 인터넷이나 컴퓨터 프로그램을 활용하는 능력의 유무 여부가 아니라는 점에서 해결이 쉽지 않다. 대학의 박사 과정에 있는 사람과 대학 초년생에게 똑같은 검색 엔진을 제공한다 하더라도, 두 사람이 인터넷에서 뽑아내는 정보의 수준은 다를 것이다. 그러나 사회는 모든 이들에게 대학의 박사 수준의 교육을 제공할 수 없다. 금전적 투자의 문제는 물론이거니와 그 이전에 개인 능력의 문제가 전제되기 때문이다.

그렇다면 교육 수준의 차이에서 비롯되는 정보 처리 능력의 차이, 이에 따른 부의 불공정한 분배 문제를 어떻게 해결할 것인가? 이것은 정보화 시대의 딜레마이다.

(5) 정보 격차

이러한 변화들이 인류의 경제적 발전에 긍정적인 영향을 줄 것으로 예상되지만, 정보화 사회의 도래로 인한 정보 격차에 따른 불평등 문제가 주요 문제로 부각되고 있다. 정보사회에서 유통되는 정보의 절대량이 증가한다고 해도 정보 획득에 필요한 경제력이나 정보 해독력 등에 따라 개인이 습득할 수 있는 정보량에는 심각한 불균등이 나타날 수밖에 없다.

사회가 정보화됨에 따라 부가가치의 대부분이 연구기술개발 분야에서 창출되고 노동과정에서 구상기능이 실행기능보다 더 중요시됨으로써 지식 노동자와 반숙련 노동자, 혹은 주변 노동자 사이의 소득격차는 점점 더 커지게 된다. 이는 1980년대 미국의 계층별 소득의 변화를 통해서 증명이 되는데, 같은 기간 동안 전문직 종사자의 실질 소득이 70%이상 증가한 반면 반해 육체노동자의 실질 소득은 20%나 감소한 것으로 드러났다.

이러한 불평등은 다시 정보 불평등으로 이어진다. 1998년 기준으로 소득이 연간 3만 5천 달러 이하의 가정은 인터넷 이용률이 13.9% 미만인데 반해 7만 5천 달러 이상의 가정은 49.2%가 이를 이용한 것으로 집계되었다. 이는 소득

의 차이가 정보 접근에 대한 불평등 구조를 가져오는 원인이 됨을 나타내는 자료일 것이다. 향후 정보화 사회에서는 이러한 정보격차에 따른 경제적, 정치적 영향력의 불균등 문제가 더욱 심각해질 것으로 전문가들은 전망한다.

정보 격차의 문제가 해결되지 않는 한 정보통신기술이 가져다주는 혜택은 사회 내의 일부 계층에게만 국한될 수밖에 없을 것이다. 자본주의 체제하에서 정보의 생산과 분배는 시장의 기준, 즉 지불능력의 공식에 의해 지배된다. 정보의 상업화가 점점 심화되고 있는 현실에서 경제력이 없는 사람은 정보에 대한 접근을 제한받을 수밖에 없다. 산업사회에서 경제적 빈부 격차가 정치적 갈등의 원인이었고 부의 공정한 배분이 민주주의의 중요한 과제였던 것처럼, 정보화 사회에서는 정보의 획득과 소비에서의 불균형을 해소하고 정보에 대한 평등한 접근을 보장하는 것이 핵심적인 과제로 부각된다.

정보화란 그 자체가 목적이 아니라 어디까지나 수단에 불과하다. '정보화가 사회를 어떻게 변화시킬 것인가' 혹은 '정보사회는 과연 어떤 모습으로 다가올 것인가'라는 식의 물음은 '바람직한 방향으로의 발전을 위해 어떤 정보화를 추구해갈 것인가', '어떤 모습의 정보사회를 만들어야 하는가'에 대한 목적의식적 탐구로 바뀌어야 한다. 이때 중요한 것은 정보통신기술의 발전 자체가 정보의 생산과 사용기회의 평등을 보장하는 것은 결코 아니므로 정보 격차의 확대를 억제하고 정보 격차에 따른 사회적 불평등을 극복하기 위한 사회적 차원에서의 개입이 반드시 필요하다는 점이다.

즉 계급·계층적 격차는 소득 격차와 함께 학력, 직업의 전문성 등에서의 격차를 포괄하고 있기 때문에 학력이나 직업의 전문성에 따른 격차가 완화되지 않는 한 정보 격차는 심화될 가능성이 크다. 따라서 정보사회가 보다 바람직한 모습을 갖기 위해서는 계급·계층 간 소득 격차를 축소시키거나 소득 격차를 정보통신기기에 대한 접근기회의 불평등으로 이어지는 연결고리를 차단하는 정책이 필요하다.

그것은 사회 불평등 완화를 위한 기존의 소득재분배정책, 사회복지정책과 함께 보편적 접근, 보편적 서비스의 확대를 정보화정책의 핵심 축으로 설정하는 것을 의미한다.

이와 같은 내용을 갖는 보편적 서비스의 확대는 전체 사회구성원에 대한 공동체적 일체감과 계급·계층간 문화적 통합을 증대시키는 효과를 지니고 있을 뿐만 아니라 네트워크에 접속하고 참여하는 사람이 많으면 많을수록 사회 전체 차원에서 정보 자원을 더욱 효율적으로 이용할 수 있게 되는 효과도 얻게 되므로 사회 전체적으로 볼 때 경제적 효율성을 높이는 데도 기여한다고 할 수 있다.

① **항상 앞좌석에 앉도록 노력하라** : 대부분의 사람들은 지나치게 튀지 않기 위해 앞다투어 뒷좌석부터 앉는다. 앞좌석에 앉는 것은 자신감을 기르는 데 도움이 된다. 성공이란 원래 튀는 것임을 명심하라. 그리고 앞좌석은 듣는 감흥의 효과가 큼을 명심하라.

② **상대방과 눈을 맞추는 훈련을 하라** : 사람의 눈이 움직이는 방식은 우리에게 많은 사실을 알려준다. 흔히 자신의 눈을 똑바로 쳐다보지 않는 사람을 보면 다음과 같은 의문이 든다. '그가 대체 무엇을 숨기려는 걸까? 그가 무엇을 두려워하는 걸까? 그가 날 속이려는 게 아닐까? 뭔가를 감추고 있는 게 아닐까?'

③ **10% 더 빨리 움직이도록 행동하라** : 육체적 행동은 정신적 행동의 결과이다. 평범한 사람들은 평범한 걸음걸이로 걷는다. 그들의 속도는 평범하다. 어깨를 펴고 고개를 세워 좀더 빨리 움직이면서 자신감이 쑥쑥 커지는 것을 느껴 보라. 머리로만 하는 생각은 결과가 없다. 결과를 낳으려면 행동하라.

④ **숨길 것이 없다, 당당하게 말하라** : 사람들이 모인 자리에서 말을 하지 못할 때마다 우리는 스스로 자신감을 죽이는 셈이며 그럴수록 더욱 자신감은 사라지고 만다. 반면, 스스로 당당하게 말을 할수록 더욱 더 자신감이 붙고 다음번에 말을 꺼내는 것이 쉬워진다. 당당하게 말을 하라. 그것은 일종의 자신감 강화제이다.

⑤ **만날 때마다 먼저 미소 지어라** : 대부분의 사람들은 미소가 사람들에게 커다란 힘이 된다는 것을 알고 있다. 환하게 먼저 미소 지어 보라. 물론 처음에는 잘 되지 않을 것이다. 그러나 환하게 미소 짓는 순간 패배감보다는 자신감이 일어나는 것을 느끼게 될 것이다. 당신이 진심으로 환하게 미소 짓는다면 상대방은 더 이상 당신에게 화를 낼 수 없을 것이다. 미소는 상대방의 마음을 여는 열쇠이다.

3. 사이버 공간 속의 청소년 문화

(1) 사이버 공간 속의 청소년

기술의 발전은 인간의 존재 방식, 인간들 상호간의 관계 및 커뮤니케이션 패턴에도 근본적인 변화를 가져오고 있다. 특히 정보기술의 총아인 인터넷은 지역적·세계적 연결망들의 형성과 발전을 매개로 인간의 정체성 인식에 근본적인 변화를 초래하고 있으며, 기존의 집단과 팀 성원들 간의 커뮤니케이션을 새로운 차원에서 활성화하고 있다. 그 결과, 사이버 공간(cyber space), 사이버 공동체(cyber community), 가상현실(virtual reality)처럼 인류가 지금까지 경험해 보지 못한 새로운 유형의 사회 공간이 등장하는가 하면, 커뮤니케이션의 글로벌화나 네트워크화와 같이 커뮤니케이션 형식 및 패턴을 둘러싼 대변혁의 물결이 밀려들고 있다.

〈그림 13〉 청소년들의 삶이 이루어지는 환경

그런데 놀랍게도 이와 같은 변화를 주도하는 연령층은 현실 세계에서 부와 권력, 기득권을 가진 기성세대가 아니라 현실 공간의 고루함, 권위주의, 기득권으로부터 상대*적으로 자유로

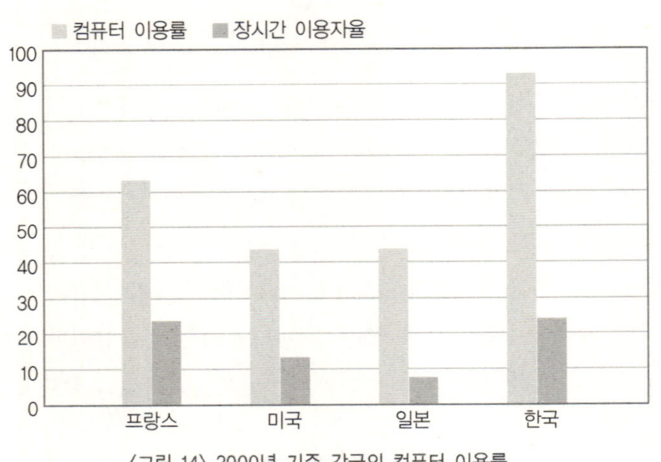

〈그림 14〉 2000년 기준 각국의 컴퓨터 이용률

운 젊은 세대이다.

1990년대 이후 급속히 보급된 가정용 컴퓨터는 우리나라 청소년의 정보화 역량을 세계적 수준으로 끌어올렸다. 얼마 전 한국 청소년개발원이 실시한 한국, 미국, 일본, 프랑스 청소년 대상의 국제 비교 조사 연구 결과에 따르면, 한국 청소년의 정보화 수준은 조사 대상국 중 가장 높은 것으로 나타났다. 청소년들의 컴퓨터 이용률이 2000년 기준으로 프랑스 63.9%, 미국 41.8%, 일본 41.95%인데 비해 한국은 93.3%이었으며, 일주일에 10시간 이상 컴퓨터를 사용하는 장시간 이용자의 비율도 프랑스 24.2%, 미국 15.1%, 일본 8.4%인데 비해 한국이 25.8%이다. 인터넷의 확산속도 역시 연령대가 낮을수록 더욱 가파른 곡선을 그리고 있는데, 우리나라의 13세 이상 10대 청소년층의 인터넷 이용 비율은 75%이며 인터넷 혁명의 파고가 단지 'N세대'로 표현되는 청소년층에 국한된 현상은 아니지만 정보통신기술의 발전과 함께 등장하여 생활영역 전반에 커다란 영향을 미치는 사이버 공간은 일차적으로 청소년을 중심으로 확대·발전되고 있음은 분명한 사실이다.

(2) 사이버 공간의 사회 공간적 특성

　비동시성, 다중 커뮤니케이션, 쌍방향성, 문자 중심, 그리고 익명성이라는 특성들이 결합된 사이버 공간은 인류가 지금까지 경험해 보지 못한 새로운 유형의 공간을 만들어 내고 있다. 따라서 그것을 단순히 기존의 매스미디어에 추가되는 또 하나의 커뮤니케이션 수단 정도로 간주해서는 그 세계가 담지(擔持)하고 있는 잠재력을 제대로 파악할 수 없다. 그것은 물체의 변환, 이동 혹은 접촉을 제외하고는 인간 사회의 모든 활동이 일어나는 하나의 거대한 사회 공간이자 공간과 공간이 결합되고 시간과 공간이 융합되는 '메타 공간'으로 이해되어야 한다. 현실 속의 사회공간이 물체와 정보로 구성되어 있다면, 인터넷 공간에는 정보만이 존재한다.

　인터넷이라는 정보공간에서는 상이한 문화와 언어, 국적을 가진 다수의 사람들이 만나고 교류한다. 하지만 이곳은 사람들이 미리 약속한 시간에 각자 기다리는 사람을 만나서 목적지로 떠나는 그런 곳이 아니다. 여기에는 독특한 형태의 공동체들이 존재한다. 이것들은 현실 공간의 공동체처럼 구성원들이 준수하는 가치와 규범을 가지고 있고, 느슨한 형태로나마 공동체를 관리하는 조직도 있다. 하지만 이것들은 지리, 시간, 인종, 계층, 대면적 상호작용(face-to-face interaction) 등 지금까지 사회관계를 규정해 왔던 제약과 한계를 뛰어넘고 있다. 이런 점에서 이는 일종의 새로운 사회적 실험이라고 할 수 있다. 이 실험이 실패로 끝나게 될지 아니면 성공할지 지금 섣불리 예단할 수 없지만, 인터넷 채팅(IRC), 전자게시판, 유즈넷(Usenet), 메일링 리스트 등에 퍼져 있는 사이버 공동체의 참여자들은 지속적인 상호작용을 통해 새로운 사회적 실재를 만들어 내고 공유하며 전파한다.

삭스는 일찍이 인터넷 공간을 항해하면서 일상적인 공동체와 구별되는 사이버 공동체의 사회구조적 특성들에 주목했다. 그에 의하면, 컴퓨터 네트워크인 피스넷(PeaceNet)에서 사람들은 한편으로 컴퓨터 스위치를 켬과 동시에 현실적인 외부 세계와 분리된 고독한 존재로 전락한다. 그렇지만 다른 한편으로 이곳에서는 가치와 관심을 공유한 사람들이 상호 연결되고, 대면적인 만남이 없이도 종종 친구관계로까지 발전한다. 이런 점에서 컴퓨터 네트워크는 상반된 두 가지 경향을 동시에 강화한다고 볼 수 있다. 한편으로는 PC 앞의 개인들을 부단히 깊은 고립과 원자의 세계로 빠뜨리고 외부 세계와 단절시키며 다른 한편으로는 특정 문제의식과 가치, 취미 등의 공유를 통해 상호 연결시켜 주기도 하는 것이다. 이때의 연결이 장소나 시간에 구애받지 않는 것은 물론이다.

장소나 시간의 구속 없이 특정 가치와 취미, 문제의식 등에 의해 연결되는 이들은 말하자면 가상공동체의 구성원이라고 할 수 있다. 가상공동체는 전통적인 사회학적 집단으로 분류되는 원초집단이나 2차 집단과는 뚜렷이 구별되는 특징을 보인다. 원초집단이 구두 커뮤니케이션에 의해 탄생한 장소 구속적 집단이고, 2차 집단이 인쇄매체에 의해 탄생한 장소 구속성이 완화된 집단이라고 한다면, 가상공동체는 기본적으로 컴퓨터 네트워크와 뉴미디어의 확산과 함께 등장한 장소와 시간의 구속성이 거의 없는 새로운 유형의 사회 집단이다.

장소나 시간의 구속이 거의 없이 상황 종속적인 성격을 보이는 새로운 형태의 사이버 집단들은 인터넷의 확산과 함께 더욱 늘어날 전망이다. 그 결과, 미래의 지구촌 인간들은 가족이나 이웃, 친구와 같은 자연적 공동체의 유대 없이 컴퓨터를 매개로 일시적이고 부분적인 원초관계를 형성하면서 살아가야 하는 운명에 처할지도 모른다.

(3) 사이버 공간 속의 청소년을 보는 두 가지 시각

사이버 공간 속의 청소년을 보는 시각은 크게 두 가지로 대별된다. 첫째는 디지털 혁명을 통해 이루어지는 사회 전반의 변화를 본질적인 것으로 규정하면서 아날로그 세대와 구분되는 디지털 세대의 등장을 예고한 텝스콧 류의 'N세대론'이다. 이에 따르면, 컴퓨터와 인터넷에 의해 가능하게 된 사이버 공간은 산업사회와는 질적으로 다른 새로운 세대를 배태하는 한편, 지금까지 유지되었던 세대관계의 일대 변혁을 초래하고 있다. 인터넷의 사용을 생활화한 N세대는 강한 독립심, 감성적이고 지적인 개방성, 다양한 문화에 대한 포용성, 자유로운 표현과 강한 자기주장, 혁신적인 태도, 성숙에의 몰입 등을 특징으로 하고 있으며, 이런 점에서 위계적인 사고, 일방향 교육, 통제 마인드에 익숙한 산업화 세대와는 근본적으로 구분된다. 그러므로 N세대론의 주창자들은 사이버 공간을 즐겨 찾는 N세대 청소년들의 새로운 세대경험이 청소년들의 정체성과 하위 문화 형성에 긍정적으로 작용할 것으로 본다. 예를 들어, 컴퓨터나 인터넷을 정보검색 및 학습활동에 이용하는 행동은 청소년들의 지식과 학습능력을 직접적으로 증진시킬 뿐만 아니라 학습동기를 촉진시키고 자신감을 배양할 것이다. 또한 인터넷 공간의 특징인 평등성, 탈억제성, 개방성 등의 경험은 청소년들이 긍정적이고 미래 지향적인 가치관을 형성할 수 있도록 도와줄 것이다.

이에 대해 정보화 비관론자들은 N세대론에 내포된 지나친 기술 중심주의에 거부감을 보이면서 정보화가 기존의 사회 관계를 긍정적으로 변모시키거나 확장시키기보다는 왜곡하거나 악화시킬 수 있으며, 또 인터넷에 대한 지나친 몰입이 청소년들의 현실 감각을 떨어뜨릴 수 있다고 본다. 나아가 이들은 N세대론이 지나치게 자유방임주의의 시각에 치우쳐 있고 정보화가 야기할 수 있는 부정적 결과들을 간과하고 있기 때문에 청소년들의 올바른 가치관 형성과 정체성 발달을 위한 제도적 개입과 처방을 어렵게 할 수 있다고 주장한다. 이들에 따르면, 인터넷 환경에의 무분별한 노출은 청소년들의 공격성, 폭력성 및 성적 충동을 과도하게 자극시킬 뿐만 아니라 청소년들을 성폭력의 희생자, 자살 충동의 실행자로 만들 수 있다. 또한 인터넷에 대한 지나친 몰입은 사회 활동의 제한, 가족 및 친구관계의 약화를 가져오고 이로 인한 고립감, 우울증 등을 유발시킴으로써 청소년의 정체성 발달에 부정적 영향을 미칠 수 있다.

긍적적인 면	부정적인 면
학습에 이용	성적충동
학습능력 증진	자살충동
자신감 배양	공격 및 폭력성

위에서 보듯이 사이버 공간과 청소년의 관계를 둘러싸고 극단적으로 대립하는 시각과 전망이 존재하고 있음을 알 수 있다. 여기서 우리는 청소년을 위한 사이버 공간의 긍정적 잠재력을 극대화할 수 있는 조건이 무엇인지에 관심을 가져보자.

(4) 청소년들의 사이버 공간 활용 실태

오늘날의 청소년은 정보통신기술과 함께 성장해온 첫 번째 세대로서 집, 학교, 사무실 등의 모든 공간에서 컴퓨터와 인터넷을 쉽게 접할 수 있는 것은 물론 전자게임, CD-ROM, 휴대폰 같은 정보기기가 주변에 흘러넘치는 디지털 환경 속에서 성장하고 있다.

인터넷 컨설팅 회사인 포티노 그룹(Fortino Group)이 미국 인터넷 사용자 6천 명을 대상으로 실시한 조사결과에 따르면, 10~17세에 해당하는 미국의 이른바 'Y세대' 청소년들은 인생의 1/3에 가까운 23년 2개월을 인터넷 공간에서 보낼 것으로 추정되었다. 또 인터넷 사용자들은 일생 동안 컴퓨터 마우스를 평균 4천 2백만 번 이상 클릭할 것으로 추산되었으며, 이메일을 열어보고 응답하는 데 평균 2년 4개월 이상에 해당하는 시간을 보낼 것으로 나타났다. 'Y세대'에게는 이미 인터넷이 모든 생활의 일부로 자리를 잡았고, 시간이 흐를수록 그들의 삶에서 인터넷이 차지하는 비중은 증가할 것으로 예상된다. 자의식과 자기주장이 강한 개성 문화를 지향하고 있는 젊은 층에게 인터넷의 제반 특성은 적극적인 자기표현과 자유로운 활동을 할 수 있는 최적의 장을 제공해 주기 때문이다. 특히 10대와 20대 초반의 청소년이 중심이 된 사이버 공간 속의 각종 상호작용은 지금까지 우리가 경험해 보지 못한 새로운 문화와 공동체 형성을 매개하면서 오늘의 사회를 사이버 사회로 성큼 다가서게 하고 있다.

우리나라 청소년들도 미국 청소년들을 능가할 정도로 사이버 공간에 대한 높은 수준의 이해와 활용도를 보이고 있다. 또 최근 3개월 간 인터넷 사용 경험이 있는 13세 이상 59세까지의 인구를 대상으로 조사한 결과에 따르면, 가구 100인당 인터넷 이용자 수는 10대 30.6명,

20대 32.9명으로 30대의 12.2명, 40대의 5.1명, 50대의 2.2명보다 월등히 높은 비율을 보이고 있다.

한편 우리나라 청소년들의 사이버 공간 활동 실태를 보면, 이들은 컴퓨터를 이용해서 주로 정보검색, 문서작성, 전자우편, 채팅, 컴퓨터게임을 하는 것으로 조사되었다(<표 2> 참조).

〈표 2〉 PC를 통해 해 본 일 (단위 %)

	정보검색	문서작성	이메일	채팅	컴퓨터게임
자주 했다	63	56.8	59.1	30.5	50.5
가끔 했다	26.1	25.3	19.9	33.7	22.3
한두 번 했다	6.8	10.1	10.4	24.3	16.3
한 적이 없다	4.0	7.8	10.6	11.5	10.9

구체적으로 PC를 이용한 정보검색의 경험 유무에 대한 질문에 '자주 했다'와 '가끔 했다'는 응답이 각각 63%와 26.1%를 차지해 PC를 이용하는 청소년들의 최대 관심이 정보검색에 있음을 보여주고 있다. 연령별로는 대학생(76.4%)이 중고생(46.8%)보다 정보검색을 많이 하고 있었으며, 또 생활수준이 높을수록[상(67.1%), 중(65.3%), 하(48.4%)], 학교성적이 좋을수록[상위권(72.3%), 중상위권(64.2%), 중하위권 (54.8%)] 정보검색을 자주하고 있었다.

PC를 이용한 문서작성 경험과 관련해서도 긍정적인 답변이 압도적으로 많았는데, 이는 PC가 청소년들에게 학습의 유용한 도구가 되어가고 있음을 증명한다. 연령별로는 대학생(76.6%)이 중고생(32.8%)보다 문서작성을 해본 경험이 많았으며, 또 생활수준이 높을수록[상(58.9%), 중(57.9%), 하(51.6%)], 학교성적이 좋을수록[상위권(69.4%), 중상위권(62.3%), 중하위권

(43.8%)] 문서작성 경험이 많았다.

이메일의 사용과 관련해서는 '자주 했다'와 '가끔 했다'가 각각 59.1%와 19.9%를 차지해 이메일이 청소년들의 새로운 커뮤니케이션 수단으로 자리 잡아 가고 있음을 보여준다. 성별로는 여학생(65.0%)이 남학생(55.6%)보다 이메일을 사용해본 경험이 많은 것으로 나타났으며, 연령별로는 대학생(72.5%)이 중고생(43.0%)보다 더 많았다. 그리고 학교성적이 상위권(62.6%)과 중상위권(65.2%)인 경우가 중하위권(52.8%)보다 이메일 활용도가 높은 것으로 조사되었다.

한편 채팅 경험의 유무에 대해서는 '자주 했다' 30.5%, '가끔 했다' 33.7% 등의 빈도를 보여 상대적으로 정보검색, 문서작성, 이메일보다는 비율이 낮지만 대체로 자주 경험을 하는 것으로 조사되었다. 연령별로는 중고생(37.1%)이 대학생(25.0%)보다 채팅을 자주 하는 것으로 나타났으며, 친한 친구가 많을수록(37.0%) 그렇지 못한 경우(26.0%)보다 채팅 빈도가 높았다.

컴퓨터게임의 경험 유무에 대해서도 '자주 했다'와 '가끔 했다'가 각각 50.5%와 22.3%를 차지해 우리나라 청소년들이 유난히 컴퓨터게임을 즐겨하는 것으로 나타났다. 성별로는 남학생(68.0%)이 여학생(22.9%)보다, 연령별로는 중고생(63.1%)이 대학생(40.0%)보다 더 자주 하는 것으로 조사되었다. 그리고 학교성적이 낮을수록[상위권(41.4%), 중상위권(51.0%), 중하위권(58.0%)], 친한 친구가 많을수록(58.2%) 그렇지 못한 경우(44.9%)보다 컴퓨터게임을 더 자주 하는 것으로 나타났다.

청소년들은 단순히 PC나 PC통신, 인터넷 이용률에서만 높은 비율을 보이는 것이 아니라 사이버 문화와 공동체 형성의 인큐베이터라고 할 수 있는 메신저 동호회와 뉴스그룹에도 높은 참여율을 보이고 있다. 대부분의 청소년들이 동호회 방식의 활동을 선호했고, 자주 가는 사이트도 정해져 있는 편이었다.

사이버 공동체에서의 청소년 활동은 크게 공식 활동과 비공식 활동, 온라인 활동과 오프라인 활동으로 구분해 볼 수 있다. 공식 활동은 조직의 존속 유지를 위한 활동을 말하며, 대표적인 것으로는 정모나 정팅, 게시판 활동 등이 있다. 통상적으로 구성원들은 공식 활동을 통해 공동체의 현재 상황, 분위기, 규범 등을 습득하며, 그들의 공통된 관심과 목적을 충족시킨다. 비공식 활동은 정서적 유대 강화와 인간관계 구축에 초점을 둔 활동을 말하며, 여기에는 번개, 메모팅, 토크 등이 포함된다. 이러한 비공식 활동은 사이버 공동체의 구성원들이 긴밀한 사적 관계로 발전하는 중요한 토대가 된다. 한편 온라인 활동은 사이버 공간상에서 이루어지는 동시적, 비동시적 상호작용을 총칭해서 말하며, 대표적인 것으로는 게시판 활동, 전자우편, 정팅, 채팅 등이 있다. 이에 반해 오프라인 활동은 번개나 정모처럼 사이버 공동체의 활동이 현실 공간으로 이어지는 경우를 말한다. 사이버 공동체에서 이루어지는 청소년들의 주요활동을 도식화하면 <그림 15>와 같다.

이처럼 사이버 공동체 활동에 청소년들이 높은 관심과 참여를 보이는 것은 지금까지 가족이나 학교가 제공하던 심리적 위안과 친밀성 공유라는 기능을 사이버 공동체가 대신하고 있다는 측면에서 해석

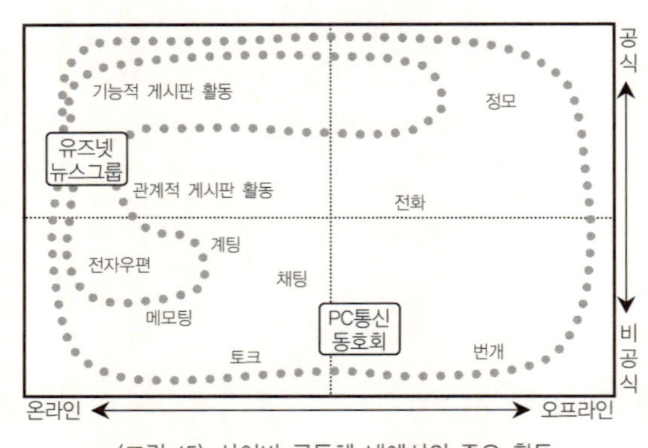

〈그림 15〉 사이버 공동체 내에서의 주요 활동

할 수 있다. 대부분의 청소년들에게 있어 학교와 가정은 더 이상 자신의 잠재력을 실현시킬 수 있는 장이 아니라 가능성을 억압하는 통제 공간으로 인식되고 있다. 먼저 10대 청소년들이 가장 많은 시간을 보내는 현실 공간인 학교를 보면, 오늘날의 학교는 근대적 평등주의 교육 이념에 매몰된 채 청소년들의 다양한 기대와 욕구를 충족시키지 못하고 있다. 특히 우리나라는 학교를 경쟁의 시스템으로 작동시키는 시장 논리와 더불어 이러한 근대적 평등주의 이념조차도 왜곡시키는 억압적 구조가 잔존해 있다. 사이버 공동체는 동일한 관심을 가진 사람들 사이의 활동이라는 점에서 학교를 대신하여 동년배 집단과 동질적 사람을 연결하는 창구 역할을 한다고 볼 수 있다.

학교와 함께 청소년들의 사회성 형성에 중요한 역할을 하는 가정도 더 이상 원초 집단으로서의 기능을 수행하지 못하고 있다. 대다수의 청소년들은 가족 구성원간의 소통이 미흡하다고 느끼고 있으며, 물리적 시간의 부족과 더불어 가족 구성원들이 공유하는 문화적 경험이 부재(不在)하다고 생각한다. 그 결과, 가정은 점점 더 친밀성과 감정을 공유하는 생활세계로서의 기능을 상실한 채 세대간 갈등의 진원지로 변모하고 있다. 특히 부모 세대의 가치와 자신의 가치 지향 사이의 차이는 청소년들에게 있어 심각한 갈등 요인이 되고 있다. 가족 구성원들 간의 이러한 갈등은 – 개인주의화의 흐름과 더불어 – 가족이 학교와 마찬가지

로 사회적 경쟁의 도구가 되고 있는 현실과 밀접한 관련이 있다. 사이버 공간은 청소년들이 이처럼 학교와 가정이라는 소통 부재의 공간을 벗어나 새로운 인간관계를 형성하고 친밀성을 확인하는 대리적인 장의 역할을 한다고 볼 수 있다. 특히 사이버 공간이 보장하는 익명성, 개방성, 평등성은 사이버 커뮤니케이션의 참여자들이 깊은 자기노출을 할 수 있도록 함으로써 대면적 상호작용에서는 느끼기 어려운 정도의 친밀감을 제공한다.

(5) 사이버 공간 속의 청소년 정체성

현실 공간에서 청소년 발달 단계의 가장 중요한 과업은 정체성(identity) 형성 또는 정체성 탐색이라고 할 수 있다. 개인의 정체성이란 특정 개인이 스스로를 다른 사람과 구분시키는 구체적인 모습이자 변화하는 사회환경 속에서 비교적 고정적인 자신의 모습을 유지할 수 있도록 하는 개인 특성들의 조합이다. 현실 공간에서의 정체성 형성은 다양한 경험과 인간관계를 통해 이루어지는 바, 이렇게 형성된 고정적이고 통합적인 자아 정체성은 자본주의 경쟁체제가 강요하는 사회의 구조적 경직성과도 잘 부합된다.

그런데 사이버 공간의 등장과 확장은 청소년들의 정체성 인식에 심대한 변화를 초래하고 있다. 전통적인 농경사회에서는 가족과 지역공동체가, 근대 산업사회에서는 가족과 함께 직장이 정체성을 규정하는 일차적인 요인이었던 반면에, 정보사회에서 개인의 정체성은 점점 더 사이버 공간에서 창출되고 재구성된다. 현실 공간에서 이루어지는 정체성과 사이버 공간에서 이루어지는 정체성 간에는 커다란 괴리가 존재한다. 현실 공간에서 형성되는 정체성이 일방향적인 사회화와 권위적인 통제의 산물이라면, 사이버 공간 속에서 형성되는 정체성은 탈권위적이고 분산적이며 개방적인 성격을 띠고 있다.

사이버 공간 속의 개인 정체성을 규정짓는 일차적 조건으로는 육체성의 거세, 익명성, 개방성을 들 수 있다. 컴퓨터를 매개로 이루어지는 사이버 공간은 현실세계의 육체적 제한에서 벗어나서 개인의 생각과 감정을 자유로이 전달하는 정신세계라고 할 수 있다. 구체적으로 사이버 공간에서 이러한 비(非)육체성과 정신성은 물질적인 외연의 연장이자 도구인 몸과 정신이 분리되는 현상으로 나타난다. 이곳에서는 더 이상 얼굴 표정이나 몸짓처럼 일상세계에서 보편화된 의사소통 도구가 작동하지 않기 때문이다.

사이버 공간에서는 육체의 제약으로부터 자유로운 정체성이 형성되고 아이디어와 마음, 관심으로 이루어진 새로운 유형의 공동체가 생성된다. 인터넷 기반 게임인 머드(MUD)에서 보듯이, 여기서는 현실세계의 제도와 규범, 가치가 적용되지 않으며 사회적 정체성의 규제와 제약에서도 벗어난다. 그리하여 사이버 공간의 참여자는 아이디어와 마인드로 구성되는 새로운 차원의 정체성을 가질 수 있게 된다. 네티즌은 현실 공간의 제약과 구속을 받는 실제 사회의 구성원이라는 정체성에 아이디어와 마인드로 엮어진 분열되고 파편화된 새로운 정체성이 덧붙여지는 '다중정체성'의 소유자가 되는 것이다.

사이버 공간은 현실 공간에서 자신의 모습을 파악할 수 없거나 새로운 자기 정체성을 갖고 싶어 하는 청소년들에게 자신이 원하는 정체성을 자유로이 표현할 수 있는 영역의 범위를 무한히 확장시켜 준다. 이 공간에서는 아주 소심하고 자기표현에 익숙하지 않은 사람이 아주 활동적이고 분명한 사람으로 나타날 수 있으며, 남자가 여자로, 여자가 남자로 자신을 표현하

면서 여기에 어울리는 자신의 이미지를 의도적으로 창출할 수 있다.

익명성이나 개방성과 같은 사이버 공간의 특성들은 이처럼 규제받지 않는 자유로운 정체성(uncensored identity)과 다중 정체성을 촉진한다. 이러한 다중 정체성은 현실에서의 자신과 다른 모습으로 사람들과 상호작용 해 봄으로써 대인관계에 자신감을 높여주는 긍정적인 측면도 있지만, 자아 정체성의 불안정을 초래할 위험도 동시에 안고 있다. 다시 말해, 사이버 공간의 경험은 획일적이고 고정적인 정체성을 강요받는 우리나라 청소년들에게 현실 공간에서 쉽게 받아들여지지 않은 자신의 역할과 이미지를 탐색할 수 있게 함으로써 새로운 정체성과 사회적 능력을 개발할 수 있는 기회를 제공하는 면도 있다. 다른 한편으로 지나치게 가상의 '에고들'에 몰입하게 함으로써 정말 내가 누구인지를 모르는 정체성의 혼란을 경험하게 하거나 감정의 조절과 표현에 대한 탈 억제(disinhibition) 효과를 초래해 음란정보 탐닉이나 언어폭력을 조장할 수도 있다.

(6) 다중 정체성에서 사이버 문화로

사이버 공간 내에서 이루어지는 여타 활동과는 달리 PC통신이나 유즈넷 뉴스그룹에는 가입과 동시에 참여자에게 일정한 ID가 부여되기 때문에 익명성이나 정체성 혼란의 문제가 다소 완화되고, 정체성의 확인도 상대적으로 용이해질 수 있다. 하지만 사이버 공간에의 접근, 즉 '로그인'이 본인 여부 확인(authentification)이 아닌 ID 확인(identification)만을 요구하기 때문에 정체성의 실체에 접근하는 데에는 여전히 어려움이 따른다. 또 원한다면 한 사람이 복수의 ID를 가질 수 있으며, 쉽게 다른 ID로 전환하거나 타자의 성격을 지닐 수도 있다. 전반적으로 오프라인 모임이 활성화된 PC통신 동호회의 성원들은 복수의 ID를 가지건 그렇지 않건 간에 동호회 내에서 독특한 퍼스낼리티를 창출하여 하나의 통합적인 정체성을 유지하려고 애쓴다. 이에 따라 여기서는 개인적인 차원의 독특한 상징체계가 발달되어 있다. 예를 들어 ID 외에 대화명, 그래픽 및 텍스트 방식의 서명, 차별적인 언어 구사방식 등이 사용자의 선호와 능력, 상황에 따라 선택적으로 사용된다. 텍스트 환경의 제약을 받고 있는 사이버 상황에서 정체성을 유지하는 주된 수단이 상징 기제라면, 그래픽 환경에서의 자아정체성은 아바타(avatar)나 자신이 만들어내는 독특한 개성의 형태로 발현된다.

이와 더불어, 네티즌 상징은 통신을 하지 않는 비(非)네티즌과 네티즌을 구별시켜주는 확실한 수단이자 네티즌 고유의 정체성을 확인할 수 있는 유력한 도구로 간주된다. 가장 일반적으로 이용되는 네티즌 상징으로는 통신언어와 이모티콘(emoticon)이 있다. 네티즌들은 먼저 그들만의 독특한 통신 언어를 개발해 사용함으로써 일상 세계의 비네티즌들과 자신을 구분한다. 예를 들어, 사이버 공간상에는 표준어를 사용하는 것이 강제되지 않으며, '소리 나는 대로 표현하기'와 '심한 축약'이 일반화되어 있다. 뿐만 아니라 네티즌이 아니면 이해하기 힘든 그들만의 고유한 언어들이 유통되기도 한다. '직딩', '대딩', '설', '백조', '섐' 등은 대표적인 네티즌 고유의 언어라고 할 수 있다. 또 처음 보는 인사는 대부분 '하이~~~'라고 한다. 그리고 '반가'가 '방가'로, '집이'가 '지비'로, '친구'가 '칭구'로 쓰이는 데서 볼 수 있듯이 소리나는 대로 표현하는 것이 일반적이다. 사이버 공간에서 의사소통을 하기 위해서는 문자를 사용할 수밖에 없는데, 이때 문자는 '글'이 아니라 '말'이라는 인식이 있기 때문이다. 이러한 언어는 PC통신 동호회와 같은 사이버 공동체를 중심으로 전파되기 때문에, 인터넷에 접속하더라도 정보 검색만 하는 사람들은 이를 잘 이해하지 못한다. 다시 말하면, 이런 통신언어를 알고 사용한다는 것 자체가 사이버 공동체 활동을 한다는 상징적 기호가 되며 이런 기호를 공유함으로써 동호회 구성원들은 동질감을 느끼고 자신의 새로운 정체성을 확인한다.

이에 비해 이모티콘은 일종의 상형문자이므로 보다 쉽게 이해되고 유통되는 측면이 있다. 스마일리(smiley)로 불리기도 하는 이러한 단서들은 행위, 감정, 강조를 전달하기 위해 비규준 구두점이나 스펠링, 대문자 및 특수 키보드 문자들을 사용한다. 청소년들이 주축인 한 인터넷 사이트 내의 '21세기 마을 동호회'에서는 전체 응답자의 51.8%가 스마일리를 '자주 사용'하고 있었으며, '전혀 사용하지 않는' 사람은 14.8%에 불과했다. 남성보다는 여성이, 20대보다는 10대가 스마일리를 자주 사용하는 것으로 나타났는데, 이는 이 집단들이 사이버 공간상에서 더 높은 수준의 자기표현 욕구를 가지고 있기 때문이라고 여겨진다.

한편 오프라인 모임이 활성화되어 있지 않은 인터넷 뉴스그룹의 경우 원칙적으로 완벽한 익명성이 보장되며, 상호작용에 참여하는 상대방의 실제 모습에 대해 알 수 있는 객관적인 자료는 거의 없다. 특정 사용자가 포스팅된(posting) 글을 통해 다른 사용자에 대해 캐낼 수 있는 정보는 그 사람의 발신자명과 이메일 주소 정도이다. 발신자명이 그 사람의 실제 이름인지, 제공되는 정보가 정확한 것인지에 대해 확인할 수 있는 것은 아무 것도 없다. 이러한 정체성의 유동성과 불확실성은 사람들이 서로 지속적으로 관계를 맺고 공동체를 형성하려고 할 때 심각한 문제를 야기한다. 일반적으로 공동체가 유지되기 위해서는 그 구성원들이 어떤 식으로든지 서로 확인할 수 있어야 하기 때문이다. 이러한 상호 확인 절차가 결여되어 있는 뉴스그룹에서는 참여자들이 독특한 자기표현과 밀도 있는 상호작용을 통해 자신의 퍼스낼리티를 창출하고, 정체성을 형성하며, 공동의 하위문화를 만들려고 노력한다. 이를 위한 전형적인 방법으로는 발신자명의 일관된 사용, 자발적인 자기노출(self-disclosure), 자신만의 독특한 서명, 뉴스서버나 그룹의 관리, 토론 및 투표 요청, 투표 참관 및 참여와 같은 뉴스그룹 내에서의 특정 역할의 창출과 수행 등이 있다. 대체적으로 네티즌 상징이나 개인 상징은 많이 사용되는 편이나, 특정 뉴스그룹만의 고유한 상징은 존재하지 않는다.

LG 커뮤니카토피아연구소의 설문조사 결과에 의하면, 한글 사용 뉴스그룹인 han.*에 글을 게시한 경험이 있는 사람들 중 40.6%가 발신자명 이외에 서명, 기호, 상징, 말 등으로 이루어진 자신만의 고유한 식별 도구를 가지고 있었으며, 그 중 키보드 특수문자의 조합으로 이루어진 스마일리를 사용한다는 사람들의 비율은 57.9%('매우 자주' 14.5%, '자주' 10.1%, '가끔' 33.3%)에 달했다. 이처럼 뉴스그룹 참여자의 자발적인 자기노출과 고유한 서명, 스마일리의 사용 등은 유즈넷 뉴스그룹의 독특한 하위문화를 형성하는 주요 요소들로 정착해 가고 있다 (<그림 16> 참조).

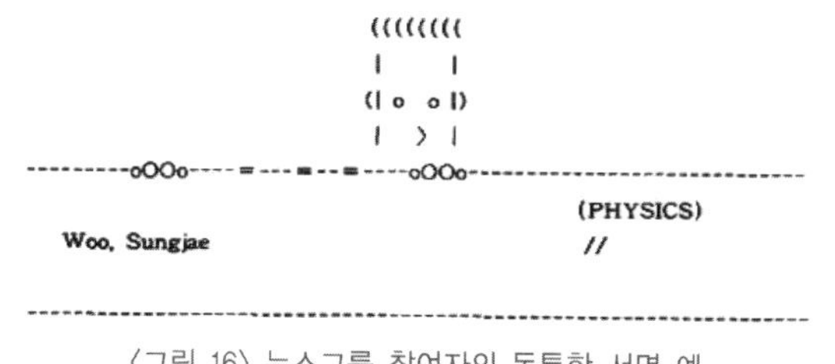

〈그림 16〉 뉴스그룹 참여자의 독특한 서명 예

(7) 사이버 공간의 청소년 친화 가능성

청소년과 컴퓨터 혹은 인터넷과의 관련성에 대한 기존 논의의 대부분은 그것이 청소년에게 미칠 부정적 효과에 관한 것이었다. 우리 주변에서 자주 보듯이, 부모와 기성세대들은 청소년 자녀가 컴퓨터 앞에 앉아 있으면 '음란물을 보는 것은 아닐까', '컴퓨터에 중독되는 것은 아닐까'라는 걱정부터 하는 것이 현실이다. 컴퓨터와 인터넷의 위력은 인정하지만 컴퓨터 속의 세상에 대해 속속들이 알지 못하는 부모와 기성세대들은 컴퓨터와 관련한 각종의 부정적인 보도에 민감하지 않을 수 없기 때문이다.

청소년과 사이버 공간의 관계에 대한 이러한 부정적 인식은 정부의 정보화정책에도 영향을 주어 청소년 보호를 구실로 사이버 공간의 자율성을 제약하려는 움직임으로 나타나고 있다. 1999년 8월 25일 국무총리실 산하 청소년보호위원회는 '사이버 공간에 국경을 세우겠다'는 방침과 함께 음란물을 실은 인터넷 사이트에의 접근을 막겠다고 발표한 바 있다. 외국 서버를 이용하여 한글판 음란 사이트를 인터넷에 유통시키는 것을 막기 위해, 국내 인터넷 서비스제공업자들에게 인터넷을 통한 포르노물의 국내 유통을 원천 차단하는 의무를 부과하는 특별 조치를 추진하겠다는 것이다. 이는 청소년 보호법과 전기통신사업 법의 구체적인 규제 조항을 인터넷 공간에 적용하려 한다는 점에서 사실상 인터넷 서비스 제공업체들에게 청소년 보호정책을 강제하는 조치로 간주된다.

하지만 청소년보호를 목적으로 추진 중인 이와 같은 대중적 요법은 사이버 공간을 생산적으로 활용하고 발전시키는 데에 득보다는 실이 많을 것으로 사료된다. 청소년보호법의 모호한 규정에 따른 규제는 열린 공간이라는 정보공간의 특성을 왜곡·축소시킬 가능성이 크며, 국내 상영 예정 영화들의 심의에서 보듯이 심의가 가지는 구조적 문제 때문에 실효성을 갖기도 어려울 것이기 때문이다. 또 하나의 인터넷 주소에 다양한 내용의 홈페이지가 있는 경우가 허다해 실제 막으려는 내용보다 훨씬 넓은 범위를 막게 될 가능성이 있으며, 청소년과 성인을 구분하는 유통경로가 구분되어 있지 않은 인터넷 서비스의 특성상 청소년 보호를 빌미로 모든 국민들의 정보 접근권을 막는 부작용을 낳을 소지도 있다.

최근 잇달아 개최된 청소년들의 사이버 문화에 관한 토론과 포럼, 각종 조사 결과는 사이버 세계에 친숙한 청소년들이 그렇지 못한 청소년들보다 훨씬 더 긍정적인 가치관을 가지고 있으며, 정보화 역기능에 대한 사회 일각의 논란을 무색하게 할 만큼 사이버 공간에서 그들만의 원숙한 세상을 만들어가고 있음을 보여준다. 대체로 우리나라 청소년들은 한국 사회의 정보화 정도를 높게 평가하고 있으며, 정보사회의 미래에 대한 견해도 낙관적이다. 한국 사회의 정보화 수준에 대해 응답자들의 절반 이상이 긍정적인 반응을 보였고 비관론보다는 낙관론이 우세했다. 낙관론의 주된 이유로는 인터넷의 보급, PC방의 확산, 정보문화 혹은 의식의 확산을 들었다.

한국정보문화센터의 조사 결과도 고무적이다. 이에 따르면, 우리나라 청소년들은 컴퓨터를 주로 교육 학습의 용도(45.9%)나 개인생활(38.9%)의 도구로 사용하고 있었다(<표 3> 참조).

〈표 3〉 청소년 집단별 컴퓨터의 사용 용도 (단위 %)

	업무	교육·학습	학술·연구	개인정보관리	개인생활
중 학 생	–	41.2	2.0	2.0	54.9
고등학생	3.9	44.7	3.9	2.6	43.4
대 학 생	17.2	51.7	10.3	1.7	19.0

　연령별로는 대학생으로 갈수록 교육 학습, 학술 연구 내지 업무의 용도가 늘어나지만, 개인 생활의 측면에서는 도리어 연령층이 낮은 중학생으로 갈수록 높은 비중을 차지하고 있는 것으로 나타나 청소년들에게 컴퓨터의 용도는 이제 작업의 단계를 넘어 일상생활의 하나로 자리 잡아 가고 있음을 보여주고 있다.

　한편 한국청소년상담원이 전국 중고등학교 학생 1,800명을 대상으로 실시한 청소년들의 사이버 문화 실태 조사 결과도 인터넷이나 PC통신을 이용하는 학생이 그렇지 않은 학생보다 훨씬 유행에 민감하고 사교적이었으며 학교에 가는 것을 즐거워하고 생활 적응력도 뛰어나다는 것을 보여준다. 이에 따르면, 청소년들은 인터넷 사이트를 주로 학습이나 정보습득의 도구로 사용하고 있었고, 정보검색의 내용도 연예정보, 학업 및 진로정보, 문화정보 순으로 성 관련 정보 검색의 비중은 낮았다. 한 걸음 더 나아가 청소년들은 사이버 공간에 자신들만의 고유한 세계를 구축해 나가고 있다. 동호회, 네트워크 게임, 웹진, 인터넷 방송국 등은 청소년들의 질식할 듯 숨 막히는 현실 생활에 새로운 활력을 불어넣는 통풍구의 역할을 할 뿐만 아니라, 긍정적이고 생산적인 자아정체성을 확인할 수 있는 기회를 제공하고 있다.

　청소년들이 중심이 된 사이버 공간의 자율적 감시 활동도 사이버 공간의 청소년 친화적인 활용이라는 측면에서 주목할 만하다. 서울 경기지역 중고생 200여 명으로 이루어진 청소년정보감시단(Cyber Youth Cop)은 올바른 정보사회 정착과 건전한 정보문화 확립을 위해 불건전한 정보 유통을 감시 고발하겠다고 자처하고 나섰다.

　그런데 사이버 공간을 보다 청소년 친화적으로 육성 발전시키기 위해서는 무엇보다도 먼저 언론의 인터넷과 청소년의 관계에 대한 선정적 보도 태도가 지양되어야 한다. 매스미디어의 이러한 선정적 보도 태도는 인터넷에 대한 지식이 전무한 기성세대로 하여금 인터넷을 매개로 한 청소년 원조교제나 자살 등의 사건이 극히 예외적인 경우임에도 불구하고 일반적인 현상으로 여겨지게 할 수 있으며, 자녀들의 인터넷 활동에 대해 잘 모르는 많은 부모들을 심리적 공황에 빠뜨리게 할 수도 있다. 특히 1~2명의 자녀를 둔 요즘 부모들은 자녀에 대한 과잉보호 성향이 높기 때문에 이런 식의 보도와 문제제기는 자칫 부모들의 과잉반응, 즉 지나친 우려와 간섭, 통제를 불러올 수 있으며, 결국 부모와 자녀 간에 불신의 벽만 높게 할 위험이 있다.

물론 현실과 가상의 구분이 어려운 낮은 연령대의 청소년의 경우에는 부모의 개입이 필수적이다. 하지만 위험 환경으로부터 자녀를 완전히 격리시키려는 부모의 완고한 태도는 오히려 청소년의 건전한 인격 발달과 가족 관계 형성에 저해 요인이 될 수 있다. 더욱이 부모의 지나친 통제와 개입으로 인해 자녀가 컴퓨터나 인터넷을 멀리 한다면 사회 전반의 정보화 추세에 역행하는 것으로 얻는 것보다는 잃는 것이 더 많을 것이다. 따라서 지금 시점에서 절실한 것은 부모들에게 사이버 공간의 부정적 효과를 부각시키고 그 예방책을 강제하려는 시도보다는, 청소년은 적절한 위험에 노출되고 이를 극복하는 과정을 통해 성장한다는 점을 인식하여 사이버 공간의 청소년 친화적인 잠재력을 제고하려는 노력이다.

이처럼 사이버 공간을 청소년들의 정체성 발달과 건전한 문화 형성에 기여하도록 하기 위해서는 균형적인 시각을 갖춘 부모들의 적절한 관심과 더불어 제도적 차원의 의도적인 노력과 정책적 개입이 뒤따라야 할 것으로 본다. 그렇다고 이러한 노력과 개입이 일방적인 감독과 통제라는 형태로 나타나서는 곤란하다. 개방성, 평등성, 상호작용성을 특징으로 하는 사이버 공간의 특성상 국가의 일방적인 감독과 통제는 실효를 거두기는커녕—엄청난 부수적인 통제 비용과 함께—청소년들에게 불필요한 호기심을 자극하거나 기성세대와 부모에 대한 저항감을 심어줌으로써 또 다른 사회적 부작용을 초래할 수 있기 때문이다. 다시 말해, 사이버 공간의 잠재적 해악으로부터 청소년을 보호하고 이를 청소년 친화적으로 만들기 위해서는 국가나 공공기관에 의한 사이버 공간의 직접 개입과 통제보다는 현실 세계에서 부모들이 사이버 공간을 이해할 수 있는 실질적인 기회를 더 많이 제공하고 자녀들과의 대화를 유도할 수 있는 구체적인 액션 플랜을 제시하며 청소년들 스스로가 문제를 발견하고 해결하도록 하는 등의 비공식적이고 자율적인 개입 전략이 바람직할 것으로 본다.

(8) 사이버 문화는 젊은 문화

사이버 공간 속의 커뮤니케이션은 기본적으로 컴퓨터에 의해 매개되는 소통이다. 대화 없는 자료의 교환이나 상업적 거래도 컴퓨터 매개 커뮤니케이션의 주요 형태라고 할 수 있겠으나 사회학적 관점에서 가장 주목되는 것은 독특한 방식의 사회적 상호작용을 통한 새로운 문화와 정체성 형성의 가능성이다. 특히 이 책의 논의와 관련해서 중요한 것은 이 모든 실험과 가능성이 청소년들에 의해 주도되고 있다는 사실이다. 이런 점에서 새로이 창출되는 사이버 문화는 청소년 중심의 젊은 문화라고 할 수 있다.

다른 한편으로 사이버 공간은 물리적인 시간과 공간적 제약의 초월을 통해 인간에게 새로운 선택과 행동 대안의 기회를 제공한다. 많은 사람들은 기술이 발달하면 인간 행동의 선택

여지와 자율성은 줄어들 수밖에 없다는 기술 결정론적(technology determinism) 시각을 지니고 있고, 그러한 시각이 나름대로 타당성을 갖는 것도 사실이다. 하지만 인터넷 기술의 발달과 이에 따른 사이버 공간의 확장은 이와는 반대로 인간이 선택할 수 있는 더 많은 대안을 제공해 주며, 인간이 창의력을 발휘할 수 있는 여지를 더욱 넓혀주는 측면이 있다. 정보의 바다 속에서 필요한 정보를 찾아내어 활용하며, 이를 조합하고 갱신하여 새로운 정보를 만들어내는 것은 마치 하나의 새로운 창작활동과 같이 개인의 창의력과 상상력을 전제하는 작업이기 때문이다.

이처럼 사이버 공간은 무한한 가능성을 가진 미지의 세계이자 젊은 세대의 상상력과 자극을 필요로 하는 생산적 대안 문화와 새로운 공동체 창출의 원동력이다. 물론 전반적으로 청소년이 차지하는 사회적 지위나 영향력은 40대 이상의 기성세대에 비해 월등히 떨어지는 것이 사실이다. 하지만 오늘날의 청소년들은 성장기부터 컴퓨터와 인터넷 사용에 익숙해 있고 사이버 문화라는 새로운 현상에 친숙하며 정보의 수집, 가공, 활용 능력이 뛰어난 사이버 세대이다. 뿐만 아니라 현실 세계의 고루함, 권위주의, 구태의연함에 물들지 않아 어떤 다른 세대보다도 새로운 문화의 형성과 발전에 주도적 역할을 할 수 있는 위치에 있다. 새로운 문화와 새로운 공동체를 만들고 이를 토대로 수평적 네트워크를 형성하는 디지털 문화혁명의 진정한 주체가 청소년일 수밖에 없는 이유가 바로 여기에 있다.

📑 읽을거리 : 목표가 있는 삶

① **기한을 정하지 않은 목표는 총알 없는 총이다** : 기한이 없는 목표는 탁상공론이다. 기한이 없으면 일을 실행시켜 주는 에너지도 발생하지 않는다. 당신의 삶을 불발탄으로 만들지 않으려면 분명한 기한을 정하라.

② **독수리가 되고 싶다면 독수리 떼와 함께 날아라** : 늘 교류하는 준거집단의 선택이 목표 달성을 좌우한다. 칠면조 무리에 섞여 있으면서 독수리를 꿈꾸지 마라. 목표에 걸맞은 사람들과 교류하라.

③ **목표는 긍정문, 현재시제, 1인칭으로** : 잠재의식은 긍정적인 명령처리와 현재시제에 잘 반응한다. 또한 목표는 개인적이어야 한다. 개인적인 동기가 나를 움직이기 때문이다.

④ **목표는 간결해야 한다** : 목표를 달성하려는 사람은 여기저기 총알을 퍼붓는 기관총 사수가 되어서는 안 된다. 단 한 번에 목표물을 날려버리는 저격병이 되어야 한다.

⑤ **성공한 모습을 머릿속에 그리며 살아라** : 육체는 신경 에너지의 명령에 따라 움직인다. 마음속에 성공을 그리는 행위는 자신의 중앙 컴퓨터에 성공을 프로그래밍하는 것과 같은 효과를 발휘한다.

⑥ **마무리 5%가 성공을 좌우한다** : 많은 사람들이 95%까지는 열심히 하다가 막판에 목표 달성을 포기한다. 포기하는 것은 유혹에 넘어가는 것이다. 마지막 5%가 남았을 때 다가오는 포기의 유혹을 이겨내라.

⑦ **잘못을 인정하라. 그래야 문제를 통제할 수 있다** : 내가 변하지 않는 한 아무것도 변하지 않는다. 삶에 대한 책임이 전적으로 나에게 있다는 사실을 인정하는 순간 우리는 비로소 목표의 주인이 될 수 있다. 인정하지 않으면 행동도 할 수 없다.

⑧ **목표 달성을 위한 대가를 두려워하지 마라** : 성공은 반드시 대가를 요구한다. 성공한 다음 대가를 치르면 된다는 생각을 버려라. 성공으로 가는 엘리베이터는 그때 그때 대가를 치러야 움직인다.

4. 새로운 IT문화 질서

본 장에서는 기술체계와 사회체계간의 상호작용을 전제로 하는 과학기술사회론의 관점에 준거해 정보통신기술의 발전으로 인한 거시적 사회변동의 궤적과 새로 출현할 미래사회의 성격을 진단해 보고자 한다.

구체적으로는, 현대 우리 사회에서 관측할 수 있는 새로운 변화의 징후들을 판독해 IT를 기축으로 하는 미래사회의 질서를 구조, 제도, 문화 및 행위자 차원에서 진단한 후, 새로운 기술에 대한 사회적 요구와 그로 인한 신(新)사회질서의 재편 과정을 자기 조직적 속성을 통해 전망하여 보자.

IT의 사회적 파장은 다양한 차원에서 분석 가능하다. 구조, 제도, 문화 및 행위자라는 4대 차원에 준거해 새로운 사회질서의 성격을 파악하자면, IT가 선도하는 미래사회는 (1) 접속성이 강화되는 네트워크 사회, (2) 경계성이 약화되는 유연사회, (3) 구성성이 강조되는 사이버 사회, (4) 정체성이 중시되는 자아 중심적 사회로 특성화할 수 있다.

그런데 구조와 문화의 상호침투는 사회 환경을 편재화·가상화하고, 구조와 제도의 상호 침투는 사회조직을 중첩화·다양화시키며, 제도와 행위자의 상호침투는 사회관계를 피상화·단명화하고, 문화와 행위자의 상호침투는 사회심리를 개체화·주체화함으로써 '잡종 사회(heterotopic society)'라는 새로운 사회질서를 창발한다. 이질적 요소들의 혼존 상황을 뜻하는 잡종 사회는 산재성, 난교성, 혼성성, 전이성 등과 같은 내발적 욕구를 충족시킬 수 있는 신기술과의 접목을 통해 보다 높은 단계로의 도약을 꾀하는데, 새로운 기술적 요청은 다양한 구성요소들이 서로 만나고 뒤섞여 새로운 실체나 상태를 지향하는 증식적 욕구, 접속적 욕구, 융합적 욕구 및 탈주적 욕구에 직접적으로 기여할 수 있는 생명공학(BT), 정보기술(IT), 나노

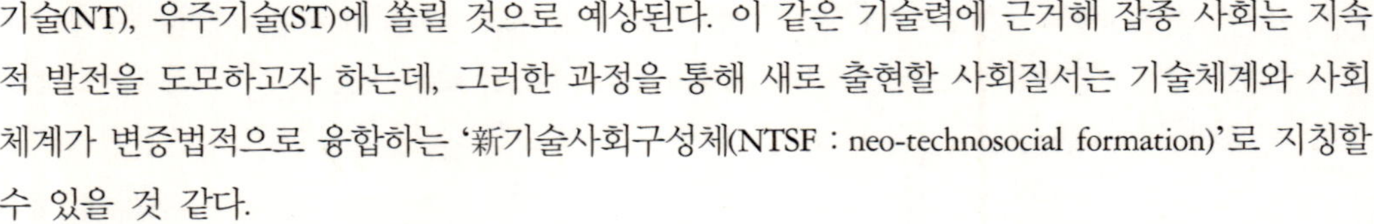

기술(NT), 우주기술(ST)에 쏠릴 것으로 예상된다. 이 같은 기술력에 근거해 잡종 사회는 지속적 발전을 도모하고자 하는데, 그러한 과정을 통해 새로 출현할 사회질서는 기술체계와 사회체계가 변증법적으로 융합하는 '新기술사회구성체(NTSF : neo-technosocial formation)'로 지칭할 수 있을 것 같다.

기술사회구성체의 원형에 해당하는 잡종 사회와 변별되는 NTSF는 다음과 같은 일련의 특성들을 강화해 나아갈 것으로 추정된다. 첫째는 '선택과 집중'이나 '20 : 80 사회로의 진전' 등과 같은 언표에서 유추할 수 있는 비평형성이고, 둘째는 "변해야 산다"거나 "구조 조정, 체제 개혁" 등과 같은 선언적 문구를 통해 감지할 수 있는 역동성이며, 셋째는 '무어의 법칙'이나 '카오의 법칙' 등과 같은 배가성 원리에서 간파할 수 있는 비선형성이며, 넷째는 '학습조직'이나 '팀 운영제'와 같은 새로운 조직유형에 함축되고 있는 자기조직성, 끝으로는 '개성'이나 '창의성'에 대한 강조에서 판독할 수 있는 자동생산성이다.

이상과 같은 특성들을 내장한 新기술사회구성체는 평형상태와 거리가 먼 準안정 상태에서 자기조직성을 강화해 나아가는 소산체계의 일환으로 간주할 수 있는 바, 그것은 구성상으로는 씨줄 / 날줄이 복잡하게 얽혀 있는 '망상 사회(grid society)', 형태상으로는 주도적 노선이 아닌 임의적 진전 경로로 특징되는 '리좀 사회(rhizome society)', 과정상으로는 물자나 정보가 자유롭게 순환되는 '유동 사회(fluid society)'로서 규정할 수 있는 '초개방적 복잡계(supra-open comexity system)'에 해당한다고 할 수 있다. 이러한 제반 특성들을 포괄하는 신기술사회 구성체의 기본 성격은 "사회는 사람들의 모임이 아닌 의사소통의 집합으로 이해되어야 한다"는 니클라스 루만의 '소통' 개념에 의해 가장 잘 대변된다고 본다.

(1) 과학기술

과학기술의 사회적 영향력은 인류역사의 전개과정을 통해 꾸준히 증대되어 왔다. 특히 지난 2~3세기간 과학기술은 인간생활의 물질적 측면뿐 아니라 규범, 가치, 신념 등 의식세계 전반에 이르기까지 엄청난 변화를 초래하여, 그것은 이제 사회변동의 주요 요인, 나아가 가장 결정적 요인으로 간주되고 있다(Ellul, 1964 ; Lenski and Lenski, 1974).

과학기술(순수 과학지식 및 그 실천적 응용기술)은 기본적으로 지속적 성장과 축적과정을 밟아 나아가는 것으로서, 기존 지식이나 방법에 새로운 것이 부가됨으로써 진전한다. 이러한 과학기술의 누적적 성격은 여타 부문의 그것과는 판연히 구분된다. 예컨대 종교, 도덕, 철학, 예술 등은 과학 못지않은 장구한 역사와 전통을 지니며 높이 존중되어 왔을는지 모르나 원천적으로 비(非)누적성을 특징으로 한다(Brington, 1971).

우리가 누적적이라고 간주하는 지식, 즉 과학적 지식은 훈련받는 사람들이 검증을 통해 진위를 판별할 수 있는 것을 말한다. 물론 과학적 지식의 발전사는 벽돌을 쌓듯 순탄치만은 않았다. "진리는 하나"라는 모토에도 불구하고 과학계에서는 상충된 논쟁과 비판이 교차했고, 때때로 옛 진리가 새로운 진리에 의해 대체되는 혁명적 변천의 사례도 있었다(Kuhn, 1970). 하지만 전통적 견해가 수정되거나 기각되면 될수록 과학은 오히려 진보의 발걸음을 재촉해왔다. 왜냐하면 새로운 과학적 발견은 이전의 과학적 성과를 토대로 이루어지는 것이 상례였던 까닭이다.

'삶의 방식'을 뜻하는 기술은 '앎의 방식'에 해당하는 과학에 비해 상대적으로 비누적적이

다. 왜냐하면 기술은 그 어원인 기법에 내장된 의미를 통해 짐작할 수 있듯 기예적 요소(예컨대 조리법이라든가 주조법의 경우에서와 같은)를 내포하기 때문이다. 즉, 본질적으로 삶의 전략과 직결된 기술은 사회적 관행, 규범 또는 목적가치 등 생활환경과의 유기적 연관성을 무시할 수 없어 그 성장과정이 과학지식에 비해 보다 복잡다단하다. 그럼에도 불구하고 우리가 기술의 누적성을 강조하는 까닭은 과학과 기술 간의 연결고리가 나날이 강화되어 실용으로서의 기술이 오늘날 누진적으로 성장하는 추세에 있기 때문이다.

과학사상가이자 과학소설가인 웰즈(H. G. Wells)는 타임머신에서 과학기술과 여타 영역과의 차이를 다음 두 가지 유형의 인간-기계론적 사고에 경도하여 미적 감각을 상실한 경성파(hardies)와 예술적 감흥에 도취되어 과학정신을 외면한 연성파(softies)-으로 대별한 바 있다. 이러한 분류는 스노우(C. P. Snow)의 『두 개의 문화(The Two Cultures and Two Scientific Revolution, 1959)』에서도 되풀이되고 있는데, 자연과학 및 공학으로 대표되는 과학 대(對) 종교, 철학, 문학, 예술 등을 주축으로 하는 과학외적 영역간의 차이는 전술한 지식의 누적성에 근거한 것에 다름 아니라고 본다(Agassi, 1985).

근대산업의 발흥기인 1867년 맑스(K. Marx)는 "산업공정은 이제 주어진 목표를 달성하기 위해 과학을 의식적, 체계적으로 이용하게 되었다."고 말한 바 있다. 그러나 맑스의 대부분 서술이 그러하듯 이는 당대 현실의 정밀한 묘사라기보다는 미래사회에 관한 예견적 통찰에 가까운 것이었다. 자연과학이 생산활동에 의도적으로 응용된 것은 지금으로부터 약 한 세기 전에 시작된 과학기술혁명을 계기로 해서였다. 노동과정론자 브레이버만(H. Braverman)은 흔히 제2의 산업혁명이라 불리는 과학기술혁명의 차별적 성격에 주목해 지난 한 세기간의 사회

기술적 변화를 진단한다. 과학지식이 주로 현인들의 두뇌나 승정에 소재해 있던 고대·중세기는 물론이요 19세기 중반의 산업혁명에 이르기까지 과학이론과 기술발전은 상부상조를 꾀하기는 했으나, 양자간의 관계란 기본적으로 간접적, 우발적인 것에 불과했다는 것이다. 그는 과학적 창조가 생산면에 적극적으로 응용되고 과학활동이 산업체의 지원하에 진전을 거듭하게 된 현상을 자본주의 발전과 결부시켜 설명한다.

자본주의 초기단계까지 과학은 기술혁신을 가능케 하는 새로운 통찰을 효과적으로 제공해주지 못한 채 기술발전에 후속 혹은 편승해 일반법칙을 창조해 온 것이 통례였다. 그러나 과학연구는 19세기 말 과학기술혁명 이후 생산부문에 적극 응용되었는데, 이는 당시 자본가계급이 자본축적 수단으로서의 과학의 중요성을 깊이 인식했기 때문이었다. 이로써 과학은 산업변화의 주도자로 변신하여 이전과는 판이한 존재방식을 구가하게 되었다(Braverman, 1974).

사실상 오늘날 존재하는 것과 같은 조직적 과학활동은 19세기 후반까지도 가시화하지 않았다. 20세기 중엽까지도 고전의 습득이 여전히 대학교육의 중심이었으며, 과학 관련 학회는 신생기에 있었고, 과학에 관한 후원도 주로 사적이었다. 뿐만 아니라 과학자들은 전형적으로 아마추어들, 즉 아무리 열성을 지녔다 하더라도 과학을 생업이 아닌 취미로 삼고 있던 사람들이었다. 19세기 말까지도 서구사회의 대학, 산업계 및 정부에는 과학자들을 위한 사회제도적 기초가 확고하지 못했다. 그러나 19세기 말 전기, 철강, 석탄·석유 및 내연기관분야의 비약적 발전과 더불어 과학연구의 역할은 급전하게 된다. 특히 거대자본을 소유한 대기업은 자본축적을 증진시키는 수단으로서 과학의 중요성을 깊이 인식하게 되었으며, 이는 신세대 산업의 전형인 전기산업 및 화학산업에서 가장 두드러졌다.

　　과학이 자본에 귀속되는 과정은 독일에서 시작되었다. 독일 자본가계급에 의해 추진된 과학과 산업의 공생은 금세기 역사를 특징짓는 획기적 사건이었는데, 그것은 곧 여타 선진자본국들에게 파급되었다. 당시 독일 산업계에 대한 과학의 주도적 역할은 이론적 학문전통, 특히 사변철학의 음덕에 힘입은 바 크다. 머스그레이브(P. Musgrave)는 금세기 영국과 독일의 기술변화를 다음과 같은 식으로 비교한다. "오늘날 영국의 많은 것들이 벤담철학으로 설명되듯이 독일에서는 헤겔이 지대한 영향을 끼쳤다."고. 의외의 진단이라고 생각할는지 모르나, 사실상 헤겔은 독일의 과학 발전에 직·간접적으로 다대한 영향을 끼쳤다. 우선 그는 1820년대에 프러시아의 교육개혁에 깊이 관여하여 독일과학교육에 근본적이며 이론적인 성격을 부여하는 데 기여했다. 그 결과 영국이나 미국이 기초과학의 연구를 억제하는 경험주의의 굴레에 갇혀 있을 때 독일에서는 과학공동체에 사유의 관습을 정착시켰다. 더구나 변증법을 바탕으로 한 헤겔의 자연철학은 갈릴레이와 뉴턴의 고전역학으로 완성된 기계론적 자연관(세계를 기계론적으로 환원시켜 그것을 정지와 부동, 고정과 불변의 존재로 파악하는) 대신 운동과 변화를 강조하는 역동적 세계관의 인식론적 기초를 제공하였다. 19세기 자연과학의 3대 이론으로 꼽히는 에너지전환의 법칙, 세포이론 및 진화론은 바로 과학적 탐구영역 내에 변증법적 사유가 적용되어 획득된 성과라고 할 수 있는데(박기영, 1984), 그들은 곧 사물은 끊임없이 운동하며 한 가지 운동형태는 다른 운동형태로 질적 변화한다는, 이른바 "존재가 과정이요 과정이 곧 존재이다(Being is becoming, and becoming is being)"라는 헤겔 변증논리의 자연과학적 체현으로 간주할 수 있다.

　　수렵사회로부터 농업사회로의 사회경제적 형태의 변화와 함께 부(富)의 원천이 근력에서

토지로 전환된 것은 약 1만 년 전으로 추정되는 농업혁명을 계기로 해서였다. 향후 농업사회는 산업혁명 및 정보혁명을 거쳐 산업사회에서 정보사회로 진전되어 왔는데, 그 최종 혁명에 해당하는 정보통신혁명의 의의는 18세기 말 제1차 산업혁명 이후 약 200여 년간 존속하여 온 전통적 산업사회와는 격을 달리하는 새로운 사회형태를 창개했다는 점에서 찾아볼 수 있다. 정보사회론자 벨(D. Bell)은 일찍이 『후기산업사회의 도래(The Coming of Postindustrial Society)』라는 저서에서 후기산업사회란 (1) 경제생활의 중심이 물질적 생산에서 서비스(특히 단순 서비스가 아닌 정보지식관련 서비스) 생산으로 이동하며, (2) 직업분포상으로는 전문직·관리직·사무직 등 정신노동자층이 전통적 산업사회의 상징인 육체노동자층을 넘어서며, (3) 과학적·이론적 지식이 사회혁신과 정책결정의 원천이 되며, (4) 기술통제나 평가를 통한 미래설계가 이루어지며, (5) 대학 및 연구소 등을 거점으로 한 지식산업이 융성하게 되는 단계로 특성화함으로써 정보화 시대의 도래를 선언적으로 기술한 바 있다. 그 후 네이스빗(J. naisbitt), 마스다(Y. Masuda), 라이언(D. Lyon), 웹스터(F. Webster) 등도 나름대로의 독창적 시각에서 정보사회의 주요 단면들을 분석하고 진술한 바 있는데, 근자에 까스텔(M. Castells)은 방대한 3부작 『정보시대 : 경제, 사회 및 문화(The Information Age : Economy, Society and Culture)』를 통해 정보사회를 문명론적 관점에서 고찰하였다.

까스텔은 19세기 중엽부터의 과학기술혁명 이래 서구사회를 거점으로 확산되어온 자본주의적 생산양식이 오늘날까지 부가가치의 창출과 실현에 주도적 영향력을 행사하고 있다고 말한다. 그러나 정보화 시대에 이르러 "노동행위가 생산물을 산출해내는 기술적 과정"으로 규정되는 발전양식은 이윤 극대화를 지향하는 자본주의적 생산양식과는 변별되는 독자적 논리를 지향하게 되었다는 것이다. 즉, (1) 기존 작업과정의 합리적 개선, (2) 작업과정의 전면적 혁신, (3) 과정 혁신을 통한 새로운 작업의 창출이라는 세 단계 과정으로 구분되는 발전양식은 차츰 정보화 양식으로 대체되어온 바, 이러한 정보적 발전양식이 기존의 자본제적 생산양식과 변증법적으로 결합함으로써 전체 사회가 새로운 단계로 도약하고 있다는 것이다(Castells, 1989). 새로운 사회의 특성으로는 경제활동의 지구화, 네트워크형 조직화, 작업의 유연화와 불안정화, 노동의 개인화, 문화의 가상화 등으로 꼽혀지고 있다(Castells, 1997). 그러나 새로운 사회에서 관망할 수 있는 보다 원천적 변화란 고대사회에서 근대사회에 이르는 장구한 세월 동안 일관된 양식으로 인식되어 온 시공간 개념의 전환이라고 할 수 있다. 새로운 시공간 개념의 형성을 논하는 자리에서 까스텔은 세계체제론자들이 이야기하는 '세계경제'와 자신이 제시하는 '지구경제'의 차이점을 다음과 같이 서술하면서 네트워크 사회의 문명사적 의의를 역설한다. 새로운 시대의 경제는 지구적이다. '지구경제'는 '세계경제'와 질적으로 변별되어야 할 새로운 역사적 현실이다. 브로델이나 월러쉬 타인이 16세기 이래 존속해 왔다고 주장하는 세계경제가 자본축적이 세계 각처에서 전개되는 양상을 뜻하는 것이라면, 지구경제란 세계적 규모의 경제활동이 실시간으로 진행되는 상황을 의미한다. 지속적 팽창을 거듭하여온 자본주의적 생산양식은 시간적·공간적 질곡을 넘어서고자 부단히 노력해 왔으나, 20세기 후반 새로운 기술적 기반구조를 바탕으로 한 지구경제 시대로 접어든 연후에야 비로소 시공간적 한계를 초월하게 되었다(Castells, 1996 : 92-93).

　이 같은 지구경제는 과학기술의 혁신을 통해 사회적 역량을 배가해 왔으나, 그것은 역으로 과학기술 혁신을 가속화시키기도 한다. 그런데 모든 것이 수평적·수직적 네트워크로 연결된 시대에는 생산 과정, 장비, 물품과 서비스 등이 빠른 속도로 용도 폐기되므로 장기적으로 소유한다는 것이 단기적 접속보다 불리해지게 된다.

따라서 네트워크 사회의 도래와 더불어 장기간 우리 일상생활의 조건을 규정짓고 정치적 담론을 지배했으며 개인의 지위를 판가름하던 소유의 체제가 접속의 체제로 대체되게 된다. "나는 접속한다. 고로 나는 존재한다"라는 유사 데카르트적 언명으로 유추할 수 있듯, 접속시대에서는 경제적 거래나 정치적 참여는 물론이요 일상적 의식의 내밀한 차원에 이르는 폭넓은 영역에서 크나큰 변화가 관망되는 바, 거기서는 가진 자와 못 가진 자의 격차보다 연결된 사람과 연결되지 않은 사람과의 격차가 보다 중요시된다(Rifkin, 2000).

(2) IT의 사회문화적 파장

IT의 사회문화적 파장은 여러 차원에서 분석 가능하나, 분석의 차원은 일차적으로 기술적 영향력이 발현되는 사회체계의 주요 개념 영역에 의해 대별될 수 있다. 즉, 기술체계에서 사회체계로의 외향적·원심적 효과는 크게 구조적, 제도적, 문화적, 행위자 차원으로 구분 가능한데, 구조 대 행위자는 거시와 미시, 제도 대 문화는 목적성과 상징성, 그리고 구조-제도 대 문화-행위자는 객관과 주관, 구조-문화 대 제도-행위자는 맥락과 내용의 차원을 대변하는 것이라고 할 수 있다. 이 같은 분류기준에 의해 4대 영역으로 구분된 IT기반 사회의 유형별 특성을 요약하면 다음과 같다.

❶ 연결된 사회

IT의 사회구조적 충격파는 요소들간의 연결망이 강화되는 네트워크 사회로 구체화한다. '회로사회(wired society)'나 '그물망 사회(grid society)'라고도 불리는 네트워크 사회에서는 원천적으로 모든 요소가 어떠한 다른 요소들과도 서로 연관되어진다. 따라서 거점이니 노드라고도 불리는 개별 요소들은 자체적 속성을 넘어 연결망의 어떤 지점에 놓여 있는가에 따라 그 발현적 성격을 달리하게 된다. 새로운 정보통신 매체의 확산과 함께 요소들간의 연결 방식이 접촉을 넘어선 접속의 형태로 확대되면서 사회체계는 차츰 거점중심사회(node-centered society)에서 연결중심사회(link-centered society)로 이행되어 "연결만이 살 길"이라든가 "연결 아니면 사멸"이라는 모토까지 등장하고 있는 실정이다. 네트워크 사회의 구성 요소들은 고착적으로 결합되어 있다기보다는 느슨하게 연결되어 서로 파동적 영향을 주고받음으로써 사회체계를 유동적 상태로 전환시킨다. 따라서 삶의 터전인 공간개념도 정주적 공간(space of stay)에서 흐름의 공간(space of flow)으로 변모하여, 기든스(A. Giddens)가 말하는 장소귀속성의 탈피가 일상화하는 유목적 상태가 도래하게 된다.

❷ 유연 사회

접속성 증대는 요소들간의 관계에 한정된 것이 아니다. 그것은 상호작용 밀도를 강화시키고 기존의 제도적 경계를 약화시킴으로써 제도영역간의 교류를 촉진한다. '내파'와 '융합'이라는 개념으로 응축할 수 있는 이러한 과정으로 지금까지 서로 대당적 요소로 간주되어 왔던 각종 범주들이 화합적으로 공존할 수 있는 바, 그러한 면모는 교육과 놀이의 결합인 '에듀테인먼트', 생산활동과 소비활동의 결합인 '프로수머', 남성성과 여성성을 동시적으로 추구하는 '양성주의', 인간과 기계의 혼합인 '사이보그' 등에서 널리 관찰할 수 있다. 그 결과 사회적 이질성이 증가해 다양한 주장이나 가치기준이 병존하는 다원적·다문화적 상황이 도래하게 되지만, 늘어나는 기회나 선택성이 항시 긍정적 효과만 초래하는 것은 아니다. 오히려 그것이 사회적 혼돈을 가중시킴으로써 책무나 윤리의식을 경감시키는 부작용을 야기할 수 있다는 부정적 단면을 지적하는 학자들도 적지 않다.

❸ 사이버 사회

사이버 공간은 경계가 없는 무한대의 공간으로 현실계의 다양한 규제나 제약을 벗어난 초월성을 지닌다. 뿐만 아니라 그곳에서는 신분을 드러내지 않을 수 있을 뿐 아니라 교류되는 정보의 내용을 수정·삭제·창조할 수 있다는 점에서 사이버 공간은 익명성, 편집성, 구성성을 지닌다. 또 그것은 하이퍼링크에 의해 다선적으로 연결되는 복합적·중층적 구조를 지닐 뿐 아니라, 모든 정보를 실시간으로 환원시킨다는 점에서 신속성·즉시성을 지니며, 또 물리적 거리와는 무관하다는 점에서 탈공간적이다. 그러나 실세계와 구별되는 사이버 공간의 가장 특징적 성격은 실물이 없되 보고 느낄 수 있는 허구적 세계라는 점이다. 사이버 공간이 가상세계 혹은 가상현실의 동의어로 간주되는 것은 바로 그 때문이다. 이러한 가상적 공간에 비물질적 상징의 위력이 발휘될 수 있는데, 사이버 사회란 그러한 여파가 오프라인으로까지 파급되어 사회체계의 일부에 속해 있던 문화가 오히려 사회를 감싸고 지배하는 문화적 역류

현상이 나타나게 되는 상태라고 말할 수 있다.

❹ 자아지향적 사회

『고독한 군중(The Lonely Crowd)』이라는 책에서 리즈만(D. Riesman)이 제시했던 '타자지향형 인간'과 대비되는 자아지향형 인간의 탄생은 물질적 풍요와 복지가 일정 수준에 달한 서구선진국에서 자신의 삶을 스스로 기획해야 하는 개인화 사회에서 구체화한다. 이러한 추세를 17~18세기 서구 근대사회의 개인화 과정과 구별하고자 하는 벡 부부(U. Beck and E. Beck, 2002)는 오늘날의 '이차적' 개인화 과정에서는 자의성이나 자발성이 극대화하여 결혼도 선택이요 출산도 선택, 나아가 취업이나 이혼 등 모든 것이 주관적 선택의 대상이 된다고 말한다. 라딜(S. Hradil) 역시 독신사회론을 통해 변화된 환경에 적응할 책임이 개인에게 부여 "신(新)고독한 군중"을 묘사한 바 있다. 이 같은 자아지향적 태도는 자의성이나 자발성을 넘어서서 수행 윤리나 초월적 의식에 의거한 정체성 요구로 이어져 인정투쟁이라는 새로운 형식의 사회갈등을 조장한다(Honneth, 1992).

(3) 네트워크 사회

정보혁명은 장기간 인류가 삶의 내재적 기반으로 삼아왔던 산업적 사회질서를 와해시키고 있다. 정보통신기술의 발전은 정보의 융합화를 도모하고, 산업구조를 재편하며, 생활무대를 지구적 차원으로 확장함으로써 사회활동에 크나큰 변혁을 야기하고 있다.

　미래 사회의 성격을 시사하는 개념의 하나인 '네트워크'는 이러한 사회구조적 변화와 함께 우리에게 현실화되고 있다. 일상적 경제활동이나 사회생활의 지속적 인간관계는 유사 이래 지속되어온 엄연한 '사회적 사실'이라고 할 수 있다. 그럼에도 불구하고 미래사회에서 네트워킹이 새로운 사회구성 원리로 거론되는 이유는 그것이 외재적 사회질서의 변화는 물론 가치와 관행 등 인간 내면세계까지를 뒤바꾸는 사회전면적 변화를 추동하기 때문이다.

　네트워크 사회의 내용을 세부적으로 논의하고자 하는 이 장에서는 일차적으로 네트워크 사회가 도래하게 된 역사적 배경과 네트워크 사회에 대한 다양한 접근, 그리고 네트워크 사회의 특성 및 동학을 고찰한 후, 네트워킹 원리의 사회적 효과를 긍정적·부정적 범주로 나누어 알아보고자 한다. 그런 다음 '연줄사회'로 알려진 우리의 전통적 네트워크 체제를 진단하면서, 미래사회에 우리가 지향해야 할 바람직한 네트워크 사회상을 탐지해 보고자 한다.

　정보통신혁명을 맞아 대부분의 사회적 재화가 온라인으로 전가되면서 유사 이래 지속되어온 지역 중심의 사회체제가 근본적 변화에 처하게 되었다. '문자 정보통신혁명 → 음성영상정보통신혁명 → 언어정보통신혁명'으로 이어지는 다단계 정보통신 혁명의 물결이 지역중심의 경제, 통치, 교류 방식에 일대 변화를 가하고 있는 것이다. 지금은 문자 정보통신혁명에서 음성 정보통신혁명으로 이어지는 인터넷 혁명의 초기 단계에 불과하지만, 인터넷에 기반한 네트워크 사회혁명은 향후 보다 가속될 것으로 예견된다. 그러한 변화의 조짐은 사실상 곳곳에서 목도되고 있는 바, 시위를 떠난 정보통신혁명은 불원간 '전면적 네트워크' 시대로 돌입할 전망이다. 따라서 인간 상호간의 이해관계나 유·무형의 자원들을 조정, 통합하며 원활히 소통시키기 위해서는 우리 앞에 전개되고 있는 네트워크 사회의 추이를 심층적으로 논구할 필요가 있다.

지난날 인간사회의 커뮤니케이션은 '장소'에 크게 의존해 이루어졌다. 원거리 커뮤니케이션은 북소리, 연기, 불 등의 신호에 한정되어 있었고, 그러한 의사소통이 이루어진다고 하더라도 그것은 단순한 내용을 함축하는 데 그치는 것이 고작이었다. 따라서 멀리 떨어져 사는 사람들 간의 의사소통이 이루어지기 위해서는 상당 기간이 소요되어야 했다.

원격통신기술의 발전과 연관된 일련의 사건들은 사회적 하부구조의 변화에 크나 큰 파장을 불러일으켰다. 특히 1844년 모스부호의 등장에 힘입어 발달한 전신 기술의 발달과 1875년 벨(A. Bell)에 의한 전화의 발명, 1956년 해저 케이블의 완성, 1960년, 1962년의 통신위성의 등장과 궤도 진입의 성공은 글로벌 네트워크 구조의 창출에 결정적 계기를 제공하였다(Harasim, 1990). 더구나 1977년 광파 커뮤니케이션의 활용방식이 개발됨으로써 인간의 소통구조는 단선적 형태에서 통합적, 복합적, 연계적 형태로 도약하게 되었다. 매체기술의 발달이 현대사회의 하드웨어적 기반구조의 조성에 크게 기여했다면, 그러한 기술적 기반구조의 변화에 상응한 소프트웨어의 발달은 사회구성원들의 문화양식에 보다 직접적 영향을 끼쳤다고 말할 수 있다. 그 결과 1960년 M. 맥루한이 예단한 지구촌이 구현되었고, 1984년 공상과학소설 작가인 윌리엄 W. 깁슨이 제시한 사이버 공간도 현실화하여 보다 정교한 네트워크 사회로의 진전을 재촉하고 있다.

과거부터 지금까지 네트워크는 사회적 관계를 다루는 사회학에서 중요한 분석 단위 또는 분석대상이 되어 왔다. 네트워크란 "세 가지 이상의 요소, 지점, 혹은 단위들의 연결로 정의되며(Jan van Dijk, 1991)", 사회적 네트워크는 '사회구성원들이 연결되어 있는 관계망'을 의미한다. 현존하는 지구 공동체를 위한 네트워크의 다양한 접근 가능성은 사회구성원들의 활동을 가능케 하는 사회적 공간을 창출하고 그들의 사회화를 돕는다. 지구적 네트워크의 발전 과정을 단순한 의사소통 매체에 의한 기술적 진화 과정으로 한정지을 수 없는 이유가 바로 여기에 있다.

네트워크 사회의 문명사적 접근은 사회적 기능체계와 사회구성원들의 의미체계 사이의 탈구 현상을 경제적, 사회적, 문화적 복잡성과 연관시켜 논의하는 것을 말한다. 그 선도자의 한 사람인 까스텔(M. Castells)은 현대적 네트워크사회의 요체를 '네트(net)'와 '자아(self)'간의 대립구도로 파악하면서 새로운 문명의 탄생을 예고한다. 사회구성원에 관한 자아논의의 저변에는 '정체성'이라는 이슈가 내재해 있는데, 사회적 관계를 지칭하는 네트라는 개념 속에는 현 시대를 과거와 구분된 새로운 단계로 차별화하려는 의도가 엿보인다.

현 시대의 정확한 분석을 위해 까스텔은 네트워크 사회의 문명사적 전환을 가능하게 한 네트워크 경제를 다음 다섯 가지 유형으로 분류한다. (1) 설계활동에서 부품제조에 이르기까지 다양한 범위의 투입 요소들에 대해서 기업들이 하청관계로 엮이는 공급자 네트워크, (2) 생산시설, 자금, 인력을 공유하여 상품과 서비스의 품목을 확대하고 시장을 넓히며 선행투자에 따르는 위험 요인을 줄이는 생산자 네트워크, (3) 제조업체, 도매업자, 유통경로, 소매상, 최종 사용자를 연결하는 소비자 네트워크, (4) 주어진 분야에서 업계의 선두주자가 확립한 기술적 표준으로 가급적 많은 기업을 끌어들이는 일반적 연합체로서의 네트워크, (5) 기업들이 연구개발 과정에서 가치 있는 지식과 기술을 공유하는 기술 협력 네트워크(Castells, 2000) 등.

이 같은 특성들을 함유한 네트워크 경제는 기존의 시장경제와 위계조직과는 다르게 파악

된다. 네트워크는 새로운 시대의 경제체제에 맞게 유연적으로 작동할 수 있다.

실제로 이미 대부분의 기업들은 자본주의 사회에서 생존하기 위하여 다국적 확장기업으로 변신을 꾀하고 있다. 뿐만 아니라 역동적 글로벌 경제에 기민하게 적응할 수 있으며, 작업환경의 변화에도 적절히 대응할 수 있다. 즉 네트워크 경제는 복잡한 의사소통 통로, 다각화된 관점, 정보의 병렬처리, 지속적 피드백 작용 등 기존 자본주의 체제에서 일어나는 신체제 원리를 가장 잘 반영한 것이라고 할 수 있다. 까스텔은 현행 사회구조를 규정하는 신경제 원리를 정보화, 세계화, 네트워크화라는 용어로 표제화한다. 특히 정보화를 새로운 생산력의 원천이자 이윤창출의 원동력으로 중요시하는 그는 신경제를 그 범위가 세계적 수준이며 생산방식은 유연성을 특징으로 한다고 설명한다. 나아가 그는 현대 네트워크 사회의 전개과정을 발전양식이라는 개념틀로 분석하면서, 이를 자본주의적 생산양식과 대비시켜 논의를 전개한다 (Castells, 2000).

즉, 그는 생산양식에 있어서의 연속적 특성을 기준으로 현대 네트워크 사회의 문명을 자본주의의 재구조화 현상으로 파악하는 한편, 발전양식에 있어서는 과거 산업사회의 그것과는 확연히 구별되는 기술적 진전이 고려되어야 함을 역설한다. 이 같은 논의들은 궁극적으로 현대사회의 네트워크화 현상을 과거와 구별되는 새로운 시대의 도래라는 문명사적 관점으로 바라볼 것을 요청한다.

일반적으로 네트워크라고 하면 전자 네트워크를 연상하는 경우가 많지만, 본 장에서는 네트워크를 사회적 네트워크로 한정해 논의하고자 한다. 사회적 네트워크란 인간이 개입된 관계양식으로서의 네트워크 구조를 가리킨다. 즉 "상호작용 속에 포함되어 있는 행위가 다른 쪽 상호작용을 결정하는 인간관계의 연결”이라는 네트워크 정의에 근거한 네트워크 체계의 특성 및 동학을 살펴보고자 한다(Nadel, 1957). 네트워크 사회의 기본 요소들은 네트워크에 의해 상호 연결되는 개인, 가구, 집단 및 조직들을 말한다. 네트워크는 현대 사회에서 기능할 수 있는 각종 형식과 조직을 갖추고 있는데, 네트워크화된 집단과 조직은 생존을 위한 자기조직화 과정에 참여한다. 일찍이 이마이는 네트워크 조직의 자기조직화 조건을 자율성, 자기초월성 및 이질성으로 구분한 바 있다(今井賢日, 1984 : 박용관, 1999에서 재인용).

첫째, 자율성이란 주체적으로 의사 결정을 할 수 있는 능력, 즉 외부조건에 절대적 영향을 받지 않고 환경에 적응하는 체제의 자생적 속성을 의미한다. 둘째, 자기초월성은 자체의 과거를 넘어선 집단 및 조직의 발전 과정에서 이기적 자아를 극복하고 타자와의 상호관계를 통해 자신의 성장을 도모하는 능력을 의미한다. 이는 곧 타자와의 연계를 통해 체제 전체의 생존이나 발전을 고려하는 능력을 뜻한다. 셋째, 이질성은 자율적 주체가 타자와 연결될 경우 자기와 성질이 다른 주체와의 상호작용 속에서 자신에게 의문을 제기하고 문제점을 개선해 나가려는 성찰적 능력을 의미한다. 이러한 네트워크 사회의 자기조직적 능력은 시공간을 변형시키고 이분법적 인식구도를 해체시키는 데 기여했을 뿐 아니라, 사회적 이질성과 역동성을 가중시켜 ‘불확실성의 시대’의 창출에 일조하였다.

네트워크 체제의 자기조직화과정은 요소들 간의 연결고리를 외연시킴으로써 글로벌화를 유도했다. 즉, 네트워크의 외향적 확장은 국제간 협력을 도모할 뿐만 아니라 지구적 경쟁을 가중시키고 있는데, 오늘날 경쟁은 재화나 서비스의 질과 가격을 다투는 고전적 경쟁으로부터 새로운 생산방법, 새로운 시장, 새로운 조직을 창출해 내는 시스템적 경쟁으로 이행되고 있다(박용관, 1999).

자기조직화(self-organization)란 조직이 조직 그 자체를 만들어간다는 진화과정에 초점을 맞춘 것이다. 외부로부터 무엇인가를 적용시켜서 조직이 강화되는 것이 아니라 조직이 자기의 특성을 파악하고 그 특성을 활용하여 조직을 성장시키는 과정을 의미한다. 자기조직화과정을 통해 하나의 사회체계는 창조적 파괴가 이루어질 수 있고 이를 통해 새로운 질서로 발전할 수 있는 것이다(최창현, 1995). 조직의 생존을 위한 새로운 정보를 만들어내기 위해서는 "자신의 정보를 먼저 공개하고 제시한다"는 역동적 정보관이 그 전형에 속한다. 정보를 제공하면 할수록 자체적 자원을 유실하게 되지만, 정보공개란 상호간의 연대나 공동발전을 위한 효과적 전략이자 정명인 것이다. 이같은 네트워크 사회의 연계구조는 '호혜성' 원리라는 개념틀 하에서 설명될 수 있다. 호혜성은 크게 구체적인것과 포괄적인 것으로 나누어진다(Putnam, 1994). '구체적 호혜성'은 등가(等價)의 자원들을 교환하는 것을 말한다. 거기에 반해 '포괄적 호혜성'은 어느 특정한 시기에는 보상받지 못하거나 가치가 다를 수 있는 지속적인 교환관계를 지칭하는 것으로, 오늘의 관계가 미래에 일정한 자원의 보상으로 이어질 수 있다는 상호기대를 전제로 한 것이다.

포괄적 호혜성의 원리에 준거한 네트워크 체계의 구성은 자유로운 정보교환이 이루어지는 다양한 공동체를 생산해낸다. 네트워크는 조직 멤버들 상호간의 정보의 공유관계를 의미하는데, 컴퓨터 매개 상호작용에 기반한 사이버커뮤니티는 그러한 구성원리에 입각한 공동체 질서의 일환이라고 할 수 있다. 그렇게 구축된 공동체는 기존의 위계적 조직화 형식과는 구별되는 새로운 양상을 나타낸다. 기본적으로 "다수의 노드가 다중적으로 느슨하게 연계된 형태"를 띠는 네트워크 체제는 정보의 독점이 아닌 공유, 권한에 의한 일률적 관리가 아닌 당사자의 자발적 참여나 개입, 다양한 가치나 평가기준의 혼재 등에 의한 복잡다단한 동학을 나타낸다. 따라서 네트워크 조직은 자주관리적 운동양식 내지 자율적 협동을 지향하며, 그러한 자원적 활동에 의거해 산업사회적 조직화 논리에 대항한다. 이는 일찍이 하버마스(J. Habermas)가 지적한 바 있는 도구적 패러다임을 벗어나 상호이해를 지향하는 의사소통적 행위패러다임과 발상을 같이하는 것이라고 여겨진다.

네트워크의 구성원들이 일단 특정 사안에 합의하게 되면, 그러한 결정은 개별 구성원 모두가 관여하고 인정한 것이 된다. 따라서 네트워크 체제하에서 결정된 사안에 대한 실행은 여타 유형의 조직체의 그것보다 빠르고 효과적이다. 갈등이 일단 해소되고 난 네트워크형 조직이 견실하게 성장해 나가는 특징을 지니는 것은 바로 이 때문이다.

그러나 자율적 의사소통과정에서 소정의 합의가 이루어지지 않았을 경우, 네트워크에서 장점으로 작용해야 할 구성원들의 자율성이 자칫 소통상의 비능률성을 자초하여 위계적 조직에 비해 지체되거나 무산될 역기능이 발생할 수 있다. 나아가 구성원들 간 합의도출이 불가할 경우 조직 자체가 붕괴될 가능성도 있다. 이러한 네트워킹의 원리는 현대사회에서 다양한 형태로 산재한다. 현대 자본주의사회에서 가장 눈에 띠는 네트워크 조직의 한 가지 예로 소비자 네트워크를 들 수 있다. 정보혁명의 결과 현대 자본주의사회에서의 소비자의 힘은 상대적으로 커지고 있다. 소비자들은 손쉽게 생산자의 정보를 파악하고, 그들 기호에 부합하는 최선의 상품 선택권을 부여받기 위해 자체적 네트워크를 확장시키고 있다. 네트워킹 효과에 힘입은 소비자의 우월한 입지가 소비자의 복지를 증진시키는 데 기여한 것이다(안홍, 2003).

소비자 네트워크의 확대는 다음 몇 가지 중요한 사회구조적 함의를 내포하고 있다. 첫째, 전 세계 모든 기업을 치열한 경쟁관계에 포괄시킨다는 점이다. 국경을 넘어선 소비자 네트워크 활동이 상품의 질이나 가격뿐 아니라 기업의 사회적 책무까지 상품 구입의 판단기준으로 거론하고 있기 때문이다. 둘째, 기존의 국내 기업들을 다국적 기업에 예속, 편입시키는 결과를 낳는다는 점이다. 다국적 네트워크 체제의 확대로 이른바 '글로벌 스탠다드'에 의한 평가가 확산됨으로써 일국에 한정된 독점적 우위가 더 이상 설득력을 발휘하지 못하게 되기 때문이다. 셋째, 단위 생산품당 상품 이익이 점차 줄어들고 있다. 이는 결국 미래는 생산자의 시대가 아닌 소비자의 선택에 의한, 그들 중심의 시대가 될 것이라는 거대한 변화를 예고한다. 소비자 네트워크에 대한 기업 측의 대응도 간과할 수 없다. 그 대표적 사례가 일률적 가격비교와 상품의 질적 평가가 어려운 문화와, 서비스에 대한 상품화 전략이다.

세계시장을 겨냥한 각종 영화·음반 산업의 융성이 그 단적 사례라고 할 수 있다. 이는 곧 미래 사회에서는 개성적 라이프스타일 유지와 직결된 각종 문화산업이 부흥할 것임을 간접적으로 시사한다. 네트워킹 원리의 또 한 가지 중요한 사회구조적 파장은 공간 질서의 변형에 관한 것이다. 공간은 결정화된 시간이자 공유된 기간의 사회적 실천에 관한 물적 토대의 하나이다(Castells, 2000 ; 최병두, 2002). 그러므로 삶의 터전인 공간은 네트워크 사회로의 시대적 전환기를 맞아 새로운 형태로 진전될 것이라는 가정은 합당한 것이라고 할 수 있다. 한마디로 네트워크 시대에서는 공간 개념이 '정주적 공간(space of stay)'에서 '흐름의 공간(space of flow)'으로 변모하고 있는 것이다. 흐름의 공간은 자본의 흐름, 정보의 흐름, 기술의 흐름, 조직적 상호작용의 흐름, 이미지·소리·상징의 흐름 모두를 포괄한다. 네트워크 사회에서는 이러한 흐름의 공간이 단순한 사회조직의 한 요소로 치부되는 것이 아니라 그러한 흐름을 통해 작동하는 시간을 공유하는 사회적 실천의 물적 기반으로 작동한다(Castells, 2000).

이처럼 변형된 공간 개념에는 다음 네 가지의 외적·내적 변화가 수반된다.

첫째는 개인적 환경의 중요성보다 사회적 환경의 중요성이 증가하고 있다는 점인데, 이는 가용한 지식정보의 획득기회가 과거와 같이 개인의 능력에 의존하는 대신 사회적 관계망과 결부된 경우가 많아짐을 의미한다. 둘째는 사회적 환경이 보다 객관성을 강화하게 된다는 점이며, 셋째는 사회 내에서 특정 목적에 부합되는 분산된 하위영역이 확장되고 있다는 점이다. 따라서 동질적 공동사회를 찾기가 점차 어려워지는 대신 분산된 사회적 네트워크가 증가하고 있다. 끝으로 사회환경의 일반화나 표준화가 지속된다는 점이다. 이제 지구촌 수준의 정보교환이 거의 모든 네트워크를 통해 가능해져서 문화적 특수성과 정체성의 크나큰 과제로 대두되고 있다(Burgers, 1988 ; Jan van Dijk, 1991).

전술한 네트워크의 사회적 효과 외에 그 진전 과정에서 여러 가지 문제점들이 현시되고 있다. 일상생활에서의 사회적 네트워크는 지속적인 신뢰를 통해 이루어지는 것이 통례인데, 신뢰는 구축하기는 어려우나 파괴되기는 쉽고 한번 파괴된 신뢰는 재구축하는 데 많은 노력과 시간, 비용이 필요하다. 네트워크 구조의 불신풍조가 개재되면 배타성 강한 사회구조적 방어기제가 강화되어 사회구성원들의 상호작용에 부정적인 영향을 끼칠 수 있다. 또 인터넷과 같은 뉴미디어를 통한 지식정보의 교류와 확산은 인터넷 패권을 둘러싼 기술중심국가의 문화패권주의를 조장할 우려도 있다. 따라서 기술경제력을 선점한 선진제국 중심의 '강제적 구별 짓기'는 세계시민 모두가 유념해야 할 클로벌 네트워크시대의 공통적 과제인 것이다.

'연(緣)줄 사회'로 알려져 있는 한국 사회에 관해 성찰하는 시간을 가져보자. 사회적 관계 형성은 공식적 차원과 비공식적 차원에서 동시적으로 조망할 수 있다. 공식적 관계는 법규나 정책에 기반하며 집단들 간의 공식적 교류 차원에서 계약의 형태로 발현된다. 반면 비공식적 관계는 사회적 관행이나 문화적 가치규범에 기반한 개인 상호간의 접촉이나 접속에 의해 형성된다(권장원, 2002).

과거 한국 사회의 전통적 네트워크 양식은 혈연, 지연, 학연 등에 근거한 비공식적 사회관계, 요컨대 사회적 '연줄망'이 주축이었다고 말할 수 있다. 한국 사회가 '연(緣)의 사회'라고 지칭되어 왔다는 사실로부터 연줄 중심의 사회자본이 우리 사회에 얼마나 견고히 존속되어 왔는가를 단적으로 짐작할 수 있다.

일반적으로 네트워크 사회에서의 '사회적 자본'이라 함은 "행위자가 자신이 속한 집단 즉 연결망 속에 있는 자원에 접근함으로써 얻을 수 있는 자원"(Lin, 2001) 혹은 "사회적 연결망 혹은 사회구조의 구성원이 됨으로써 확보할 수 있는 행위자의 능력"(Portes, 1998)을 의미한다. 보다 거시적 차원에서 그 의미를 정의하자면, 사회적 자본이란 한 사회에서 협력적 행위를 촉진시켜 사회적 효율성을 향상시킬 수 있는 사회조직, 신뢰, 규범, 그리고 네트워크의 본질적 체계를 총칭하는 것이다(Putnam, 1994). 따라서 한 개인이 확보할 수 있는 사회자본의 양은 그가 동원할 수 있는 연결망의 크기나 범위 혹은 연결망 내의 위치에 따른 중심성, 배타성, 자율성 등과 같은 요건에 의해 결정된다고 할 수 있다(Burt, 2001). 그러한 사회적 자본은 주어진 사회의 문화적·조직적 특성으로 파악할 수 있는 바, 해당 사회가 신뢰나 협동과 같은 호혜성을 기반으로 한 인간관계에 어느 정도의 가치를 부여하고 있는가를 통해 유추할 수 있다. 한마디로 사회적 자본은 상호간 이익을 위한 협력과 협동을 촉진시키는 연결망, 규범, 사회적 신뢰와 같은 사회 조직적 특성에 해당한다고 말할 수 있다(Putnam, 1994).

사회적 자본은 현대사회에 팽배해 있는 개인주의적 문화의 부작용을 완화하고, 자신 이외의 다른 사회구성원을 신뢰할 수 있는 상호 협력적 삶의 기초로 작용할 수 있는데, 그것은 소정의 사회적 네트워크의 존재에 기초해 성립한다. 사회적 자본을 근거로 한 사회적 교환관계는 집단적 사회문화의 논리에 의해서 조건화된다. 집단간 교환체계 내의 규범이 존재하게 되면 그러한 규범은 다시 사회구성원들의 역할관계를 만들어내며, 그에 의거한 교환관계는 새로운 교환관계의 기축을 형성하기 때문이다.

이처럼 집단적 교환체계에 의해 창출된 네트워크사회의 사회자본 구성원리의 원형은 한국 사회에도 그대로 적용된다. 다만, 한국 사회의 전통적 가치관은 개별 개체의 중요함보다는 '우리성'이라는 내집단 의식을 강조하는 집합주의적 가치관에 기초한 것이므로(한규석, 2003) 집합적 속성의 강조에 따른 개인 심리의 제약이 불가피했다고 본다. 사회조직이 결성되면 그 구성원 간에 해당 조직의 목표나 가치에 준거한 상호의존적이 관계가 성립하는 것이 일반이나, 집합주의적 잔재가 강한 한국 사회에서는 사회관계의 성립과 동시에 집합체 자체의 생존과 유지에 보다 높은 가치가 부여됨으로써 개인은 자신의 주관적 견해나 느낌을 표출하기가 용이치 않았다고 본다.

집합주의로 인한 심리적 제약을 극복하기 위해 조직구성원들은 흔히 자기희생을 대가로 집합체에 자기의 생존을 보장받는 식의 비대칭적 호혜성 원칙을 세워 인지부조화를 극복하고자 한다(조영호 외, 2002). 따라서 상호 호혜적 교환관계를 기초로 한 심리적 계약원칙이 집합

주의적 사회과정에서 변질되어, 한국 사회에서의 교환행위는 개방적 네트워크에서의 '계약적 거래'가 아닌 폐쇄적 집단 내에서의 '관계적 거래'로 전락하게 된다. 즉, 상호 호혜성을 견지해야 할 계약적 관계가 집단의식에서 파생한 개체적 친화동기에 의해 파기되어 신뢰성이 배태되어야 할 네트워크 관계가 오히려 '저신뢰'라는 부정적 효과를 창출하게 된다.

이러한 연줄망 체제하에서 한민족은 독특한 의식정향을 생성해 왔는데 '정(情)'과 '한(恨)'이 바로 그러한 범주에 해당한다고 할 수 있다. 정이나 한과 같은 심리적 기제의 발현은 연줄망을 근거로 한 한국 사회의 네트워킹 원리에서 그 원인을 찾아볼 수 있다. 네트워크 사회에 속해 있는 사회구성원들의 사회적 자본은 개인 간 혹은 집단 간 연대를 통해 구현된다.

일반적으로 네트워크 체제하에서의 사회적 자본의 축적은 약한 연대에 의해서 강화되는 경향이 크다(Putnam, 1994). 일반적으로 다양한 자원들을 소지한 이질적 사람들을 대상으로 한 약한 연대는 한정된 집단 내에서만 통용되는 폐쇄적 연대원리에 기초한 강한 연대보다 자원동원에 보다 효율적이기 때문이다. 물론 한정적 관계구도를 전제로 하는 강한 연대도 사회적 자본 획득에 크게 기여하는 경우가 있다(Coleman, 1998 ; Burt, 2001 ; Lin, 2001). 따라서 네트워크 사회에서의 원활한 자원 축적에 강한 연대와 약한 연대 중 어느 것이 더 유리한가를 단언하기란 불가능하다.

그러나 한 가지 분명한 것은 약한 연대와 강한 연대는 상호보완적 관계를 유지하고 있되, 전자는 주로 공리적 차원과 직결된 도구적 측면에서, 후자는 정의적 차원과 관련된 표출적 측면에서 큰 위력을 발휘해 왔다는 점이다.

결론적으로, 가변적 약한 연대보다 고정적 강한 연대에 가까운 연줄망이 사회구성원리로서 크게 작용해온 우리 한국 사회에서 사람들은 폐쇄적 내집단 논리가 야기하는 좌절에 대한 자기방어기제로서 안정적 사회관계를 추구하게 되고 결과적으로 대내적으로는 '끈끈한 정', 대외적으로는 '사무친 한'을 정서적 기반으로 한 강한연대에 자신을 귀속시켜 왔다.

정보통신기술이 주도하는 미래 사회는 끊임없이 변화하며 변화의 속도 또한 날로 가속화되고 있다. 그러한 역동적 과정에 동승한 네트워킹 원리의 확산으로 향후 네트워크의 적용 대상이나 범위가 보다 확장되고, 중요성이 커질 것이며, 그에 비례해 네트워크에 대한 소속 욕구도 증대할 것으로 전망된다.

네트워크 체제는 거시적 사회구조에 크나큰 영향력을 행사한다. 하지만 거시적 충격파로서의 네트워크의 영향은 개개인의 일상생활까지 영향을 미치게 된다. 보다 구체적으로 말하자면 네트워크 시스템은 사회 자본의 형태로 사회구성원 각자에 영향을 미치게 될 것인데, 이때 사회 자본은 원칙적으로 네트워크 밀도에 비례하게 된다. 즉, 사회관계의 정도를 대변하는 네트워크는 개인이 타인과 맺은 사회적 연결망의 총 수에 비례한다(Paldam, 2000).

이 같은 원리에 의해 형성되는 사회적 자본은 공리적 합리성에만 기초한 것은 아니다. 때때로 합리성 가정이 무시된 채 과잉협력의 원리와 같은 것에 의한 네트워크 관계가 풍미하는가 하면, 직접적 거래가 발생하지 않은 채 유리한 연결망 보상기대만 주어진 상태로 관계가 종결되는 경우도 있다. 그러나 네트워크 관계에 구속받는 어느 개인이든 간에 신뢰적 네트워크 관계를 통해 사회적 자원에 접근하고자 하며, 그러한 뜻을 관철하지 못했을 때는 사회적으로 배제당하게 된다(Paldam, 2000). 따라서 형식을 불문한 모든 네트워크는 사회구성원들의 협력과 화합을 이끌어내는 접착제로 작동한다고 말할 수 있다.

　이처럼 네트워크가 사회적 자본의 통로로 기능하는 과정에서 사회적 신뢰의 기반이 되는 호혜성의 규범이 발생하여 유지·강화된다. 왜냐하면 그것은 자원 획득의 '거래비용'을 낮추고 '정보를 공유'한다는 경제적인 효과를 발휘하기도 하거니와, 어울리고 싶은 욕구로서 대변되는 '사회적 존재로서의 인간상'과 원천적으로 부합되는 것이기 때문이다.

　현재의 사회적 네트워크 구조는 이러한 양면적 인간 욕구를 적절히 대변하는 전형적 사회체계의 일환으로 간주할 수 있다. 이때 포괄적 호혜성 원칙은 '개별 이익'과 '연대성'이라는 상충된 갈등을 해소시켜 줄 수 있는 사회적 가치로 대두하게 되는데, 상기 원칙은 사회발전 전략과도 궁극적으로 연관된다. 포괄적 호혜성 원칙은 사회구성원들의 신뢰에 의해서 정립될 수 있는 바, 그 모태에 해당하는 신뢰는 다름 아닌 개방적 네트워크 구조하에서 배태 가능하다.

　고전 사회학자 짐멜(G. Simmel)은 일찍이 대인적 상호작용에 기초한 인격적 신뢰를 사회구성의 가장 순수한 형식으로 규정한 바 있다. 대면적 상호작용을 통해 서로 얼굴을 익히고 반복적 관계를 유지함으로써 원초적 신뢰구조가 형성된다는 것이다. 더구나 사회구성원 개개인이 상호 희생을 인정하지 않거나 자기희생을 감행하지 않고는 공동생활이 사실상 불가능하다. 따라서 복잡한 사회구조 속에서 공존하려면 모종의 이타적 동기에 기초한 연대의식이 내재돼야 한다(Durkheim, 1964). 현대사회는 공존을 위한 상호 신뢰의 원칙과 신뢰를 통해 형성된 호혜성의 원칙이 외연되어 가는 상황으로 규정할 수 있다. 신뢰 및 호혜성 원칙에 의거해 생산과 소비활동에서 발생하는 무형적 자원의 순조로운 분할이 가능케 되는데, 특히 물재 중심의 지난날과는 달리 무형의 지적 자산이 보다 중시되는 현대사회에서 '공유재'라고 불리면서 그 가치를 날로 높여가는 정보자산을 원활하게 공급하고 활용하는 일이야말로 가장 긴요한 시대적 과업에 속한다고 판단된다.

다행히 유·무형의 사회적 자원을 주고받을 수 있는 네트워크 체계의 기반구조는 첨단 정보통신 기술의 발달과 더불어 급진적으로 향상되어 왔다. 따라서 앞으로 전념해야 할 새로운 과제는 네트워크적 소통망을 통해 주고받아야 할 지식정보 자원을 개발하고 개개인의 사적 욕구와 집단 전체의 공익을 조화롭게 충족시킬 수 있는 호혜적 배분원리를 창안해 네트워크 사회의 도래를 앞당기는 일이라고 하겠다. 이런 점에서, '성숙 시민사회'의 형성을 저해해 온 혈연, 학연, 지연과 같은 구래의 네트워킹 양식은 비판적 성찰을 통해 폐절되어야 할 것으로 본다. 우리 사회의 폐쇄적 집단주의는 명시적 규범구조와 실질적 행위구조, 요컨대 명분과 실리, 혹은 당위와 현실 간의 탈구 현상에서 초래된 결과이다. 실상이 그렇다면 모순적 삶의 불일치를 극복하기 위한 신뢰사회의 구축은 단순한 물적 여건이나 제도적 조정장치로는 성사되기 어렵고 사회 구성원들의 적극적 참여가 수반되어야만 실현가능하다고 본다. 즉, 네트워크 사회에서의 상호협조, 신뢰구축 및 사회통합은 능동적 시민참여가 있어야만 완결될 수 있는 바, 네트워크 사회에서의 성찰적 주체인 구성원들의 참여 없이는 건전 네트워크 사회의 도래가 요원하다고 본다.

(4) 사이버 사회

과학기술이 새로운 문명의 창출과 함께 한 사회의 문화를 변혁시킨다는 점은 인류 역사과정에서 널리 관망할 수 있는 공지의 사실에 속한다. 인류사를 회고해 볼 때, 중세 이전까지

주로 용구에 의존해 왔던 인간활동이 근대에는 과학지식, 현대에 들어와서는 기술력을 통해 배가적으로 확장되어 왔다. 특히 현대사회는 정보혁명에 의한 문명사적 대전환을 체험하고 있는 바, 그 과정에서 IT는 사회변동에 결정적 영향을 끼치는 핵심 변인으로 간주되고 있다.

아직은 초창기에 불과하다고 판단되나, IT가 선도하는 정보혁명은 문명사적 전환을 야기한 이전의 어느 혁명과 비교해도 그 영향력이 적지 않다고 본다. 극소전자 공학에 기반한 각종 전자기기나 통신장비들이 불과 반세기라는 짧은 기간에 세계 전역에 확산되어 왔다는 사실이 바로 그러한 점을 실증하는 단적 증거라고 생각되는데, 정보혁명의 충격파 가운데 우리 실생활에 가장 획기적 영향을 끼치고 있는 것은 사이버 공간이라는 가상공간의 출현이 아닐까 한다. 사이버 공간은 인류의 영원한 소망이라고 할 수 있는 '꿈의 현실화'를 실현시킨 기술적 쾌거로서, 그것은 현실계에서는 손쉽게 접할 수 없는 장관(spectacle)을 제시할 뿐 아니라 친교, 거래, 공공생활 등과 같은 일상세계 도처에 침투하여 단순한 생활의 도구가 아닌 생활세계의 일부로 자리잡아가고 있다. 따라서 우리의 삶 자체도 차츰 사이버화되어 가고 있다고 말할 수 있는데, 이런 과정에서 '생활양식의 총체'라는 문화 가치가 동반적으로 상승하여 문화와 기술은 상호 소통하며 영향을 주고받는 친화성을 강화해가고 있다. 정보사회 연구분야에서는 기술발달로 인한 문화양식의 변모를 정보문화라는 주제하에 논의한 시도들이 적지 않다. 하지만 대부분 연구 주제들이 사이버 공간에 한정되고 있어 아직은 전체 문화의 수준에서 정보 기술의 문화적 구성력이나 파급효과를 폭넓게 다룬 연구물을 찾아보기 힘든 실정이다. 그러므로 이 절에서는 시각을 보다 확장해, 정보혁명의 효과가 생활양식 전반에 가시화하는 정보문화의 성장상황을 사이버 사회로 주제화한 후, 사이버 사회의 지배적 문화유형인 사이버 문화의 특성, 동학 및 문제점들을 기술과 문화와의 상호성을 전제로 하는 기술문화론적 관점에서 분석해 보고자 한다.

❶ 사이버 사회의 도래

정보통신기술의 사회화 파장은 전산화, 연계화, 유연화, 사이버화 단계로 크게 구분할 수 있는데, 그 중에도 객관적 생활환경의 변화를 넘어서서 주관적 의식세계의 변화가 본격화되는 사이버화 단계는 개인의 사고방식이나 가치관은 물론이요 욕구 체계가 변모함으로써 '사이버 문화'라는 새로운 생활양식을 배태한다는 점에서 의의가 크다(김문조, 1999).

전산화에서 연계화를 거쳐 유연화에 이르는 전 단계 과정들과 비교해 볼 때, 사실상 무한대의 자유도가 보장하는 사이버 공간과의 상시적 접속을 특징으로 하는 사이버 사회의 대두가 우리 실생활에 미치는 충격파는 실로 지대하다고 하지 않을 수 없다. 따라서 사이버화는 전산화-연계화-유연화로 이어지는 이전의 소 파장과는 구별되는 대 파장, 말하자면 지난 수십년간의 정보화과정과는 변별되어야 할 '제2의 정보화'로 강조할 만하다.

종전 단계들과 구별해 사이버 사회로의 이행에 각별한 의미를 부여하고자 하는 까닭은 그것이 지난날 우리가 보고 느끼고 지각하지 못했던 새로운 세계를 제시하기 때문이다. 인류역사 특히 지성사를 통틀어 볼 때, 새로운 신세계를 발굴한 사람들은 예외 없이 위대한 인물로 추앙되었다. 유전학 법칙이 작동하는 생명의 세계를 발견한 멘델이나 표층적 의식세계의 저변에 내재한 거대한 무의식의 세계를 발견한 프로이트의 공적들을 통해 지각할 수 있듯, 새로운 세계의 발견은 마치 대항해 시대의 신대륙의 발견과도 같이 우리 세계관을 확장시키는

데 지대한 역할을 수행했기 때문이다.

사이버 공간란 "장소와 물질에 기반한 현실세계와는 달리 컴퓨터 네트워크에 내재한 무한대의 활동장"으로서 시공간적 한계는 물론이요 여타 현실적 제약이나 규제를 벗어난 초월성을 함유한다. 뿐만 아니라 사이버 공간은 참여자들이 ID만으로 접속에 임할 수 있는 익명의 접촉장이요, 교류되는 정보의 내용을 임의로 삭제·조정·창조할 수 있다는 고도의 구성성을 지닌다. 또 그것은 하이퍼링크에 의해 다선적으로 연결되는 복합적·중층적 구조를 지닐 뿐 아니라, 모든 정보를 실시간으로 환원시킬 수 있는 신속성·즉시성을 지니며, 물리적 거리를 초월한다는 점에서 탈공간적이다.

그러나 실세계와 구별되는 사이버 공간의 가장 특징적 성격은 실물이 없되 보고 느낄 수 있는 허구적 세계라는 점이다. 사이버 공간이 가상세계 혹은 가상현실이라 불리는 것은 바로 이 때문이다. 가상현실로서의 사이버 공간에서 발현되는 한 가지 중요한 기능은 현실보다 더욱 현실적인 세계를 구현한다는 초현실성이다. 탈근대주의자 보드리야르(J. Boudrillard)는 그러한 가상현실의 사례로 디즈니랜드를 꼽은 바 있으나, 초현실세계로서의 가상공간의 전형은 컴퓨터 스크린을 통해 접할 수 있는 사이버 공간이라고 하겠다. 고도의 구성성·중층성·시공간초월성을 지니는 가상세계는 활용 여하에 따라 엄청난 극적 효과나 장관을 창출할 수 있는데, 이것은 무미건조한 반복적 일상사에 염증을 느껴 모종의 이벤트를 갈구하는 현대사회의 대중들에게 볼거리·꿈거리를 제공함으로써 크나큰 호소력을 발휘한다.

그러나 많은 사람들이 사이버 공간을 정보검색을 위한 데이터베이스 정도로 인식했으므로 무한영역·무한접합·무한기능을 속성으로 하는 사이버 공간은 자체적 잠재력에 상응한 영향력을 온전히 발휘하지 못했다고 본다. 하지만 근자에는 그 같은 도구적 용도를 넘어선 사회적 접촉공간으로서의 사이버 공간이 우리에게 새로이 부각되고 있다.

일찍이 라인골드(H. Rheingold)는 1994년에 발간한 『가상공동체(The Virtual Com munity)』라는 책에서 컴퓨터 매개 상호작용의 가능성을 예시한 사이버 사회론을 제기하였다. 그는 'WELL'이라는 정보통신시스템을 이용해 많은 사람들과 가사문제나 신변사 등을 터놓고 이야기하며 상부상조하는 공동체로서의 사이버 사회의 생활세계를 실감나게 소개한 바 있다. 사이버 공간이란 호혜적 상호작용의 위력을 인증할 수 있는 처소로서, 그곳에서는 새로운 인간관계의 고리를 발견할 수 있다는 것이다.

물론 인적 교류공간으로서의 사이버 공간에는 부정적 측면도 공존한다. 일반적으로 사이버 공간에서는 자제심을 위시한 내적 규제 욕구가 감소하는 경향이 있다. 단순히 신분이 쉽게 드러나지 않는 익명적 상황이라는 이유를 넘어, 사이버 공간에 들어서면서 "한정된 육체를 지닌 유한한 존재"라는 자아 정체성이 불분명해지기 때문이다(Turkle, 1997).

그럼에도 불구하고 사이버 공간에서의 공동체 형성에 기대를 거는 이들이 결코 적지 않다(Jones, 1995 ; Kollock, 1998 ; Howard and Jones, 2004). 공동체는 대체적으로 지역 중심의 면대면 상호작용을 주축으로 하는 지역공동체로부터 집단적 정서나 일체감을 공유하는 의식공동체로 변천되어 왔다. 하지만 요즘은 '싸이월드'와 같이 지역이나 의식을 넘어 공통된 욕구나 관심에 근거한 문화공동체의 형성이 사이버 공간상에서 활성화되고 있다.

뿐만 아니라 또 다른 측면에서는 인간관계의 유지라는 원초적 욕구에 부응하는 가상공동체를 넘어 지식정보의 공유나 교류를 주목적으로 하는 기능적 공동체의 사례들도 목도되고 있다. 뉴스그룹이나 가상대학 같은 것이 그 대표적 예로서, 이들은 사고나 느낌을 공유하는 원초적 공동체와는 변별되나 영리적 이해관심의 충족을 위해 형성된 공리적 결사체의 범주에 귀속시킬 수 없는 실리적 동기로 맺어진 집단이라고 말할 수 있다. 또 사이버 공간에 대한 공리적 관심이 고조되면서 사이버 쇼핑몰이나 사이버 경매와 같이 사이버 공간을 이윤 창출의 기회로 활용하려는 상업주의적 경향도 증가일로에 있다.

관계적 집단으로서의 사이버공동체, 실용적 편익을 위한 기능위주의 사이버공동체, 그리고 공리적 목적을 위한 사이버결사체와 같은 상이한 유형의 사이버 집합체의 발달로 이제 사이버 공간이 공동사회 및 이익사회 모두를 포괄하는 총체적 생활공간으로 완결되어가고 있다. 따라서 지금까지는 사이버세계가 주로 실세계의 보조적 혹은 도구적 역할을 담당하는 정도에 머물러 왔으나, 향후 그것은 우리의 관계적·기능적·공리적 욕구를 동시적으로 충족시킬 수 있는 명실상부한 대안적 생활세계로 발돋움해 나아갈 것임이 분명하다.

❷ 사이버 문화의 이해를 위한 관점 정립

사회변동의 주요 요인으로서는 기후나 지형과 같은 자연조건으로부터 자원, 풍습, 제도, 돌발사건을 거쳐 인간의 창의성이나 성취의식에 이르는 물질적-정신적 요소들이 폭넓게 거론되어 왔다. 하지만 현대적 상황으로 접어들면서는 물적-심적 요소의 혼합체인 기술이 사회변동의 가장 중추적 요소로 꼽히고 있는데, 그러한 인식은 '삶의 방식'으로 알려진 기술이 '앎의 방식'에 해당하는 과학지식과 융합해 과학기술이라는 지식복합체를 이루게 된 과학기술혁명기(STR : Scientific Technological Revolution) 이후부터라고 생각된다.

① 과학과 기술의 사회사

서양 지성사를 중심으로 논의해 볼 때, 우주질서의 기본 요소나 원리에 대한 탐색에 지적 관심이 집중되었던 고대 그리스 시대는 대체적으로 '삶'보다 '앎'이 강조된 과학우위 시대였다고 규정할 수 있다. 반면, 로마인 특유의 실익추구적 성향과 조작적 재능이 크게 발현된 로마시대나 신 중심 세계관이 풍미했던 중세기에는 과학지식보다 기술적 재능이 오히려 사회적으로 중시된 기술 중심 시대로서 간주할 수 있다. 그러다가 지적 사유정신이 실용주의적 사고전통을 넘어서게 된 근대 과학혁명기에는 과학활동이 기술활동보다 강조된 과학중심 시대가 부활하였고, 공인들의 기술적 업적이 사회변혁을 주도한 산업혁명기에는 다시 기술이 과학을 선도하는 기술 중심 사회로 환원되었다.

그러나 19세기 말 산업혁명 후발국인 독일을 중심으로 전개된 과학기술혁명은 舊혁명(과학혁명이나 산업혁명)이 결하고 있던 새로운 현상을 생성하게 된다. 즉, 과학기술혁명기에는 '삶의 방식'이라는 기술이 지배적으로 통용되어온 생산과정에 '앎의 방식'이라는 과학지식이 "의식적, 목적적, 체계적"으로 활용됨으로써 과학과 기술이 완벽하고도 영구적으로 결합하게 되었다. 따라서 인류세계에 막강한 영향력을 행사하게 된 과학기술 복합체를 탄생시킨 과학기술혁명은 우리 삶의 모습을 전폭적으로 혁신한 새로운 역사적 전환점으로 기록될 만하다.

요컨대, 근현대 3대 혁명(과학혁명, 산업혁명, 과학기술혁명)의 사회사적 함의를 재정리하자면, 16~17세기 근대 과학혁명은 '낡은 과학'이 '새로운 과학'으로 대체된 지식혁명이라고 할 수 있는 반면, 18세기 후반의 산업혁명은 생산력 향상과 더불어 생활양식의 일대 변혁을 야기한 기술혁명이라 할 수 있으며, 19세기 중반에서 지금까지 진행 중인 과학기술혁명은 과학과 기술이 '과학기술' 혹은 '기술과학'이라는 지적 복합체를 형성해 인류사회에 막강한 영향력을 행사하게 된 문명사적 사건으로 간주할 수 있다. 따라서 기술을 사회변동의 핵심 요소로 간주하는 기술결정론이나 기술지배론이 대두하게 된 것은 그것이 과학지식과 융합되어 과학기술 복합체를 형성하게 된 과학기술혁명기 이후부터라고 할 수 있다. 그러나 사회변동의 선행요소로 간주되어온 과학기술의 부작용이 출몰하기 시작한 20세기 후반기에 들어서면서 기술이나 기술발전에 대한 비판적 견해가 싹트기 시작했는데, 그 같은 부정적 평가는 전통적 생산기술이나 에너지기술과 같은 구(舊)기술에 대해서는 물론이요 무공해 무재해 기술을 표방해 온 각종 신기술에도 동시적으로 적용가능하다.

기술에 대한 가장 첨예한 비판은 그것이 만인을 이롭게 하는 것이 아니라 특정 집단이나 범주들에 편중적 혜택을 부여해 오지 않았냐는 지적이다. 이러한 쟁점은 기술이 가치나 윤리와 같은 인간학적 관심사를 외면한 도구적 정명에 추종해 왔다는 비판적 인문학자들에 의해 주도되어 왔다. 그러나 과학기술 옹호자들은 그러한 어설픈 비판은 기술에 대한 무지의 소산이라고 항변하면서 과학기술에 대한 대중적 이해의 필요성을 역설해 왔다. 스노우(C. P. Snow)는 그 같은 상반된 입장을 '두 문화'라는 표제하에 상론한 바 있는데, 인류 역사를 되돌아 볼 때 기술체계와 사회 체계의 관계는 항시 대립적인 것이 아니었다.

② 기술체계와 사회체계

기술은 인간세계에 혜택과 더불어 재앙을 초래할 수 있다. 하지만 그 긍정적·부정적 효과를 논하는 와중에 어느덧 기술은 우리 생활 전반에 깊숙이 뿌리내리게 되었다. 기술은 삶에 편익을 제공하는 실용적 역할을 수행함과 더불어 현실을 인식하는 방식을 창출해 내고, 사회적 행위를 구조화하며, 새로운 삶을 구상하는 유력한 지적 자원의 일환으로 기능해 왔다. 요컨대 기술은 사람들이 각자의 삶을 구상하고 영위하는 유력한 행위지침 내지 행위전략으로 작동하면서 사회적 영향력을 강화해 왔다.

사회체계에 대한 기술의 침투 효과를 극명히 보여주는 대표적 사례로는 테일러(F. Taylor)의 '과학적 관리론'을 꼽을 수 있다. 과학적 관리론의 목적은 생산성 향상을 위한 합리적 노동관리 기법을 창안하자는 것이었다. "인간의 주관적 의지나 판단은 비효율성을 자초하는 비합리성의 원천인 까닭에 생산 활동에 임하는 모든 근로자는 전문적 통제나 조정을 받아야 한다"는 X—이론적 전제하에, 노동현장의 합리화를 통해 생산력과 이윤을 제고함으로써 임금을 높이고 작업시간을 단축해 근무여건을 향상시킬 수 있다는 것이 과학적 관리론의 핵심 요지였다. 요컨대, 그것은 근로자들의 주먹구구식 판단을 과학적 원리와 규약과 수칙으로 대체시키자는 현대적 생산기술혁명의 전형이라고 말할 수 있다. 이러한 과학적 관리론이 현대 노동과정에 끼친 영향은 과학지식을 활용한 기술적 지침에 의해 인간 활동을 적절히 통제함으로써 사회적 개선을 기할 수 있다는 확신을 널리 부각시켰다는 점이다. 하지만, 이때 주시해야 할 점은 기술적 원리가 추구하는 도구적 합리성이 사회적 합리성과 일치하지 않는 경우가 빈번하다는 사실이다. 앞 절 논의에서 살펴본 것처럼, 과학기술과 사회는 서로가 서로에게 영향을 주는 부단한 상호작용의 궤적을 밟아왔다. 그런 면에서 과학기술은 절대적 객관성을 지닌 것이 아니라 사회체계와의 연관성하에서 그 의미를 획득해 가는 사회적 과정의 구성물로 간주할 수 있다.

특히 법칙성·인과성·확정성을 지향하는 근대적 사유양식이 개연성·맥락성·유동성을 강조하는 탈근대적 사유양식으로 교체되어가는 현대적 상황에서 불가지론적 성격을 공유하고 있는 기술체계와 사회체계 모두는 그들이 야기할 수 있는 크고 작은 위험성에 대처하는 과정에서 기술적 논리와 사회적 논리를 병합한 기술사회론이라는 통합적 관점에 의한 해명을 크게 요구하고 있다.

③ 기술사회론의 대두

기술체계와 사회체계의 관계성 규명을 소재로 하는 기술사회의 성격에 관한 연구는 최근 '과학기술사회론(STS : Science, Technology and Society 혹은 Science, Technology Studies)'라고 불리는 학제적 접근에 의해 활발히 개진되고 있다. STS 연구사를 거슬러 올라가 볼 때, 초창기 연구의 대부분은 기술체계가 사회체계를 각기 독립변인 및 종속변인으로 간주하여 주로 전자가 후자에 미치는 영향에 천착해 왔는데, 그 전형은 오그번(W. Ogburn)의 사회변동론에서 잘 엿볼 수 있다. 오그번은 『문화와 본원적 자연에 의한 사회 변화(Social Change with Respect to Culture and Original Nature)』라는 저서에서 "기술혁신이 그것을 순탄히 수용할 수 있는 한계를 넘어섰을 때 '문화지체' 현상을 일으켜 사회혁신을 초래한다"고 주장한 바 있다.

그러나 기술재해라든가 환경오염과 같은 현대 과학기술의 예기치 못한 부작용들이 속출하고 거대과학의 전횡이 도처에서 속출하기 시작한 1970년대 이후 한동안은 종전의 인과논리를 역전시켜 기술적 동학에 대한 사회체계의 영향력을 강조하는 사회형성론적 관점이 성행하기도 했다. 그러다가 1990년대 이후부터는 기술결정론 및 사회형성론적 관점의 일방향적 논리구조를 지양하고 기술과 사회의 교호성을 강조하는 상호작용론적 관점이 유력시되고 있다.

❸ 기술사회론에서 기술문화론으로

오늘날 기술사회학 분야의 관심사는 거시적 쟁점에서 미시적 쟁점으로 이행하고 있다고 말할 수 있다. 맑스(K. Marx)의 생산양식론으로 소급할 수 있는 초창기 기술 사회론은 계급구조와 같은 거시적 변인에 주목해 왔으나, 대소 집단의 이해관계를 문제 삼은 후속 연구들, 특히 실험실 내에서의 지식구성과정이나 행위자 연결망에 관한 근자의 연구물들에 의해 차츰 '문화적 전환'을 단행하게 되어, 과학기술사회론(STS)은 기술체계와 문화체계의 상호성을 전제로 하는 과학기술문화론(STC : Science, Technology & Culture)으로 확대발전되고 있다.

① 기술과 문화의 변증법

가치영역의 분화가 본격화되지 않았던 근대 이전까지 기술은 "생활방식의 총체" 과학 & 기술사회는 표준과학적·사회형성론적·상호작용론적 관점으로 정의되는 문화체계에 포섭되어 있는 상태였다. 그러나 근대사회에 이르러 기술과 문화가 각기 지식세계와 생활세계라는 상이한 영역으로 분할되면서 양자는 점차 상이한 속성을 지향하는 독자성을 발휘하게 되었다

이 같은 차이는 앞서 소개한 『두 문화론(Two Cultures and the Scientific Revolution)』과 같은 저작들에서 확인할 수 있듯이 오래 전부터 존속해 왔는데, 그러한 대립적 인식은 오늘날까지 이어져 교육계에서는 인문사회계 대(對) 이공계, 직업세계에서는 문화계 대(對) 과학계 등과 같은 구태의연한 제도적 장벽이 엄존하고 있는 실정이다.

과학기술의 비약적으로 발전한 지난날 한때 '기술결정론'이나 '기술중심사상'을 신봉하는 일군의 학자들이 출현해 과학기술이 여타 부문의 변화를 주도하거나 '기술독점론(technopoly thesis)'이나 '기술지배론'을 제기하기도 했다. 하지만 인간생활에 혜택과 위험이라는 양가적 영향을 초래하는 첨단기술이 사회적으로 널리 파급되고 있는 근자에 이르러 기술과 문화는 대립적 구도를 지양한 공진화 관계로 돌입하면서 기술사회 복합체를 창발해 나아가고 있다.

② 기술문화론의 대두

기술문화론이 출현하게 된 요인으로는 지식의 탈권위화나 지적 활동에 대한 사회적 개방성 증가 등으로 과학지식의 대중화가 촉진되고 있는 오늘날의 지적 상황을 일차적으로 꼽을 수 있을 것 같다. 즉, 과학지식을 대종적 지식으로 간주하는 근대적 인식틀이 과학지식의 구성성을 강조하는 상대론적 과학관이나 지적 근원을 부정하는 脫근대적 사유체계로 대체되고 정보통신 미디어의 발달로 과학지식의 국민 대중에 널리 전파되는 脫전문화가 촉진되면서, 종전의 과학기술에 부여된 지적 권위나 신뢰가 약화되어 과학기술도 사적 이해나 욕구가 반영된 일상적 지식체의 일환에 다름없다는 범속적 해석이 위세를 더하고 있다.

한편, 문화개념의 변천 역시 기술문화론의 태동에 기여한 바가 적지 않다고 본다. 즉, 주도적 문화관이 "지고지순한 사상이나 행적"이라는 인문학적 정의에서 "생활 양식의 총체"라는 사회과학적 정의로 이행됨에 따라, 수준 여하를 막론한 각종 사회적 실천이나 실천적 산물에 해당하는 기술이 자연스럽게 문화라는 보편적 개념범주에 편입하게 되었다.

요컨대, "과학지식의 대중화"와 "문화개념의 범속화"라는 이원적 과정에 의해 상호배타적·상호대립적 활동영역으로 간주되어온 기술과 문화는 상호보완의 경지를 넘어 상호융합적 단계로 돌입함으로써 과학(기술)과 非과학(문화)간의 영역파괴가 촉진, 기술문화라는 거대한 복합적 구성체가 출현하고 있다. 이렇듯, 기술영역과 문화영역간의 경계를 완화시키는 "기술의 문화화", "문화의 기술화"가 전개됨으로써 '기술으로서의 문화' 혹은 '문화로서의 기술'을 주장하는 기술문화론이 설득력을 배가하고 있는데, 그러한 예표는 가요·영화·미술·무용 등 예능 분야에서뿐 아니라 우리 일상생활 도처에서 '테크노-' 혹은 '최첨단-'이라는 수식어가 붙은 현상들을 자주 접할 수 있다는 사실에서 손쉽게 확인할 수 있다.

❹ 정보화와 사이버 문화

정보기술은 일터를 바꾸고, 생활을 바꾸며, 세상도 바꾸고, 나아가 인간도 바꾼다고 이야기되고 있다. 디지털 혁명이나 유비쿼터스 혁명 등과 같은 후폭풍과 더불어 정보혁명의 초창기에 우리가 예상치 못한 기술의 문화적 충격이 날로 첨예화되고 있기 때문이다. 따라서 이 절에서는 정보기술의 경우에 해당하는 기술문화의 형성과 특성을 점검해 보도록 하자.

① 정보사회의 기본 성격

정보기술은 최근 통신기술과 접목되어 물자·자본·지식정보의 교류를 촉진하고, 사회관계를 매개하는 의사소통망을 확장하며, 사회제도의 혁신을 조장하고, 행동양식 및 의식체계를 변모시킴으로써 문명사적 변혁을 주도하고 있다. 전통적 산업사회와 변별되는 정보사회의 기본 성격은 크게 다음 네 가지로 요약할 수 있다.

첫째는 인간의 지적 능력 혹은 지적 활동에 대한 사회 각 분야의 의존도가 증가한다는 점이다. 산업사회 역시 과학기술에 대한 의존도는 높은 사회이지만, 그것은 기본적으로 '육체노동의 생산성'에 의존한 시대였다. 따라서 산업사회의 기술개발이 육체노동의 생산력 향상에 주력해 온 반면, 정보사회는 '지식노동의 생산력' 향상을 목표로 하는데, 상품생산의 영역이 지식·정보·건강·교육·문화 등과 같이 무형의 상징적 상품을 포괄할수록 지식노동의 생산성 문제가 중요시된다.

둘째는 사회적 접속성이 강화된다는 점이다. 특히 새로운 소통 매체들 중 '네트워크의 네트워크'라고 불리는 인터넷이 강력한 사회적 구성력을 행사한다. 그런데 "인터넷은 사물도 실체도 조직도 아니라 오직 만인을 컴퓨터로 연결하는 것"이므로, 인터넷에서는 노드(요소)보다 링크(연결)가 중요시된다. 따라서 인터넷의 확산과 함께 정보통신공간을 활용한 '컴퓨터 매개 상호작용'이 현실계에서의 '대면적 상호작용'을 압도하는 접속사회가 도래하고 있다.

셋째는 '경계의 해체'이다. 근대산업사회에서는 국가간, 기업간, 부문간 경계가 제도적으로 보장되는 것이 일반이었다. 그러나 정보사회에서는 모든 분야의 경계가 희미해진다. 시공간적 한계를 넘어선 지식정보의 교류와 활용이 '경계의 폐쇄성'을 깨뜨린다. 국경을 넘어 물자·정보·자본·인력이 자유로이 넘나들고, 기업 간에 최소 비용과 최고 효율을 향한 전략적 제휴가 단행되며, 기호나 상징이 미디어와 시장을 지배하는 가운데 정치-경제-문화의 장벽이 이완되어 정치의 문화화, 경제의 문화화, 문화의 정치화, 문화의 경제화 등이 진전된다.

끝으로 '사이버 문화'라는 새로운 문화 유형의 등장을 들 수 있다. 사이버 문화란 컴퓨터 네트워크상의 공간인 사이버페이스에서 벌어지는 것과 유사한 문화현상을 총칭하는 것이다. 우리는 클릭이라는 단순한 손놀림으로 사이버 공간상에서 관행이나 규범을 초월한 고도의 자유를 구가할 수 있다. 하지만 사이버 문화는 무한대의 혼돈으로 귀착되지 않고 자체적 구성원리나 표출양식을 창발하는 '혼돈 속의 질서'를 현시하고 있는 바, 이같이 새로운 상황에서는 접속을 통한 지식정보의 교환으로 물적 기반을 지니지 않는 무형의 상징재가 가치 창출이나 가치 실현의 대상으로 대두하는 사이버 문화의 태동을 감지할 수 있다.

② 사이버 문화의 특성

일상적 행위양식을 뜻하는 문화라는 개념은 다양한 의미를 내포하나, 그것은 크게 내재적 형태와 외재적 형태, 다시 말해 의식적 단면과 실행적 단면으로 대별할 수 있다. 흔히 행위동기 혹은 행위지향성이라고 지칭되는 전자는 행위수행 이전의 사고과정에 해당하는 것이라면, 후자는 특정 상황에서 표출된 행동 자체를 뜻한다.

따라서 사이버 시대에 새로 출현할 것으로 예기되는 문화의식을 사고방식과 행동양식의 양 측면으로 나누어 생각해 보도록 하자.

가. 사고방식

사이버 사회의 구성원들은 생활환경의 다변화에 상응하는 다원적 가치를 지향하는데 다원적 가치체계하에서는 어떠한 관념이나 행위도 이단의 이름으로 배제되지 않고 소정의 존재가치가 용인된다. 동의보다 이의를 중시하는 이 같은 개방적 사고경향은 궁극적으로 이질적 요소들 간의 결합을 조장하는 조합적 사고방식을 야기하게 되는데, 조합적 사고의 대상은 시공간은 물론 윤리영역에 이르기까지 매우 광범하다(Landa, 1998).

시간에 대한 조합적 사고의 전형으로는 과거–현재–미래의 전후 시제들을 동시적 맥락으로 환원시켜 생각하는 공시적 사고를 들 수 있다. 인식의 복수성과 상대성을 역설하는 反근대주의 철학자 료타르(J. Lyotard)는 이 같은 물리적 시간의 변형을 '시간의 현기증'이라고 칭한다. 그것은 일종의 시대착오를 뜻하는 용어로서, 시대착오적 역사란 곧 시간의 굴레를 벗어나 언제 어느 때고 발발할 수 있는 사건의 돌출성을 함의한다. 료타르는 이를 '재현의 알리아스(alias)'라고 표현하는데, 알리아스란 현장부재를 뜻하는 알리바이(alibi)에 비견되는 용어로서 사건의 발현이 시간에 구애받지 않음을 지칭한다(Lyotard, 1971). 알리아스적 상황에서는 과거나 미래와 같은 비현재적인 것을 현재 시점에서 재현시킬 수 있을 뿐 아니라 과거–현재–미래를 오락가락하는 시간여행도 가능하다.

편년적 시간관을 초월한 공시적 사고틀 내에서는 지난날의 사건이나 행위가 현재적 입장에서 수시로 동원할 수 있는 재현적 물품대장의 일부로 간주되는데, 그에 관해서는 최근 소비자들이 생전에 잘 입지 않는 복고풍 의상이나 추억상품을 선호하는 경향을 증거로 제시할 수 있을 것 같다. 아무튼 우리 사회에서는 사회적 접속성의 강화와 함께 이 같은 공시적 사고 방식이 사회 도처에 전면화함으로써 "비동시적인 것의 동시적 혼재"는 더 이상 병리적 현상이 아닌 정상적 사회질서의 일환으로 널리 용인될 것으로 전망된다.

조합적 사고의 또 다른 유형인 동공간적 인식은 지구 저편의 사건이 지체 없이 우리에게 전달됨으로써 세계를 가까운 이웃으로 간주하는 지구촌 의식에서 그 면모를 찾아볼 수 있다. 더구나 공간개념의 축소경향이 오늘날 첨단 정보통신기기를 이용한 원격거래, 원격회의, 원격근무, 원격시술 등을 통해 급진적으로 진척되고 있는데, 사이버 체제의 진전과 더불어 시간 개념의 변화를 넘어 공간구분 자체를 전적으로 부인하는 反공간적 사고가 팽배할 가능성이 커진다.

인식론과 결부된 공간적 구분의 특징적 사례로는 주체와 객체의 분리를 들 수 있다. 사실상 유심론 대(對) 유물론, 혹은 명목론 대 실재론을 주제로 한 종전의 철학적 논쟁은 사물의 공간적 속성을 지나치게 강조함으로써 주체로서의 자아 대 객체로서의 현실이라는 분절의식을 우리 의식에 깊이 각인시켜 왔다. 그러나 유연적 사고경향의 확산과 함께 양분법적 사고가 양가적 논리로 대체됨에 따라 주체와 객체의 엄격한 구분은 사람들에게 점차 호소력을 잃어 가고 있다. 근로세계나 여가활동에서 자아몰입이 중시되어 가는 경향, 혹은 본인이나 타자 할 것 없이 모두 '자기'로서 통칭되는 최근의 언어관행 등은 주객합일의 정서를 시사하는 전거라고 할 수 있다.

보편적 판단기준에 준거한 서열적 사고틀에서는 선-악, 미-추, 노-소 등의 상대적 가치서열이 명확히 구분된다. 하지만 모든 존재하는 것들에 소정의 가치를 부여하는 조합적 사고에서는 목전에 관찰되는 차이란 본원적이라기보다 특정 요소의 발현이 유보된 때문이라는 차연의 논리가 강조된다(Derrida, 1973). 차연적 논리의 이면에는 동질성에 대한 확신이 내재되어 있다. 차이를 강조하는 종전의 경험주의적 입장에 의하면 남녀 구분 같은 것은 이론의 여지가 없는 명명백백한 사실로서 간주된다. 그러나 남녀 모두를 남성성 및 여성성을 공유하는 존재로서 인식하는 양성적 시각에서는 남녀를 서로 분절적 범주로 간주하지 아니하며, 따라서 동성애도 이성간의 사랑과 마찬가지로 존중되어야 한다고 주장된다.

이 같은 양가적 인식은 일반적으로 성(聖)과 속(俗)으로 대변되는 양분법적 관념 체계를 지양함으로써 이항체계 구성요소들을 화해적으로 인식할 수 있는 가능성을 열어 준다. 클래식 가곡과 대중가요가 교차하는 <열린 음악회>, 혹은 <미녀와 야수>와 같은 공연이 공전의 인기를 누리고 있다는 사실은 모두 대당적 요소들 간의 혼융을 지향하는 해체주의적 사고가 대중의 심성에 널리 전파되고 있다는 단서로 이해할 수 있을 것 같다.

이성과 감성의 구분, 혹은 감성에 대한 이성의 우월성을 강조하는 이성중심주의 역시 이성만으로 잘 설명되지 않는 욕구나 취향에 대한 관심이 증폭되면서 비판에 자주 오르내리고 있다. 이러한 경향은 아폴론적 존재에 억압된 디오니소스적 열정의 복원을 주장한 니체의 사상을 필두로 오래 전부터 제기된 바 있으나(Nietzsche, 1956), 감성의 중요성이 보다 확산됨에 따라 이성은 종래의 독점적 지위를 상실한 채 감성과의 결합적 형태로서 우리 의식세계에 착목할 전망이다.

그러나 이 같은 주지주의의 약화현상은 급기야 행위의 인과율마저 해체시킴으로써 충동범죄와 같은 까닭 모를 행동을 양산할 위험성도 크다.

근대사회 이후 근로는 생존으로부터 자아실현에 이르는 일련의 욕구들을 충족시키는 필수적이고도 존엄한 인간활동으로 인식되어 온 반면, 근로외적 여가활동은 노동력 재생산이라는 부수적 견지에서 경시되어 왔다. 그러나 최근의 많은 경험적 조사결과에서 드러나고 있듯 여가의 중요도가 젊은층을 중심으로 점증하고 있는데, 향후 양가적 인식의 확산과 더불어 놀며 일하고, 일하며 노는 열락적 노동상이 바람직한 생활관으로 정착될 가능성이 높다고 본다. 보상과 관계없이 어려운 직무나 분야를 애써 기피하려는 직업관의 세대별 변화상에서 우리는 그러한 전조를 감지할 수 있다.

이러한 가치변화과정의 일환으로 성공관 역시 사이버 사회의 도래와 더불어 크게 변질될 전망이다. 권력, 금력, 명예와 같은 협애한 영역에 한정되어 있던 성공가치의 다변화 현상이 최근 젊은층을 중심으로 폭넓게 확산되고 있는데, 이 같은 추세의 연장선상에서 사람들은 앞으로 무엇을 향해 일하고 살 것이냐는 삶의 목표에 관한 원초적 의문을 제기하면서 주관적으로 옳다고 생각하는 성공목표·인생목표를 스스로 선택하고 추구하려는 경향을 강화해 나아가고 있다.

조합적 사고에 의해 대당적 요소들이 동일 범주로서 인식되는 경계파괴의 극치는 정보조작에 의한 가상현실에서 찾아볼 수 있다. TV, 비디오, 컴퓨터 등의 각종 정보매체 혹은 그들을 서로 결합한 멀티미디어가 생활체험의 확대를 위해 우리에게 전면화하는 오늘날의 현실은 사실상 현실 그 자체가 아닌 허구적 가상현실이다. 그런데 이 같은 가상현실 중 최근 많은 사람들에게 폭발적 관심을 불러일으키고 있는 것은 사실성을 인위적으로 보강함으로써 실제 현실을 보다 현실적으로 지각시키는 초현실이다.

초현실은 정보조작을 통해 현실감을 강화한 일종의 모사적 현실로서, 보드리아르(J. Baudrillard)는 자연적 가치법칙에 의한 모사의 제1단계, 산업적 가치법칙에 의한 모사의 제2단계를 지나, 코드(사물의 연관관계를 조작하는 규칙)라는 구조적 가치법칙에 의한 모사의 제3단계에 이르면 모사적 현실과 실제 현실과의 경계는 소멸되어 버린다고 말한다(Baudrillard, 1983). 超현실은 이렇듯 현실과 비현실의 구분이 소거된 상태에서 실제 현실보다 더욱 현실적인 상태의 재현을 목적으로 생성된 복제물로서, 그 대표적 예로서는 가공된 현실로서 실제

현실 이상의 실질적 호소력을 발하는 테마파크 같은 것을 들 수 있다.

하지만 초현실의 가장 보편적 유형으로는 미디어 화면을 통해 표출되는 영상세계를 꼽지 않을 수 없다. 영상으로 재현된 현실에서는 현상／본질, 외양／내면, 재생／원본, 가짜／진짜 등의 이항대립이 내파된다. 즉, 현실조작을 통해 재현된 모사물과 실제 현실과의 경계가 와해되며, 나아가 정밀한 묘사가 오히려 진실을 압도하는 상황, 요컨대 재현과 실제의 관계가 전도되는 경우가 발생한다. 진위의 구분이 소멸되어 가짜가 때때로 진짜보다 더욱 애호되는 모사질서의 태동은 외계인이나 액체인간이 등장하는 <E.T.>나 <쥬라기공원>과 같은 공상영화의 성공 사례를 통해 쉽게 확인할 수 있다. 따라서 U－인터페이스의 확산과 함께 모사적 질서가 보다 강화될 미래사회에서는 사람들이 실재보다도 호쾌한 장관, 진실보다도 현란한 황홀을 탐하는 가공적 현실관을 선호함으로써 실생활과 유리된 현실도피적 가치관이나 관념에 전도될 위험성이 상존한다.

나. 행동양식

정보화 시대를 살아가는 사회성원들의 특징적 행동양식으로는 일차적으로 임의성을 꼽을 수 있다. "무엇이든 가능하다(Anything goes)."라는 탈근대주의적 선언은 바로 임의적 행위를 부추기는 심향을 대변하는 표현이라고 하겠다.

사실상 유연적 사고역량을 통해 이질적 주의 주장들을 널리 포용할 수 있는 정보사회의 시민들은 다원적 가치규범하에서의 조합주의적 사고방식을 통해 자율적으로 행동할 수 있는 재량권이 크다. 즉, 정보사회의 구성원들은 전통이나 관습으로 움직이던 공동체 성원, 이해관심이나 계약에 구속되던 이익사회 소속원들과는 달리, 낡은 구습에서 최신의 유행까지를 스스로의 판단이나 동기에 준해 선택하고 실행할 수 있는 행동스펙트럼이 넓다. 뿐만 아니라 사고구조의 유연화는 행위과정의 인과율을 이완시킴으로써, 때때로 행위자 자신에게까지 연유가 불분명한 위반행위들이 양산될 확률이 높다. 위반사례는 지금까지 일탈이라는 이름하에 법적으로나 인습적으로 많이 억제되어 왔으나, 다원적 가치의 발현이 최고조에 달할 것으로 전망되는 사이버 시대에는 피해대상이 명백한 범죄행위를 제외한 각종 위반행위가 인권보호나 개성존중을 이유로 관용될 가능성이 높다.

성과 관련된 측면에 한정해 볼 때 여성운전, 독신주의, 혼전성교, 동성애 등에 대한 최근의 태도변화가 그렇거니와, '간 큰 남자'나 '매 맞는 남자' 등 전통적 가부장상과는 정면 배치되는 억눌린 가장상(家長像) 역시 허용적 위반행위의 범주에 귀속시킬 수 있다. 미래사회에서는 위반의 허용도가 보다 커져 축제형식의 장례식, 합동제사 등등 현재로서는 명백한 불화적 범주로 금기시되어 오고 있는 행위들이 있을 수 있는 행위범주로 편입될 여지가 많으리라 본다. 뿐만 아니라 자율적 행동원리가 행동의 일관성, 통합성을 초월하는 차원으로 확장, 같은 사람이 동일한 상황에서 전격적으로 행동을 달리하는 변덕의 윤리가 정당화됨으로써 예측불가한 돌출적 사건들이 난무하는 '깜짝사회'가 도래할 가능성도 크다.

행동양식의 임의성은 기호에 의미를 부여하는 의미화 과정과 더불어 극대화된다. 기호이론에 의하면 사물이나 현상은 기표(signifier)와 기의(signified)를 연결하는 의미화(signification) 과정을 통해 의미를 발현하는 것인데, 의미화는 경험적으로 지각되고 체험된 속성을 근거로 이루어질 수도, 혹은 경험적 내용과는 무관한 연상작용을 통해 이루어질 수도 있다. 그런데 연상작용의 맥락이 경험세계와 유리되면 유리될수록 사물현상의 상징성은 고도화하며, 이에 따

라 기표가 자체적 상징성을 통해 의미세계에 관한 절대적 지배력을 행사하는 기호물신적 상황이 전개될 수 있다.

대체로 일상언어의 상징성은 낮은 수준에 있다. 그런 중에 '방중(방학중)'이나 '종시(종합시험)'와 같이 시간경제적 이유나 편의 때문에 사회적으로 널리 통용되는 약어가 있고, "방법하다(손보다)"와 같이 폐쇄적 의사소통이나 집단 정체성을 견지하기 위해 쓰이는 은어도 있는데, 이 같은 경향은 다양한 사람들이 동시적으로 접하게 되는 상품광고에서는 물론이요 '오렌지족'과 같이 우리 일상현실에까지 널리 확산되고 있다.

따라서 시대는 바야흐로 은유의 단계에서 상징의 단계로 접어들고 있다고 여겨지는데, 향후 정보기술이 완숙단계에 도달해 모든 사물의 의미가 디지털화하게 되는 시점에 이르게 되면 기표 자체의 독립성이 극대화하는 기표의 전성시대가 만개하리라 전망된다(Eco, 1976).

기표의 시대에는 사물의 본질보다 겉으로 드러나는 외양이 더욱 중요시된다. 따라서 외양을 관리하는 화장술이 성행하며, 그런 와중에 표리부동(表裏不同)이 일상화하게 된다. 겉과 속이 다름은 이제 더 이상 비난을 가할 악덕이 아니다. 주어진 현실이 어렵고 고통스럽더라도 남에게 웃는 낯으로 대하는 태도는 칭송받아야 할 덕목이기 때문이다. 더구나 이 같은 조작적 행태는 때때로 고객만족·고객감동을 통해 판촉을 꾀하고자 하는 업주가 사원들에게 강력히 요구하는 수칙이 되기도 한다. 그러나 심정적 뒷받침이 수반되지 않는 작위적 행위를 반복하는 과정에서 사람들은 강요된 인상관리에 의해 자신의 진면목을 유실하는 정체성 위기에 직면하게 된다. 이러한 위기국면을 타개하기 위해 개인은 순수 자아의 발견에 천착하고자 하나, 자아 정체성의 탐색은 손쉽게 달성될 성질의 것이 아니다. 왜냐하면 그것은 물적 욕구와는 달리 무엇이 얼마만큼 달성되어야 한다는 기준이 타인에게는 물론 자신에게조차 불명확하기 때문이다.

조합적·임의적 문화양식으로 점철된 정보사회의 개인들은 따라서 정체성 회복을 위해 마음과 마음이 통하는 '내밀한 행위'로써 타인과 심층적 교접을 꾀하고자 한다. 그러나 내밀한 행위를 통해 순수 자아를 재확인하려는 시도는 사실상 이율배반적 요소를 내포한 모순적 행위임이 틀림없다. 타인과의 접촉이 깊으면 깊을수록 타자의존성이 커져 애당초 의도한 순수 자아의 모색이 더욱 어려워지기 때문이다.

이같은 딜레마를 해소시킬 수 있는 대안으로 테일러(C. Taylor)나 기든스(A. Giddens) 같은 학자들은 전향적 교제론을 제안한다. 즉, 상호인정과 정체성의 관계를 중시하는 테일러는 "타인과 대화함으로써 스스로를 이해하며 자아 정체성을 확보할 수 있다"고 주장하며, 기든스 또한 "전통적 생활환경의 온상에서 방출된 현대인은 '친밀성'에 기초한 자아개방적 교제를 통해 순수한 인간관계를 추구한다"고 말한다.

그러나 전향적 교제론의 한계는 날로 삭막해지는 생활현실에서 마음과 마음이 통하는 순수한 인간관계가 도대체 가능할 것인가라는 불신감을 통해 단적으로 드러난다. 우정이나 애정에 관한 이렇다할 판단기준마저 설정할 수 없는 가변적 상황하에서 지속적이고도 안정적인 순수 인간관계를 기대하려는 것은 거의 무망한 일이 아닐 수 없다. 때문에 광적 애호나 열애가 간단없이 표출하게 되는데, 인기가수나 운동선수를 향한 극성팬들의 열광 같은 것이 그에 부합하는 사례라고 할 수 있다.

③ 새로운 문화욕구의 형성

조합적 사고방식 및 임의적 행동양식은 각기 행위의 선택폭을 증대시킴으로써 궁극적으로 '사회적 자유도'를 강화시키며, 이는 곧 전래적 가치기준을 초월한 새로운 문화욕구를 자극하게 된다. 사회정보화가 활발히 진전되고 있는 오늘날의 시대가 '문화의 시대'로 규정되고 있음이 바로 그 점을 실증한다.

정보드라이브에 상응하는 현금의 '문화드라이브'의 추동 요인으로는 다음 네 가지 요인들이 자주 거론되고 있다.

첫째는 생산기술의 발달로 인한 가처분시간 및 가처분소득의 증가로 많은 사람들이 생존이나 물량적 풍족과 같은 생활기회를 문제시하는 수준을 넘어 정신적 풍요로움까지를 포함한 삶의 질을 추구하는 쪽으로 기대가치를 높여 가고 있다는 점이고, 둘째는 정보통신체제의 확산으로 인한 시공간 再구조화가 근로시간·근로장소·근로방식 등을 다변화시킴으로써 생활양식상의 일대 변혁이 일기 시작하고 있다는 점이요, 셋째는 국경까지를 포함한 각종 공간적 한계성을 탈피할 수 있는 첨단 정보통신기기의 발달로 종전에는 쉽게 접할 수 없었던 다양한 문화요소들을 체험하고 향유할 기회가 격증하고 있다는 사실이다. 넷째는 사회문화적 다원화에 따른 집단가치, 집단규범의 약화가 생활양식 전반에 대한 개성화·차별화 심리를 자극하고 있다는 점이다(Jenks, 1993).

그러나 이상 네 가지 요건들에 우선하는 문화드라이브의 가장 결정적 계기는 '소품종 다량생산'을 특징으로 하는 포드주의에 기반한 산업사회의 구조적 위기를 타개하기 위한 방안의 하나로서 문화의 상품화가 적극 추진된 것이라고 본다. 즉, 전통적 의미에서 비생산영역으로서 상품시장의 외곽에 소재해 왔던 문화가 이제 상품화를 목표로 한 생산활동의 일부로써 본격적으로 편입되고 있다(김성철·최우영, 1998).

넓은 의미로서의 문화의 상품화는 분석적인 수준에서 '문화의 상품화(협의)'와 '상품의 문화화'라는 두 가지 하위 과정으로 나누어 볼 수 있다. 첫째, '문화의 상품화(협의)'는 물질이 아니라 감각, 상징 혹은 의미의 소비나 향유를 목적으로 하는 상품의 출현, 다시 말해 영화, 음악, 미술 등이 적극적으로 상품화되는 과정을 말한다. 엄밀히 말해, 이러한 문화상품들은 정형화된 형태로 이미 오랜 상품화의 역사를 지니고 있기 때문에 20세기 말 산업사회의 위기에 대한 독특한 대응책이라고 말하기에는 난점이 없지 않다. 하지만 그것이 포드주의의 위기에 즈음하여 주도적인 시장으로서 새롭게 전면화했다는 사실은 결코 간과할 수 없다. 포드주의적 생산이란 기본적으로 대량의 물적 상품생산을 말하며, 따라서 물질적 기능이 그 주요한 교환가치를 구성하게 되는 반면, 문화의 상품화과정을 통해 제공되는 것은 비물질적 상품으로서 물질적 기능이 아닌 상징 및 의미가 주요한 구매 및 교환의 대상이 되는 것이다. 의미 및 상징 자체가 소비의 대상이 되는 상품화된 문화는 이윤실현의 한계에 봉착한 포드주의 생산방식에 새로운 돌파구를 제공해 준다는 점에서 향후 더욱 가속화될 것으로 전망된다.

두 번째 '상품의 문화화' 과정은 전술한 '문화의 상품화(협의)'와는 상이한 전개 메커니즘을 지닌다. 후자가 주로 물적 상품을 대체하는 새로운 상품영역을 발굴함으로써 새로운 소비시장의 개척을 겨냥하려는 것인데 반해, 전자는 기존의 물적상품에 문화적 상징의 외피를 덧씌움으로써 물적 상품가치를 부가시키려는 것을 말한다. 따라서 전자가 액면 그대로 '상징의 상품화'라면, 후자는 '상징을 통한 물질적 기능의 우회적 상품화'라고 할 수 있다.

대량으로 생산되는 포드주의적 생산물은 획일적이자 보편화된 소비로 귀결될 수밖에 없다. 이런 연유에서 생산물에 독자적 상징을 각인함으로써 개성적 소비라는 새로운 소비자의 차별화 욕구를 충족시킬 수 있는데, 거기에는 동일한 실용적 기능을 지닌 상품이라도 그에 부가된 새로운 상징에 의해 차별적 상품으로 우대받으려는 이윤동기가 내재해 있다. 예컨대 오늘날의 상품에는 '신세대형 상품', '계절별 상품', '캐주얼형 상품' 등 갖가지 상징과 문화적 의미가 부착되어 있어 소비자는 물적 기능뿐 아니라 그러한 상징적 의미까지 고려해 가며 상품을 구매하고자 한다. 이처럼 기능만으로는 소비자를 설득할 수 없었던 상품들이 적극적으로 문화화됨으로써 추가적 소비, 즉 과소비를 유발하는데(Baudrillard, 1970), 이같은 새로운 생활문화적 욕구를 유형화시켜보면 다음과 같다.

가. 표출주의

자기 존재를 나타내고 싶어 하는 표출주의의 단서는 무엇보다 독특한 색감이나 디자인을 선호하는 심미화 경향에서 관망할 수 있는데, 그러한 경향은 의복과 같은 신체부착적 물품은 물론이요 문구, 전화기, 승용차 등 자기소유 물품 전면으로 확산되어 가고 있다. 이같은 표출주의적 욕구는 지각 대상에 관해서도 적용되어, 대형 멀티비전, 대형 공연, 대형 기획전시, 대형 사건을 주제로 한 영화 등 스펙터클에 대한 현대인의 높은 선호도에서도 드러나고 있다. 표출주의적 문화욕구의 극한은 실제 내용이나 기능과 관계없는 기호 가치에 의해 좌우되는 현대인의 심향에서 극명히 인지할 수 있다.

나. 탈제약성

규범이나 관례에서 벗어나고자 하는 탈제약적 욕구는 주말이나 휴가기간에 전원이나 외지로 벗어나고자 하는 탈일상적 행위, 자주 바꾸고 버리는 관계로 유통주기가 날로 단축되어 가는 상품의 캐주얼화 현상, 보고는 날려 버리는 이메일의 확산, 가입·탈퇴가 자유로운 임의 단체나 통신모임의 만연 등을 통해 널리 지각할 수 있다. 또한 랩과 같은 소수민족 문화나 동성애, 유니섹스 모드, 연령파괴적 결혼 등에서도 탈제약성의 면모를 확인할 수 있다. 그러나 탈제약적 욕구의 진면목은 시공간 접합이 전적으로 임의적인 사이버 공간의 급속한 확산 현상에서 단적으로 감지할 수 있다.

다. 관여주의

간접적 경험보다 직접적 체험을 꾀하고자 하는 관여주의는 탈주체화 시대의 주체확인 방안의 일환으로서, 정보화의 촉진과 함께 대중사회에 꾸준히 파고들고 있다. 본인 참여하에 완성을 실감케 하는 각종 DIY(Do It Yourself) 제품들, 소비보다 생산활동에의 참여동기를 충족시키려는 생산소비자 행위들, 또 특히 한국 사회의 경우 스스로 스타임을 실현할 수 있는 노래방의 만연 등이 그에 해당하는 사례들이라고 할 수 있다. 컴퓨터狂, 오디오狂, 스피드狂 등 아마추어 전문가를 자칭하는 마니아들이 각종 분야에서 등장하고 있다는 사실도 사이버 문화의 환경하에서 관찰가능한 관여주의의 한 가지 징표라고 할 수 있다.

❺ 감성시대의 부활

서구 낭만주의 전통을 계승한 보헤미안들은 예술적 영감을 통한 자아실현을 꿈꾸었다. "인간은 빵만으로 사는 것이 아니다"라는 주장과 더불어 그들은 문화적 고양이야말로 숨가쁘게 요구되는 노동과 물질적 축적의 삶에서 벗어날 수 있는 보루라고 생각했다. 바로 이러한 보

헤미안 의식이 이성중심주의를 비판하는 탈근대주의의 확산과 더불어 최근 부흥하여 새로운 감성시대의 출현을 예고하고 있다.

① 등장 배경

그리스 어로 이성을 뜻하는 로고스(logos), 그리고 라틴어 라티오(ratio)에는 비례나 균형, 그리고 조화라는 의미가 포함되어 있다. 이성은 불완전하고 불확실한 무질서의 상태에서 모든 것을 조화로운 질서 속에 안정시키는 기제로 인식되어 왔다. 그에 비하여 충동적이고 맹목적인 것으로 간주되던 감성은 항시 이성에 의해 통어되어야 하는 숨겨진 욕망이자 본능일 뿐이었다. 이 같은 이성중심주의가 최근 예술과 문학에서 비롯되어 사회사상 전반으로 확산된 포스트모더니즘 운동에 의해 약화되고 있다. "경계를 가르고 간극을 좁히자"는 탈제약적 사고를 지향하는 포스트모더니즘은 모더니즘이 표방해온 계몽적 사고에 비판을 제기하면서 새로운 현실관·세계관을 제시하고 있다.

이러한 시대적 풍조는 문화시대의 개막을 가능케 했다. 이성중심주의에 대한 반발은 억압되어 왔던 감성적 욕구들을 회생시켜, 그간 금기시되었거나 설명이나 해명 대상으로 오르지 못했던 욕망과 취향에 대한 관심이 증대되기 시작했다(김문조, 2000). 더구나 물질적 풍요가 달성된 이후 심미적 요인들에 대한 관심과 욕구가 증가하였다는 점, 동시에 산업사회가 던진 문제점들에 관한 해결 방안으로 문화적 중요성이 부각되고 있다는 점 또한 '문화적 감성의 중요성'을 일깨운 요인으로 꼽을 수 있다.

이러한 새로운 추세는 현대인에게 새로운 성찰성을 요구하고 있다. 일찍이 기든스(A.

Giddens)는 자아성찰성에 기반해 '우리가 어떻게 살아야 하는가'를 이슈화하는 '삶의 정치'가 도래하고 있음을 주장한 바 있는데, 유사한 맥락에서 하버마스(J. Habermas)도 도구적 합리성을 넘어선 의사소통적 합리성을 제안하면서 전자가 주도하는 정치경제적 영역보다 후자에 의해 작동하는 생활세계라는 문화적 영역이 회생되어야 함을 강조하였다. 한편, 래쉬와 어리(S. Lash and J. Urry)는 '성찰적 축적'이라는 개념틀에 입각한 설명을 제시한다. 기술혁명으로 인해 완전히 탈바꿈한 현대 자본주의양식은 물질에 기초한 상품생산이 아닌 문화에 기초한 상품생산으로 그 무게가 옮겨져 상징과 기호의 생산에 주력하고 있으므로, 심미적 요소가 가미된 문화가 경제 부문에 침투하고 있다는 것이다.

이 같은 배경에서 감성의 중요성이 부각되어 '감성사회'가 도래하게 된다. 물론 과학기술의 비약적 성장으로 사회 전체가 고도의 기술화 과정에 돌입하고 있는 것이 사실이나, 나이스빗(J. Naisbitt)은 이러한 하이테크(high tech) 시대에는 하이터치(high tough)가 중요한 요건임을 강조한다. 물질문명의 발달과 물질적 충족은 오히려 그 반향으로 심미적 가치에 대한 요구를 격상시킨다는 것이다. 즉, 기술이 고도화될수록 인간을 인간답게 하는 하이터치가 요구되고 절실해진다는 것이다. 따라서 고도 기술사회는 하이테크와 하이터치의 이원적 방향으로 향진하는데, 각각의 새로운 기술을 접할 때마다 사람들은 일종의 보상적 성질의 감동적 소재에 천착함으로써 하이터치가 하이테크에 대한 반응기제로 나타나게 된다. 삶이 기술에 젖어들면 들수록 타인과의 접촉을 더 많이 원하게 되고, 의학이 하이테크로 접어들면 들수록 대체 치료제나 방법에 관심이 증가되며, 컴퓨터에 몰두하면 할수록 육체적 레저활동이 더 감성적이고 감각적인 방향으로 기울게 되는 현상들이 바로 이러한 주장을 뒷받침한다.

이 같은 사고의 전환은 개인의 일상적·미시적 차원을 넘어 모든 거시적 사회구조 내에서도 유사하게 이어진다. 예를 들면, 미국의 외교전문가 나이(J. Nye)는 권력을 행사하는 힘에 '소프트 파워(soft power)'와 '하드 파워(hard power)'가 있음을 설명하고, 한 나라가 빈틈없는 파워를 지니기 위해서는 양자간의 균형적인 결합이 중요함을 역설한다(Nye, 2004). 요컨대 '하드 파워'가 군사력과 경제력이라는 물리적 방식으로 타국을 억누르며 자국의 이익을 관철시키는 힘이라면, '소프트 파워'는 이러한 물리력 없이도 사람의 마음을 끄는 힘으로 자신의 목적을 이룰 수 있는 능력을 뜻하는데, 이것은 한 나라의 문화와 그 나라가 추구하는 가치 및 정책의 정당성 등이 지닌 호소력에서 비롯되는 것이다. 국가의 매력적 이미지를 통해 자국에게 유리한 상황을 만들어내는 힘인 소프트 파워를 유실하고 있는 미국이 군사적으로나 경제적으로 최강국 위치에 군림하면서도 도처에서 높은 반미 감정에 봉착하여 어려움을 겪고 있는 것은 바로 '소프트 파워'로서의 힘이 소진되고 있기 때문으로 풀이할 수 있다.

근대사회가 이성과 합리성에 의해 움직여지던 시대였다면, 현대사회는 감성이나 의미의 중요성이 강조되는 상황이라고 할 수 있다. 요컨대 산업화시대에서 사람들이 주로 물질적 풍요와 신체적 편익을 추구했다면, 정보화 시대에서는 정신적 가치나 자아실현이 새로운 삶의 목표로서 대두하고 있는데, 손탁(S. Sontag)은 이 같은 변화상을 감성이 이성으로부터 해방되는 바람직한 징조로 해석한다. 현대사회에서는 감각·실감·감성 등의 추상적인 형태나 스타일에 대한 욕구기대가 상승하게 된다는 것이다. 따라서 정보기술의 의식세계에까지 그 영향력을 확대하는 사이버 사회 단계에 이르면 모든 사물이나 현상의 창조와 평가가 이성과 감성이라는 이원적 잣대에 의해 이루어질 것으로 전망된다.

② 감성사회에 대한 논의들

감성사회에 대한 논의는 크게 다음 네 관점으로 구분해볼 수 있다, 첫째는 래쉬(S. Lash)로 대표되는 성찰적 감성주의이다. 그는 '심미적 성찰성'이라는 개념을 '인지적 성찰성'과 대비시키는데, 후자가 계몽주의적 현대성의 전통에 근거한 이성적·합리적 판단능력이라면, 전자는 심미적 현대주의의 가정에 기반한 문화적 자기 해석 능력에 해당한다. 심미적 성찰성은 근본적으로 모사적이며, 계몽사상의 고도 근대성의 전통에 있기보다는 예술적 모더니즘의 전통에 가깝다고 본다.

❻ 사이버 문화론의 한국적 적용

① 문화종족의 등장

마페졸리(Maffesoli, 1995)는 자신의 저서 『부족의 시대(The Time of the Tribes)』에서 대중성이 증가되고 이질성과 함께 동질성이 증폭되며, 미시적 수준의 차이가 확대되는 것으로 인식되는 탈근대적 사회환경을 '신부족주의(neo-tribalism)'라는 개념으로 설명한 바 있다. 개인주의가 더 이상 사회적 관계의 기초가 되지 못한 채 부족주의가 새로운 사회성의 원리로 등장한다는 것이다. 더욱이 탈근대적 정보사회에서 개인 정체성은 유동적·유랑적 형태로 변모하여 다중 정체성을 보편화시킴으로써 새로운 문화 종족들이 양산된다는 것이다.

이러한 새로운 문화종족들은 탈이데올로기·탈국가 시대를 맞아 국적, 연령, 성별 등을 초월하는 무리를 형성하게 되는데, 고착적 가치관이나 이해관계를 벗어난 내발적 감성으로 응집된 이들은 거대담론이 약화되어가는 소서사의 시대에 순간적으로 엄청난 결집력을 행사하

며 크나큰 위력을 발할 수 있다. 그들에게 부족은 불합리적(irrational)인 것이 아닌 비합리적(nonrational)인 것이며, 이와 같은 비합리성은 "사람들을 연결하고 그 사람들이 연결되도록 하는" 것들의 강도와 근접성과 관련된 '새로운 형태의 합리성'으로 작용한다. 따라서 '신부족주의'는 새로운 푸리에주의를 제시하는 탈근대적 열정의 표상으로서, 현대사회를 지탱하는 힘이 될 수 있다(Maffesoli, 1995).

이러한 논의에 이어, 마페졸리는 공동체적 이상이 발현되는 근원에 대해 이미지와 스타일을 중점적으로 고찰한다. 새로운 종족들을 형성시키고 묶어주는 주요한 기제는 이미지와 스타일이며, 가치의 변화들로 인해 이미지와 스타일은 보이지 않는 집합적 힘이자 집단 감성의 본질적 특성으로 나타난다는 것이다. 그들 속에는 이미지의 통일이 작동되고 있으며, 이미지의 통일은 계속적인 추가에 의해 사회적 삶의 전체적 조화의 토대가 되고, 이 조화의 수취인인 여러 '부족'들의 토대로도 기여하는, 어떤 집합의식을 구성하기에 이른다는 것이다. 따라서 포스트모던적 사회관계를 맺는 '현대판 부족'들에게 미학적 스타일은 삶의 방식으로서 존재하게 된다.

이러한 일련의 논의로서 유추해 볼 때, 현금의 문화종족이란 "같은 공감대, 같은 취향과 성향을 지닌 사람들의 집단"으로 정의된다. 둘 이상이 모여 그들의 문화를 만들어내는 집단이 바로 이 시대의 새로운 종족인 것이다. 이러한 부족들의 분화에 있어 관건이 되는 것은 문화적 가치나 라이프스타일의 차이로 인식되지만, 그들을 다양화, 차별화시키는 기저적 요인으로서는 20세기 이후 급격한 속도와 범위로 확산되고 있는 정보화 현상을 꼽지 않을 수 없다.

유사한 견지에서 맥루한(M. McLuhan)도 새로운 종족주의의 출현을 전망했는데, 그는 새로운 종족들이 지닌 '가상적 민족성'에 대한 접근경로를 정보화된 네트워크로서 제시한 바 있다. 이 같은 신종족들은 "시각의 시대에서 감각의 시대로, 지역에서 세계로" 뻗어나가는데, 정보화 시대의 새로운 문화적 첨병으로 인정받고 있는 그들의 잠재적 역량은 최근 날로 주시받기 시작해 '영리한 군중'으로 간주되기도 한다.

H. 라인골드(H. Rheingold)의 최근 저작을 통해 처음으로 제시된 '영리한 군중'이란 휴대폰, PDA, 인터넷 등으로 무장한 '같은 생각을 가진 사람들'을 뜻하는 신조어로서, 이들로 인해 우리 사회의 미래가 크게 바뀌어간다는 변혁적 메시지를 함축하고 있는 개념이라고 할 수 있다. 보다 구체적으로는, 소비와 미디어 조작의 대상으로만 여겨졌던 몽매한 대중이 첨단 네트워크 기기를 활용해 새로운 정보를 신속히 입수하고 교환함으로써 지난날 여론의 주체였던 일방향적 미디어를 거부한 채 온라인과 오프라인을 종횡무진 드나들며 확고한 권력을 행사하는 것으로 묘사되고 있다. 이들 영리한 군중은 일정한 리더 없이 집합행동에 임하게 된다는 점에서 유동적이고 무정형적인 군중임에 틀림없으나, 지식정보와 예리한 감성을 소지한 '인간적 대중'이란 점에서 지난날 대중사회론이 개념화한 무력한 대중의 이미지와는 판이하다고 본다.

영리한 대중의 출현은 산업화 이후 대량생산과 대량소비의 대상으로 전락해버렸던 군중이 똑똑하고 능동적인 소비의 주체로 거듭나고 있다는 가설과 관련해서도 의의가 있을 뿐 아니라, 사회 여러 분야에서 집합적 힘을 발휘해 세상을 바꾸는 참여적 주체로 세력을 확장해간다는 입장에서도 시사하는 바가 크다고 본다(Rheingold, 2002). 레비(P. Levi)도 사이버 공간에 지식과 정보의 자유로운 분배 및 상호 교환을 구심점으로 하는 형태를 부여하고 '집단 지성'의 가능성을 현시함으로써 인류의 미래를 위한 하나의 밑그림을 제시한 바 있다. 그는 사이버 공간의 핵

심 세력인 집단 지성을 "어디에나 존재하며, 지속적으로 가치 부여되고, 실시간으로 조정되며, 역량의 실제적 동원에 이르는 지성"으로 규정한다(Levi, 1994). 이런 견지에서도 사이버 사회의 문화는 영리한 군중 내지 집단 지성에 의해 주도될 가능성이 있다고 말할 수 있다.

② 새로운 문화세력으로서의 '폐인'

최근 한국 사회 역시 '부족' 혹은 '종족'의 형성이나 분화가 활발히 촉진되고 있다. 웰빙족, 딩크족, 보보스족 등은 이미 보편적인 용어로서 간주되고 있으며 그 외에 차브족, 웰룩킹족, 디카족, 얼리어댑터족, 디지털 노마드족, 싸이족 등 그들만의 생활양식이나 취향을 대변하는, 손꼽기 어려울 만큼 다양한 '종족'들이 속출하고 있다. 그 가운데 사이버 공간을 기반으로 자기들만의 독특한 의식이나 정서를 공유하며 강한 집합적 정체성을 보여주는 "폐인" 족은 인터넷 최강국임을 자처하는 오늘날 한국 사회의 특징적이고도 흥미로운 문화 현상의 하나로 꼽힌다.

'폐인'이란 원래 "질병이나 여타 심리적 압박으로 몸과 마음이 망가져 정상생활을 영위하기 어려운 쓸모없는 사람"으로 알려져 있으나, 한국의 신세대층에서는 그러한 본래의 의미보다 "취향과 관심을 공유하면서 사이버상에 사회적 네트워크를 형성하고 있는 마니아급 달인"으로 이해되고 있다. 이는 인터넷 서핑과 게시판 글 올리기, 글 퍼오기, 리플달기 등으로 소일하며 특정 사이트에 매달려 일상을 전혀 신경 쓰지 않는 네티즌들이 스스로를 자조적으로 표현한 데서 유래한다. 폐인의 의미가 이렇게 확장되어 사용된 것은 인터넷의 디지털 카메라 정보 공유 사이트인 '디시인사이드(www.dcinside.com)'에서 비롯된다. 이곳을 드나드는 이들은 독특한 언어구성과 문화양식으로 자신들만의 소통체계를 확립했는데, 그것이 인터넷 상용자 층에 빠르게 확산되고 수용되어 일종의 트렌드를 형성하게 된 것이다.

그러나 폐인들에게서 관찰 가능한 보다 중요한 점은, 이들이 단순히 희귀한 언어와 이미지로 웃음을 유발시키는 비속한 문화집단이 아니라, 때때로 성찰적이고 비판적인 여론을 창조하거나 주도하는 주체로서 새로운 사회정치적 실험을 주도한다는 데 있다. 과거에는 단지 부담스럽고 불유쾌하게 다루어졌던 국내외 정치나 사회 문화적 현안들이 그들에 의해 풍자와 패러디의 대상이 되어 인터넷을 떠돌고 있는데, 우리는 인터넷 접속을 통해 곳곳에서 손쉽게 그들의 흔적을 찾아볼 수 있다. 그들은 '놀면서 참여'하는 방식으로 정치·사회·문화 제 영역의 새로운 지평을 열어 나가고 있는 존재로서, 이러한 폐인들이야말로 라인골드가 '영리한 군중'이라고 지칭했던 '휴대폰과 인터넷으로 무장한 정보사회의 새로운 군중들'에 귀속시킬 수 있는 해당 범주라고 여겨진다.

문화종족으로서 그들이 갖는 특성을 살펴보면, 첫째로 철저한 상징과 이미지의 활용으로 집단 정체성을 임의로 구현한다는 점이다. 사이버 공간에서의 집합체는 대면적 관계가 아니어서 감정적 교류가 어렵기 때문에, 참여자들은 텍스트의 변형 혹은 나름의 은어나 규범들을 만들어 감성적 연대를 꾀하게 된다. 폐인들이 구사하는 파괴적 언어형태는 '사회 내부에서 그들의 타자성을 확인하는 욕망인 동시에 개인의 타자성을 집단적 정체성으로 전화시키는 주요한 문화적 통로(이동연, 2000)'라고 할 수 있다. 그들은 동일한 스타일을 공유함으로써 서로간의 감정적 교류를 원활히 하고 결속감을 다지며, 뜻이 통하는 언어, 행위, 의례, 징표 등과 같은 상징적 도구들로 연대성을 향상시키고자 한다.

❼ 사이버 문화의 일상화

"인간 사고와 표현의 정수"로 이해되던 19세기의 인문학적 문화 개념은 대량생산·대량소비의 산업적 기틀에 근거한 20세기에 들어서면서 보다 대중화·민주화되어 "총체적 삶의 방식"이라는 사회과학적 개념으로 전환되었다. 하지만 20세기 후반 제3의 혁명으로 불려지는 정보혁명을 맞아 문화는 개념적으로나 실제적으로 다시금 일대 변화에 직면하게 되었다. 따라서 지금까지의 문화가 선험적인 시공간적 한계 내에서 경험되는 생활방식으로 이해되었다면, 미래의 문화는 '네트(net)'라는 의사소통망을 통해 시공간적으로 무한히 뻗어나갈 수 있는 인간 상상력의 징표로서, 근대적 사고와 논리를 초월한 새로운 삶의 가능성을 담지한 것이라고 할 수 있다.

특히, 정보기술은 미래를 꿈꾸고 가꾸는 새로운 문화활동의 터전인 사이버 공간을 구현하는데, 사이버 공간은 단순히 용구가 아닌 새로운 생활세계로서 사회 전체를 사이버화시킨 '사이버 사회'의 도래에 절대적으로 기여했다. 그런데 사이버 사회란 컴퓨터 매개 의사소통에 의해 형성된 '새로운 사회구성'에 해당하는 것으로서, "컴퓨터 인터페이스로서의 가상현실"(Rheingold, 1993)은 이제 사이버 공간에 한정된 가상공간의 차원에서 온·오프라인을 포괄한 우리 일상생활의 일부로 외연되고 있다.

사회가 사이버화되어 가고 있다는 것은 현실-가상의 경계가 약화되어 양자간의 관계가 모호해짐을 의미한다. 그러나 현실계는 사이버 세계와 병합해 시공간으로 고착된 주체들의 해방을 가능하게 함으로써 꿈과 감성의 장을 확대하고 문화의 자율성도 신장시킬 수 있다.

더구나 현존 사이버 사회는 기술적 요구와 더불어 문화적 수요나 요청들을 충족시켜주는 한편 문화적 영역과 한계를 보다 폭넓게 하며, 더불어 과학과 기술에 보다 풍요로운 이야기를 첨가함으로써 '일상 속의 과학기술'을 가능케 한다.

그러나 이와 같은 감성중심 혹은 감성지상주의 사회는 냉철한 이성이나 기존사회에서부터 품어왔던 도덕, 윤리의 말살을 야기할 수 있는 기준 없는 사회를 낳을 우려 역시 분명히 있다. 또 이러한 사회를 이끄는 감성세대들 역시 그들의 감성이 상품화되어 자본주의 논리에 이끌릴 수 새로운 정보노예로 전락할 여지도 없지 않다. 바로 이때 여기서 진정한 '영리한 군중'의 역할이나 한계는 보다 중요시된다. 사회 전체의 수준, 혹은 개인 각자의 측면에서 문화와 과학, 혹은 감성과 이성은 어느 한쪽이 일방적이지도 않은 상호 균형과 조정이 필요한데, 결국은 합쳐져야 할 문화와 과학이 합치되어 가는 이 시대의 흐름 속에서 우리에게 해야 할 우선적 과제는 하이테크와 하이터치 사이의 균형 및 하드파워와 소프트파워의 조화로운 융합이 아닐까 한다.

(5) 자아 지향적 사회

사회변동에 관한 지금까지의 연구는 대체적으로 진보 / 순환, 물질 / 정신, 갈등 / 균형 등과 같은 개념 범주들을 대립적으로 활용해 왔다. 그러나 이러한 이분법에 의한 단순논리는 인간의 역동적 상호작용을 간과함으로써 미래 예측 모형으로서의 적실성을 유실하는 경우가 빈번했다. 때문에 미래 전망에 있어서는 이론적 체계화만을 겨냥한 추상적 도식이나 반증 사례의 제시만으로 자신의 주장을 정당화하는 사변적·방어적 접근을 지양하고 생산적 미래담론을 제공할 수 있는 보다 실질적인 분석틀이 절실히 요청된다.

이런 취지에서 본 절에서는 오늘날 과학기술의 급진적 발달이 개인의 정신세계에 어떠한 영향을 끼치며 새로운 조성된 기술사회적 환경하에 그들이 어떻게 자율성이나 창조성을 발휘하는지를 검토함으로써 과학기술과 사회체계라는 양대 요인이 인성체계에 미치는 효과를 '개인화' 명제를 중심으로 규명해보고자 한다.

❶ 과학기술, 사회, 인성체계

개인이 사회의 중심으로 등장한 근대의 물질적 토대는 19세기 말에서 20세기 초에 이르는 과학기술혁명을 통해 급진적으로 강화되었다. 본질적으로 과학과 기술은 인간의 문화적 활동 형식이라는 면에서 공통점을 갖지만, 이론과 활용이라는 측면으로 그 속성이 나누어진다. 과학은 지식으로 자연에 관한 체계적 탐구의 영역이요 기술은 일종의 가공물로서 과학적 지식에 따른 특정한 방식의 적용이라고 할 수 있는데(Mcginn, 1991), 과학기술혁명은 종전까지 분리 발전되어오던 학자적 전통의 과학과 장인적 전통의 기술을 결합시킴으로써 엄청난 합력효과를 발하는 과학기술이라는 복합체를 형성시켰다(김문조, 1999).

이에 따라 과학기술의 영향력은 산업과 노동과 같은 경제적 생산영역의 혁신뿐 아니라 교육이나 여가 등과 같은 사회제도적 영역이나 생활양식을 통해 개인의 인성에까지도 미치면서 폭넓은 문명사적 전환을 야기하고 있으며 그러한 경향은 정보통신혁명이라는 또 하나의 과학기술혁명으로 지속적으로 강화되고 있다.

인성의 형성과정이 사회구조로부터 영향을 받는다는 주장은 사회학 초창기부터 지속되어 온 해묵은 논의지만, 이 장에서는 전통사회부터 근대사회까지 면면히 이어져온 개인 정체성에 대한 결정론적 사고가 정보문명에 의해 급격히 해체되고 있다는 점을 역설하고자 한다.

인성 형성의 기축으로 작용해 왔던 전통적 사회구조들이 소멸하고 연계화와 유연화라는 구조적 전환이 태동하면서, 개인화를 지향하는 '자아지향적 인간'이라는 새로운 형태의 인성이 출몰하고 있다. 이러한 뉴웨이브의 배후에는 생활공간의 경계를 가르는 뉴미디어의 발달, 국경이나 거리를 뛰어넘는 자본주의의 세계화, 자연과 인공의 구분을 무화시키려는 생명공학적 시도, 가상공간상의 자아 복제 등과 같은 정보통신기술의 사회적 효과들이 자리하고 있다.

❷ 개인화 경향의 역사적 배경

오늘날 자아지향성의 전제로서 개인의 가치를 인식하고 강조하는 개인주의는 서구문명의 본질이자 근대성의 핵심 가치로 여겨지면서 모든 사회 모든 인간의 공통적 존재방식이 되어가고 있다. 개인주의는 무엇보다 세계를 구성하는 우선적 요소가 사회적 집단이 아니라 분리될 수 없고 서로 환원되지도 않으며, 홀로 느끼고 행동하고 사고하는 개인이라는 관념에 기초한다. 또한 사회의 존재를 허구로 보는 사회명목론적 관점에서 볼 때, 개인은 자신에 대한 비판적 성찰에서 비롯된 규범과 표상에 의거해 스스로의 삶을 결정하는 존재로 파악된다. 즉, 개인은 자신의 삶의 전략과 행동을 스스로의 의지에 따라 바꿀 수 있고, 자신을 소외시킬 수 있는 외부 압력에 대하여 되도록 덜 의존하면서 자신의 이익, 혹은 자신의 욕망과 정념에 따라 살고자 하는 존재로 이해되는 것이다(Laurent, 1993).

일반적으로 고대와 중세에서는 개성의 추구가 원칙적으로 불가능하다고 알려져 왔다. 고대에는 씨족이나 집단의 원리에 절대적으로 순응했기 때문에 개인의 관념이 존재할 수 없었으며, 종교의 영향하에 처해 있던 중세 역시 개인 자신의 고유한 성격을 드러내기보다는 교회가 원하는 '모범적' 인간에 종속될 것을 요구받았기 때문이다. 그러나 당시에도 현대적 의미로서의 개인주의는 존재하지 않았지만 영웅서사시와 같은 문학작품에서 나타나듯 집단이나 종교적 이념에 자신을 일치시킴으로써 개인성을 드러내는 방식은 가능했다. 특히, 기독교화 과정을 통해 개종이라는 인간적 고뇌의 강조와 직업적 소명에 대한 인식이 확대되면서 개인성은 보다 뚜렷하게 드러나기 시작했다(Gurevich, 1995). 이러한 사실들을 통해서 우리는 개인주의적 성향이 정도의 차이는 있을지라도 인간의 본원적 의식 속에 자리하고 있었다는 점, 아울러 장기적 관점에서 볼 때 공동체주의적 이념의 강한 반발에도 불구하고 개성의 발현 경향은 상존해왔음을 추정할 수 있다.

근대적 개인주의를 이해하기 위해서는 G. 라이프니츠에 대한 검토가 선행될 필요가 있다. 그는 단자론에서 세계에는 서로 독립된, 개별적인 혹은 개별화된 실재인 '단자들만이 존재하고 그것은 결코 무언가가 드나들 수 있는 창을 갖지 않는다.'라고 주장하였다. 즉, 개체성을 본질로 하는 실재는 저마다 유일성을 갖고 있으며 스스로를 향해 닫혀 있다는 것이다. 따라서 그 자체에 돌발적으로 일어나는 변화들은 자신의 내적 역동성으로부터 생길 수 있을 뿐이다. 라이프니츠의 '단자의 자유'는 칸트가 주장한 '스스로에게 부여한 법에 복종하는 자율성'과는 차별성이 있다. 그가 언급한 자유는 개개의 단자가 자신의 존재를 구성하는 법을 수행하는 것으로서 자신 고유의 결정성을 자동적으로 전개하는 것이지 '규율 속에서 결정'되는 것은 아니다. 다시 말해 독립성을 지닌 개개의 개체는 자폐(自閉)를 통해 자기 자신만을 배려함으로써 우주의 조화를 드러낸다고 볼 수 있다. 때문에 라이프 니츠의 독립성 개념은 자율성의 개념에 우선하여 개인주의 사상의 중심을 차지하게 되고, 이렇게 절대적인 원리와 가치로 확립된 개인은 근대성의 한 가운데에 자신의 입지를 굳건히 세우게 된다(Renaut, 1995).

한편, 17세기의 정치사상을 '소유적 개인주의'로 규정하고 있는 맥퍼슨(C. Macpherson)의 통찰도 유의할 필요가 있다고 본다. 그는 홉스(T. Hobbes)와 로크(J. Locke)의 정치이론으로 대표되는 17세기의 개인주의가 기독교적 자연법 전통을 깨뜨렸다고 비판을 받든 자유와 진보의 새로운 전망을 펼쳤다고 찬사를 받든 간에, 훗날 자유주의적 전통의 주요 특징을 이룬다는 점에서 그 중요성이 인정되어야 한다고 강조한다. 즉, 당시 정치적 개인주의의 소유적 특성이 본질적으로 '자신의 신체나 재능의 고유한 소유주로서의 개인'이라는 인식에 기초해 있었기 때문에 '개인'은 도덕적 완벽성을 의미하지도, 더 큰 사회적 전체의 부분도 아닌 단지 자기 자신의 소유자로서 여겨질 수 있었고, 나아가 소유권을 개인의 본질적 속성으로 이해할 수 있었다는 것이다(Macpherson, 1990 : 24-26). 물론, 맥퍼슨이 소유적 개인주의를 언급한 까닭은 그것의 가정들이 오늘날 자유민주주의이론의 기초로서 타당한 의무 이론을 도출해내기에 부족하다는 점을 지적하려는 의도에서였지만, 그러한 의도와는 별도로 그의 이론은 그동안 관념적 측면으로만 논의되던 개인성의 문제를 소유권의 상호인정과 이에 따른 교환관계라는 현실적 시장사회의 틀로 해석해냄으로써 중세와 근대의 개인화 흐름에 일관성을 부여해주는 이론적 단초를 제공하였다.

이렇게 전통으로부터 벗어나려는 부르주아지의 갈망이 녹아 있던 탓에 개인주의란 용어가 실제로 출현했던 19세기 말 그것은 공동체주의적 이상을 포기하지 않았던 진보와 보수 양측으로부터 모두 경멸의 대상이 될 수밖에 없었다. 진보주의자들에게 개인주의는 인간의 이기성에 근거한 부르주아적 이데올로기로서 불평등이나 고독과 같은 말들과 동일한 의미로 받아들여졌고, 반대로 중세의 유기체적 사회로의 회귀를 꿈꾸던 보수주의자들에게는 사회를 해체하고 구성원들을 의심과 비판 속에서 헤매게 만드는 무정부주의로 여겨졌다. 이러한 상반된 비판들은 방향은 달랐지만 모두 전체론적 관점을 갖고 있었다는 공통점을 갖는다(Laurent, 1993). 이처럼 개인주의가 온갖 적들에 둘러싸여 집중적인 비난에 직면한 것은 그만큼 개인주의의 부상이 근대사회의 성립과 전개 과정에서 기존의 전통적 혹은 신흥 이데올로기들에게 위협이 될 정도로 가시화되었음을 의미한다.

이후 개인주의의 흐름은 오스트리아 빈 학파로부터 시작하여 미국에서 뿌리내린 신자유주의적 경향들과 구사회주의권의 집산주의적 프로젝트의 실패에 따른 반대 급부적 성원에 힘입어 가장 강력하고 효율적인 현대적 인간 존재의 방식으로 자리 매김하게 된다. 하지만 20세기 말부터 영향력이 커지고 있는 정보문화는 기존 개인주의의 구현 방식에 성찰적 비판을 제기하면서 독립성을 강조하던 개인의 개념을 네트워크 속에 존재하는 개인으로 재조명하는 패러다임의 전환을 주도하고 있다.

❸ 자기지향성 확산

① 개인화의 양면성

탈주술적·탈봉건적 사회체제로서의 근대사회의 형성에 동시다발적으로 영향을 미친 서구의 역사적 사건이나 흐름들은 각기 개인에 대한 새로운 시각을 열어주는 데 이바지했다. 즉, 이상적인 개인의 가치를 재조명하기 위한 인문주의, 억압적 종교로부터 자유로운 개인의 종교 생활을 주장했던 종교개혁, 자본주의적 질서를 획득하기 위한 부르주아 정치운동이 그러했다. 또한 자연에 대한 실증주의적 이해와 이를 생산에 활용한 산업기술적 진보 역시 생존과 관련한 수많은 제약들로부터 벗어나게 함으로써 개인들로 하여금 스스로에 대한 성찰의 기회를 확장할 수 있도록 도와주었다.

그러나 근대의 동력이었던 이성에 대한 믿음은 과신과 오만으로 변질되면서 중세적 신화 못지않은 근대적 신화에 대한 맹목적 추종을 초래하였고, 그 결과 개인은 근대적 기획이 설정했던 본래적 지위를 상실하고 또 다른 억압과 혼란에 처하게 되었다. 더욱 역설적인 것은 해방을 향한 개인성의 끊임없는 도전을 오히려 효율적인 개인 통제의 방편으로 활용하는 자본과 권력의 전략에 의해 개인의 자기창조가 좌절되는 현상이 나타나고 있다는 점이다. 이른바 신경제(new economy)하의 노동시장 구조와 이에 부응하는 탈계급적 정치 세력들의 정책들은 개인의 자아지향적 욕구를 표준화 혹은 제도화 과정으로 흡수함으로써 사회의 책임과 부담을 다시 개인에게 전가하는 이중적 성격을 보이고 있다. 때문에 이러한 모순을 자각한 개인들의 '자기 자신의 삶'을 위한 저항운동들이 발생하고 있는데, 이는 탈전통화된 문화 속에서 정체성을 되찾고자 하는 노력의 일환이라고 할 수 있다.

벡(U. Beck)은 오늘날의 이러한 사회 양상을 "개인화와 그에 따른 불안정한 자유"로 표현한다. 그는 근대 이후 개인의 생애가 구래의 전통들로부터 자유로워졌다고 확언한다. 과거 가족이나 마을 공동체가 해결해 주었으며, 사회적 신분이나 계급의 규칙 등에 의해 사전에 결정

되었던 삶의 전개양식이 이제 대부분 개인의 선택사항으로 전환되고 있다는 것이다. 진학이나 직장 그리고 결혼과 같은 선호적 판단이 가능한 사안들은 물론이거니와, 출산의 조절과 신체의 변형 나아가 죽음 선택에 이르기까지 그동안 신성불가침으로 여겨져 왔던 존재론적 영역에서조차도 개인의 선택 범위를 벗어나는 삶의 장면은 찾아보기 힘들게 되었다(Beck, 2002).

그러나 전통이 지시해 주던 '자명한 삶의 소멸'과 삶의 지배적 요소로서 '개인 결정의 확대'라는 근대주의는 개인의 존재 방식에 넘치는 자유를 동반하며 일정한 해방의 요소들을 가져다주었지만, 필연적으로 그에 대한 대가로 선택에 따른 책임을 강요하여 개인을 당혹하게 만듦으로써 급기야 자신의 자유를 위탁할 새로운 권위를 찾아 헤매게끔 만드는 불확실성의 '위험사회'로 이끈다. 일찍이 사회철학자 프롬(E. Fromm)은 이러한 현상을 '자유로부터의 도피'라고 지칭한 바 있다. 그는 자유의 이면에 내재한 현대인의 불안을 간파했다. 자유와 불안의 모순적 상황을 겪고 있는 현대인들은 착근할 전통을 상실한 채 파시즘과 같은 전체주의에 귀의하여 왜곡된 안정감을 추구하게 된다. 전통의 굴레를 벗겨주었지만 늘 선택을 고민하고 궁리해야 하는 근대성의 부담 앞에서 개인들은 차라리 거대한 권위의 부속품으로 살아가기를 갈망하게 되었다는 것이다(Fromm, 1994). 오늘날 근본주의의 창궐이나 대중문화에 대한 열광도 그와 마찬가지의 해석이 가능할 것으로 보인다.

근대를 문명화 과정으로 보고 치밀한 분석을 시도했던 엘리아스(N. Elias)는 이러한 개인화의 양면성을 죽음이라는 주제를 통해 구체적으로 밝히고 있다. 그는 사람이 죽음에 대처하는 방법에는 인생의 유한성에 대한 가장 오래되고 보편적인 대처법으로서 내생의 관념에 대한 믿음을 갖는 '죽음의 신화화', 죽음에 대한 사고를 회피하며 가능한 한 우리 자신으로부터 멀리 떼어놓는 '죽음의 배제', 죽음을 사실로 받아들이고 쉽고 편안하게 떠날 수 있는 길을 찾는 '죽음의 준비'라는 세 가지가 있다고 설명한다(Elias, 1982). 이를 시대적 구분으로 특징화하면 첫째 방식은 전통사회의 것으로, 둘째 방식은 개인화된 근대사회의 것으로, 셋째 방식은 아마도 우리가 추구해 가야 할 현재와 미래의 과제로 해석된다.

문제는 오늘날 개인의 노쇠해 가는 과정이 죽음의 과정으로 인식됨으로써 노인이나 질환자에 대한 때 이른 격리현상이 일어난다는 사실이다. 때문에 문명화 과정에서 죽음은 위생의 관점에서 점차로 사회생활의 무대 뒤로 쫓겨난다. 우리 시대의 사람들이 느끼는 당혹감은 이렇게 죽음과 죽어가는 사람이 사회생활로부터 최대한 배제된다는 사실과 밀접하게 연관되어 있다. 반면, 과거에는 죽어가는 것이 오늘날에 비해 상당한 정도로 공개되어 혼자 있는 경우가 드물었기 때문에 출생과 사망 같은 의례들이 훨씬 사회적인 성격을 지녀 생애과정이 지금보다 사적 성격을 훨씬 덜 지니게 되었다는 것이다.

서구 선진 사회에서 죽어가는 것과 죽음의 체험이 가진 특수성은 개인화 과정에 대한 심층적 이해 없이는 해석하기가 힘들다. 활기찬 삶과 고독한 죽음이라는 대조적 관념과 '외로이' 죽는 것에 대한 관념을 받아들인 것은 개인화와 자아인식이 발전한 최근에 들어서이다. 이는 죽어가는 과정을 누구와도 공유할 수 없음을 의미하는 바, 죽음에 대한 관념이 각별한 의미를 지니게 된 것은 현대인들이 혼자서 외로이 살아가는 것에 대한 새로운 의미가 부여된 결과라고 할 수 있다(Elias, 1982).

최후의 결투장으로 나가면서 황제에게 인사를 올리는 고대의 검투사들의 죽음, 친숙하고

부드럽게 죽음을 맞이했던 중세의 순치된 죽음, 장례를 공동체의 축제로 승화시켰던 우리네의 집합의식적 죽음 등을 돌이켜 보면, 모두 공동체 전통에 기대어 죽음을 받아들였던 개인화 이전의 죽음의 모습에 해당한다는 공통점을 갖는다.

물론, 사후 심판에 대한 두려움이 존재하던 과거의 죽음이 완전하게 평온하기만 한 것은 아니었지만, 전통사회의 개인은 적어도 죽음에 이르는 길에서 현대인과 같은 소외감을 느끼지 않았다. 때문에 엘리아스는 우리 사회에서 죽음을 억압하는 것과 관련된 자기 통제 기제의 무기력함을 지적하며, 죽음의 개인화 내지 냉혹한 공식화보다 정서적 측면이 고려된 비공식화로 유도하는 것이 소외된 죽음을 막는 올바른 대처 방식이라고 제안한다.

결국, 오늘날 사회 각 부문에서 통합적 흐름을 형성하고 있는 개인화는 개인의 자유로운 결정에 기반한 것이라기보다는 근대사회의 필연적 결과라고 할 수 있다. 그리고 개인화에 잠재된 양면성은 오늘날 개인들로 하여금 의식과 정체성의 측면에서 탈주술 및 해방의 차원과 함께, 객관적 생활상황의 측면으로는 계급성이 사라진 복지국가의 조건하에서 자신의 일대기를 스스로 기획하고 연출하도록 강제하는 삶의 고통을 함께 경험하게 만든다. 다시 말해, '개인 각자가 책임을 지는 시대' 속에서 자유는 직선적 상승이 아닌 증가할 수도 감소할 수도 있는 양면의 가능성을 함께 갖게 된다(Taylor, 1992 : 102).

그렇다면 해방과 불안이라는 양면성을 지닌 개인화의 사회구조 속에서 개인은 수동적으로 모순을 받아들여야만 하는가? 그동안 많은 이들은 모순을 과거로의 회귀나 중세적 권위의 대치물을 설정함으로써 해결하고자 했지만, 근자에 보다 많은 사람들은 전혀 다른 방식으로 이러한 삶의 모순을 돌파하려 한다. 이들은 급진화된 과학기술과 탈근대적 사고방식을 담보로 해방을 향한 개인화의 가능성을 극대화하고자 시도한다.

② 정체성의 추구와 과도기적 혼란

근대의 합리적 과학기술 체계의 확립에 따른 다양한 부작용들은 '쇠우리(iron cage)'에 비유되면서 인간에 대한 억압과 소외의 원인으로서 근대성 자체에 대한 의심을 자아내고 있지만, 극소전자공학으로 대표되는 탈근대적 신기술의 등장은 개인들에게 삶의 최종심급으로서의 하부구조에 대한 관념을 급속도로 변질시키고 있다. 생존을 위한 물질적 조건의 충족이 어느 정도 이루어지게 되면 전통으로부터 탈피한 개인들의 관심은 불안정한 정체성을 새롭게 확립하는 과제로 모아지게 된다. 하지만 개인적인 정체성은 결코 내가 타인으로부터 고립된 가운데 찾을 수 있는 것이 아니다. 즉, 독자적 정체성은 사회적 인정을 선험적으로 누릴 수 있는 것이 아니라 상호관계 속에서 사회적 인정을 획득함으로써 가능한 것이다(Taylor, 1992). 이러한 사고의 흐름들은 거대담론 중심의 근대적 사고체계에 의문을 제기하며 사회과학적 논의의 부차적 영역으로 치부되어 왔던 정신, 문화, 자아 등의 상부구조적 산물에 대한 관심을 부활시키며 정치적 담론 체계에도 변화를 가져오게 된다. 이제 사회적 중심담론은 "이해중심에서 정체성중심으로", "분배에서 인정으로", "평등에서 존엄으로" 이동함으로써 새로운 정치영역에 대한 재조명의 필요성을 제기하고 있다(Honneth, 2001).

오늘날 '신사회운동'으로 통칭되는 변혁운동들은 과거의 물질주의적 사회운동들과는 달리 계급적 이데올로기를 배격하고 특정한 정체성과 구체적인 가치지향성 속에서 배제와 동일성의 정치가 아닌 차이의 정치 실현에 주력한다. 산업사회의 장기적 가치관 변동을 추적해온

잉글하트(R. Inglehart)는 후기산업사회의 탈물질주의적 가치체계가 이러한 변화에 결정적인 영향을 미치고 있다고 주장한다. 실제로 서구 국가들을 대상으로 한 조사 결과를 보면 탈물질주의적 가치관을 가진 개인들의 신사회운동 참여율이나 신사회운동을 지향하는 신좌파 정당에 대한 투표 비율은 물질주의적 가치관을 가진 개인들보다 월등하게 높은 것으로 알려지고 있다(Inglehart, 1990). 그들은 그동안 효율성의 미명하에 억눌려 왔던 소수집단과 개인의 정체성을 드러내고 타인과 사회로부터 인정받음으로써 근대의 개인화 경향의 급진화를 이룸과 동시에 타자성의 수용이라는 도덕적 지향을 성취하고자 한다.

계보학적인 고찰에 의하면 정체성과 인정에 대한 투쟁이념은 새로운 것이 아니라 역사적으로 근대 초기까지 거슬러 올라가는 뿌리 깊은 사고이다. 헤겔(F. Hegel)은 개인자유 보장을 위한 제도 관철의 내적 원동력을 자신의 정체성을 상호 인정받기 위한 주체의 투쟁에서 찾았고, 자아에 대한 사회심리학적인 접근을 시도한 미드(G. H. Mead) 역시 개인은 '일반화된 타자'들의 규범적 태도를 내면화하는 과정에서 상대방을 인정함으로써 자신도 사회적 협력체의 구성원으로 인정받게 됨을 역설함으로써 '정체성 형성'과 '인정' 사이의 관계를 명확히 했다(Honneth, 1992). 이 같은 정체성과 인정에 대한 근원적 인식들은 개인들이 타자와 사회로부터 인정받기 위한 투쟁의 과정이 개인의 자주성을 고양하는 과정과 일치하는 것으로 파악한다. 따라서 오늘날 신사회운동의 등장과 확산은 개성 해방을 위한 역사의 맥락에서 해석될 수 있는 개인성 고양 운동의 일환으로 간주할 수 있다.

바우만(Z. Bauman) 역시 유사한 진단을 내린 바 있다. 그는 후근대의 정치 패러다임이 '견고한 근대성'에서 '유동적 근대성'의 시기로 옮겨옴에 따라 이전과는 다른 새로운 공존의 시공간이 열리고 있다고 본다. 하지만 신기술을 바탕으로 새로운 환경을 만들어 가는 경제적 세계화의 속도를 정치적 · 문화적 조건들이 따라가지 못하기 때문에 그 반발로 인정을 위한 투쟁이 발생한다는 것이다. 즉, 바우만은 고정된 거대담론 중심의 분배정의 사회운동이 인류애의 확장, 차이의 인정, 생활양식의 선택 등을 목표로 하는 인정정책으로 전환되는 현상을 공존의 조건을 마련하기 위한 유동적 근대의 자생적 흐름으로 파악한다(Bauman, 2001 : 137-150). 이는 오그번(W. Ogburn)이 제기한 '문화지체'론과 유사한 면이 있다고 할 수 있지만, 바우만의 견해는 문제를 해결하기 위한 개인의 주체적 노력에 초점을 맞추고 있다는 점이 다르다고 본다. 바우만의 주장에 따른다면 고도화된 정보통신 기술의 발달과 세계화 국면의 진전에 따라 앞으로 개인은 더더욱 인정과 정체성에 대한 방어문제에 관심을 기울일 것으로 전망된다.

그러나 개인의 정체성과 인정을 향한 개인화 투쟁에는 지난한 과제들이 뒤따를 것으로 예상된다. 특히, 전통적 가치관과의 충돌로 인한 문화적 혼돈의 문제는 개인화를 통하여 정체성을 확립하고자 하는 시도를 무력화시키고 심지어 전통의 강화라는 퇴행적 결과를 초래할 수 있어 주목을 요한다. 대표적인 사례를 들자면 가장 전통적이면서 보편적인 문화형태인 '사랑과 결혼'의 문제를 생각해 볼 수 있다. 이 주제는 성불평등이라는 일상생활 영역에서의 근원적 '차이의 정치' 문제와도 연관되어 있기 때문에 대단히 중요한 의미를 지닌다.

기든스(A. Giddens)는 현대인의 사랑과 성의 문제를 친밀성의 변동이란 개념으로 조망한다. 여기서 변화하는 친밀성이란 감정의 중독에 따른 의존 관계를 벗어버린 두 사람간의 평등한 인격적 관계에 대한 협상의 강화를 의미한다. 사랑과 결혼이 일치하지 않았던 전통사회는 논

외로 할 때, 근대 초기의 사랑의 형태는 낭만적 사랑으로 불리는 중독적 관계로 정의할 수 있다. 이 관계의 특징은 의무적이고, 즉각적이고, 권위적이고, 상대에게 자신을 위한 희생을 기대하고, 현실도피적이고, 반복적이고, 열정적이고, 고통과 절망을 수반하는 관계로 정의된다. 반면, 근대 후기의 사랑의 형태는 합류적 사랑으로 일컬을 수 있는데, 이는 자아발전적이고, 선택적이고, 관계의 균형과 상호성이 유지되고, 현실을 인정하고, 정체와 반복을 벗어나 항상 변화하고, 파트너에 대한 배려를 통한 초연함과 소유에 대한 집착에서의 해방이 보장되는 관계라고 할 수 있다(Giddens, 1992).

이때 주목해야 할 부분은, 낭만적 사랑의 시기에서조차 실제상으로는 권력이 비대칭 구조를 이루고 있기 때문에 결코 순수한 관계를 이루지 못한다는 점이다. 따라서 기든스는 오히려 한 사람의 의지에 따라 언제든지 깨질 수 있는 관계가 진정 순수한 관계가 될 수 있다고 본다. 따라서 타인 존중과 자신의 개방이 필수적이고 상호협상으로 관계가 지속되는 조형적 섹슈얼리티(plastic sexuality)의 관념이 남녀간의 성찰적 관계를 조직하고 성과 사랑을 자아정체성을 규정하는 정당한 방식으로 이해하게 만드는 정신적 기제로 작용한다. 하지만 자기 자율성이라는 내재적 원칙의 제도화를 추구하는 친밀성 구조의 변동을 이루는 과정에서 필연적으로 발생하는 전통과의 문화적 잡음은 개인화 전략에 극심한 혼란을 초래하므로, 개인은 전통에 순종함으로써 얻을 수 있는 부분적 혜택들을 포기하는 방식으로 삶 속의 충돌로부터 벗어나고자 한다.

이런 의미에서 라딜(S. Hradil)이 주장하는 '독신자 사회'의 독신자들은 파트너에 신경 쓰지 않고 자신의 생각대로 삶을 영위하면서 개인적 목표를 향해 나아가는 자유를 선택한 개인화

과정의 '첨병'들이라 할 수 있다. 이들은 생활수준의 향상과 탈물질주의적 가치관에 기반하여 과거에는 꿈꿀 수 없었던 인습적 인간관계로부터 이탈한다. 라딜은 독신자의 증가를 '삶의 주체화' 혹은 '주관적 근대화'가 실현되는 새로운 사회 단계로 파악하는데, 이를 달리 표현하면 자신의 삶을 스스로 기획할 수 있는 개인화의 증대라고 할 수 있다(Hradil, 1995). 그럼에도 불구하고 라딜이 주장하는 독신자 사회는 결코 다수의 개인들이 선택하는 삶의 방식은 아니다. 그것은 오히려 생애주기에서 한 번씩 거쳐 가는 과도기적 모습일 가능성이 높다. 왜냐하면 저항하는 독신자들에게도 불안정성이 상존하기 때문이다. 물론 이러한 불안정성은 실존과 관련한 심리적인 문제이기도 하지만, 다른 한편으로 문화의 전환기에 나타나는 인정의 사각지대에 기인하는 사회적 문제이기도 하다. 따라서 라딜의 독신자 사회는 한정적 의미를 지닌다고 할 수 있다.

독신의 삶이 제한적 성격을 가질 수밖에 없는 이유에 대해서는 벡 부부(U. Beck and E. Beck)의 진단이 유효하다. 그들은 전통의 상실에 방황하는 현대인들이 정체성의 원천으로서 선택한 것이 '사랑'이라는 이데올로기라는 점을 강조한다(Beck and Beck, 1995). 이는 결혼이나 가정을 선택사항으로 만들고자 하는 개인화 경향과 충돌하게 되는데, 개인들은 이를 해결하는 방법으로 다른 사람들의 수많은 실패와는 달리 자신의 결혼이나 가정만큼은 완전할 것이라는 환상을 갖고자 한다는 것이다.

이러한 의식적 기대는 끊임없는 실패를 거듭하면서도 결코 수그러들지 않기 때문에 이혼율과 함께 재혼율이 올라가는 모순적인 상황이 발생하게 된다.

요약하면, 개인화는 정체성에 대한 정치적 담론을 융성하게 만들고 이에 따른 신사회운동의 조류는 차이집단의 인정과 권력의 탈집중화를 확산시키고 있다. 그러나 현대인의 사랑에 대한 검토에서처럼 개인화 경향은 일방적인 과정이라기보다는 기존의 사회문화적 질서와의 지속적인 충돌 속에서 저지되고 지연되는 과도기적 혼란을 겪는다. 따라서 이제 우리가 주시해야 할 사항은 이러한 혼란에 미치는 새로운 기술의 영향과 개인들의 수용방식이다. 즉, 새롭게 형성되는 통합적 과학기술문화가 개인화의 흐름과 어떠한 관계를 맺고 있는가를 살피는 일이다.

③ 정보통신기술과 탈근대적 자아정체성

과학기술혁명 이후 과학기술의 영향은 사회의 생산체계뿐 아니라 개인의 생활과 의식에 이르는 넓은 영역에 침투하고 있다. 이러한 과학기술의 전방위적 침투는 역으로 사회구성주의라는 새로운 과학기술관을 배태하여 과학기술을 한정된 제도에서 총체적 문화현상으로 지각하게 한다(Bijker, 1984 ; Webster, 1991).

요컨대, 이는 과학기술체계가 여타 사회체계들과 분리되어 있는 것이 아니라 과학기술에 미치는 강력한 영향들 속에 자리하고 있는 복합적 상호작용 체계, 즉 과학기술-사회-문화를 하나의 연계 틀 속에서 파악할 수 있는 논거를 제공한다. 이 같은 논리에 따라 우리는 21세기를 선도하는 과학기술체계로서 IT와 자아지향적 탈근대주의 문화와의 관계를 설정해 볼 수 있다. 포스터(M. Poster)가 제기한 상징적 소통구조의 변형방식에 따른 정보양식론에 따르면 전자정보양식에서의 주체는 절대적인 공간의 한 지점에 위치하면서 다른 지점을 합리적으로 계산할 수 있는 물리적으로 확고한 입지를 누리지 못한다. 대신 주체는 데이터베이스에 의해 다중화되고, 컴퓨터 메시지에 의해 분산되고, 텔레비전 광고에 의해 탈맥락화되는 상징적 기호의 전자적 전달에 의해 지속적 해체와 변형의 상태에 놓이게 된다. 특히, 사이버 공간은 시공간의 한계를 상당 정도 해소시켜 주며 다양한 체험을 가능케 하는 가상현실을 제공하기 때문에 리얼리티의 언어 패러다임은 흔들리게 되는 반면, 탈안정화되고 파편화된 탈근대적 세계를 경험하는 시간이 늘어나게 된다(Poster, 1995 ; 1990). 그 결과로 나타나는 현상이 기술비판이론가들이 주장하는 자아정체성의 파편화와 소멸의 위기이다.

반면, IT와 그 구현물로서 사이버 공간이 갖는 긍정적 효과에 초점을 맞추는 논의도 강력히 제기되고 있다. 서구 개인들의 정체성 근원 탐구에 천착해 온 테일러(C. Taylor)는 근대 문화 형성의 중요한 요인으로 '표현주의적 전환'을 지적한다. 그는 근대를 대표하는 합리적 계몽주의나 도구적 자연관과는 다른 감성과 욕망 그리고 정열과 같은 근원적 힘들에 대한 인식과 추종이 낭만주의 이후 보편화되면서 그것이 개인주의적 자아형성의 한 축을 형성해왔다고 주장한다.

즉, 개인화의 급진화는 명백히 이러한 자기표현중심주의에 의해 촉진되었는데, 그런 의미에서 표현주의는 근대문화의 초석 중 하나라 할 수 있다(Taylor, 1989 : 368-390). 따라서 자기표현주의적 전망에 있어서 IT는 효율적인 도구로 활용될 수 있다는 것이다.

터클(S. Turkle)은 컴퓨터의 윈도 체계가 일상적으로 컴퓨터를 사용하는 개인들에게 자아가 하나가 아니라는 의미를 깨닫게 해 주었다고 주장한다. 이로 인하여 개인들은 서로 다른 시간과 조건 속에서만 각기 다른 역할을 할 수 있다는 자아에 대한 고정적 사고에서 벗어나 동시에 다양한 역할을 경험할 수 있다는 획기적인 인식의 전환을 하게 된다는 것이다. 이러한

새로운 인식에 따라 "다양한 역할들의 집합"으로서의 정체성 관념은 일반화되어, 역할들은 서로 섞이고 짝을 이루면서 각자의 요구를 표출하는 경향을 보이게 된다. 때문에 오늘날 개인의 인성은 '다중 역할', '포화된 자아', '유연한 자아' 등의 개념들로 새롭게 정의될 수 있다 (Turkle, 1995). 한편, 분열되고 불안정한 자아에 대한 인식은 개인의 심리적 성숙에도 긍정적인 영향을 준다. 즉, 자신의 다른 모습들을 경험하고 인정하게 되면서 타인에 대한 관용과 수용의 폭도 넓어지게 된다. 내 안의 자아들 사이의 협력이 건강한 정체성 구축의 필수요건이 되는 만큼 외부에 대한 평가에도 유연성을 갖게 되는 것이다.

터클이 심리적 측면에 초점을 맞추었다면 맑스주의 사상가인 샤프(A. Schaff)는 IT가 초래하는 일련의 물질적 변화를 통하여 자기지향적인 온건한 개인주의가 촉진될 것으로 전망했다. 그가 제시하는 변화의 양상은 다음과 같다. 첫째, 완전 자동화된 생산체계의 구축으로 이루어진 풍요화는 개인들의 물질적 독립성을 강화시킬 것이다. 둘째, 네트워크화로 인한 정보의 풍부한 습득은 개인들의 의식을 계몽시키고 교양을 증진시켜 정신적 독립성을 강화시킬 것이다. 셋째, 정보체계의 확장은 개인의 고립과 소외를 분쇄하고 극복하는 데에 유리한 조건을 제공함으로써 개인화의 해방적 측면을 지원할 것이다(Schaff, 1987). 이 같은 샤프의 주장은 정보사회의 미래에 대한 낙관론을 기초로 하고 있어 다소 일방적 느낌을 주는 것이 사실이나 IT와 개인주의의 밀접한 관계를 밝힌 전형으로서 의미가 있다고 할 수 있다.

결국, 전자적 네트워크의 확장은 시공을 초월한 정보로의 접근을 용이하게 함으로써 개인이 자아의 의미에 접근할 수 있는 다양한 능력과 자원을 획득할 수 있는 가능성을 높여주기도 하지만, 반대로 자신의 일관된 정체성 구성을 위한 자원을 축소시킬 위험도 증대시킬 수 있는 양가적 성격을 내재한다(Slevin, 2000). 모든 사회적 구성물들과 마찬가지로 IT는 인간에게 도구적 대상이면서도 인간의 삶에 심대한 변화를 가져오는 상호작용성을 갖는다. 하지만 IT는 기존의 기술들과는 차별적으로 탈근대 문화와 호응하며 일상생활의 영역과 심리적 영역까지 깊숙이 침투하여 보편적인 생체전자적 환경으로의 통합을 주도한다. 따라서 기술의 수용자들은 '기술공포증'을 떨쳐내고 능동적인 태도를 갖는 것이 필요하다. 특히 사이버 공간은 자유로운 자아의 창조를 지원하는 멋진 시뮬레이션 공간을 우리에게 제공함으로써 표현적 자아의 구성을 돕는 수많은 도구를 제공한다. 이러한 기술적 속성들은 개인화의 해방적 흐름을 완성시켜 줄 수 있는 잠재력으로 평가될 수 있다.

④ 자폐적 자아와 참여적 자아

『진정성의 윤리(The ethics of authenticity)』라는 저작에서 테일러(C. Taylor)는 인류문명이 '발전하고 있음'에도 불구하고 개인이 상실감과 몰락의 느낌, 즉 불안을 느끼게 하는 일차적 원인으로서 개인주의를 꼽는다. 그에 의하면 자아지향적 개인주의는 두 가지 형태로 나누어 볼 수 있다. 그 하나는 스스로의 독창성에 충실한 '자기진정성'을 회복하는 형태로서, 개인은 이를 통해 자신의 내재적 잠재성을 실현함으로써 서구의 사상적 전통이 최고의 가치로 부여했던 자유라는 도덕적 이상을 성취할 수 있다는 것이다. 다른 하나는 원자주의와 인간독존주의로 빗나간 개인주의의 형태이다. 원래 자기진정성의 원리는 일면에는 자신의 창조와 건설, 독창성, 그리고 전통의 속박으로부터 벗어남을 의미하지만 다른 일면 의미 지평에 대한 개방과 외부와의 대화를 통한 자기 정의의 요구라는 의미도 함께 지닌 것이다. 하지만 전자의 가치에만 매몰된 해체주의적 개인주의는 원자주의와 인간 독존주의의 일방향적 질주를 조장하여 오히려 자기진정성 문화를 손상하는 결과를 초래한다(Taylor, 1992). 이 두 형태의 개인주의를 명명하자면 전자는 '자기폐쇄적 개인주의' 후자는 '참여적 개인주의'라고 할 수 있겠는데, 이들을 통해 자폐적 자아와 참여적 자아가 형성된다고 하겠다.

IT에 의한 자기지향성의 확대가 폐쇄적 자아와 참여적 자아의 두 방향으로 분기하는 현상은 오늘날 명백히 드러나고 있다. 탭스콧(D. Tapscott)이 'N세대'라고 지칭한 새로운 인간형은 디지털 매체에 둘러싸여 성장한 첫 세대로서 그 이전의 세대와 차별성을 갖는다. 이들은 가정이나 학교 혹은 직장에서 컴퓨터와 쉽게 접할 수 있으며 온갖 모바일 디지털 기술로 일상생활을 영위하면서 IT의 세계를 자연적 환경의 일부로 받아들이는 경향마저 보인다. 이때 가장 문제시되는 것이 '중독'의 문제이다. 사전적 의미로의 중독이란 활용이 끝났을 때에도 잠시 사용을 안 하고 있을 뿐이라는 증후군을 유발하는 집요하고 자제력을 상실케 하는 지속적인 활용에 대한 집착현상을 말한다(Tapscott, 1998). 이 정의를 따른다면 마땅히 N세대의 삶은 IT에 중독된 삶이다. 때문에 이러한 N세대의 컴퓨터에 대한 의존을 우려하는 사람들은 그것이 아이들의 사회성을 상실시키고 공동체에 대한 배척을 심화시킴으로써 자폐적 인성을 형성한다고 주장한다. 그러나 매체에 대한 몰두로서 중독을 걱정하는 관점은 이미 TV를 비롯한 대중매체가 보급된 시기에 성행했던 비판 양식에 속하는 것으로서 고도 기술사회의 새로운 세대에게 적용하기에는 고답적인 면이 있다.

이런 점을 고려할 때 일본의 교토대학 영장류 연구소 마사타카 노부오(正高信男)의 N세대에 대한 독특한 방식의 설명은 주목할 가치가 있다. 그는 일본 청소년들에게 나타나고 있는

루즈삭스(Loose socks)계와 히키코모리(引きこもり)계라는 두 가지 현상을 통해 이들이 생물학적인 퇴화의 모습을 보이고 있다고 진단한다. 루즈삭스계란 10대 여학생의 풍속 중 하나인 '코끼리 양말'이라는 무릎까지 올라오는 헐렁한 양말을 신는 아이들을 말한다. 이 양말을 신은 여학생들은 신발 뒤꿈치부분을 구겨 신고 다니는 '실내화' 현상을 동반하는데 그 까닭은 루즈삭스의 재질이 두껍기 때문에 신발의 보호기능을 대신하기 때문이라는 것이다. 이들은 공공의 공간에 나가는 것을 싫어하지만 사회로 나아가는 것을 피하는 대신 공공장소를 사적 공간으로 여기는 방식으로 자신들의 욕구를 충족시킨다. 즉, 루즈삭스계는 바닥이 지저분해도 아무데나 앉고 아무데서나 태연하게 음식물을 먹으며 전철 안에서도 남들을 의식하지 않고 큰 소리로 대화를 나눈다. 이렇게 자의적으로 공적인 영역을 무시함으로써 자신의 공간을 확장하는 것이다. 반면, 히키코모리계는 공적 공간을 싫어하는 것은 루즈삭스계와 비슷하지만 대응방식은 정반대인 은둔의 방식을 따르는 아이들이다. 일본에서만 이미 100만을 넘어섰다고 하는 히키코모리계는 전형적으로 자신의 방문을 걸어 잠그고 틀어박혀 바깥세상과의 교섭을 단절한다. 심지어 식사도 방까지 가지고 오게 해서 혼자서 먹는 경우가 많고 중증의 청소년들은 부모마저 집에서 쫓아내고 홀로 지낸다(正高信男, 2003).

루즈삭스계와 히키코모리계의 생활습성 중 주목할 부분은 이들 모두는 휴대폰과 컴퓨터라는 IT 기기에 대한 의존도가 높다는 점이다. 노부오는 부모의 과잉보호 속에서 성장한 청소년들이 알력과 경쟁이 가득한 집밖의 현실에 직면해 자기실현에 대한 좌절을 경험하면서 폐쇄적 자아를 형성하게 된다고 설명하고 있는데, 이 과정에서 IT는 핵심적인 역할을 하게 된다는 것이다. 즉, 루즈삭스계에게 휴대폰은 사적 공간을 확장시켜주는 중요한 매체가 되고 히키코모리계에게 컴퓨터는 외부세계와의 단절감을 상쇄시켜주는 매체가 됨으로써 이들의 자폐적 증세를 조장, 존속시킬 수 있는 계기를 제공한다. 이렇듯, IT는 직접적으로 개인의 인성에 영향을 미치기도 하지만 정체성 위기를 겪고 있는 개인들에게 폐쇄적 자아를 형성할 수 있는 물적 토대로도 작용한다.

그러나 많은 능동적 IT 수용자들은 이 같은 자아형성의 부정적 가능성에 얽매이지 않고 자아의 발견과 확장과 그리고 성취를 향한 노정에 천착한다. 현대적 개인화의 성격을 이해하기 위해서는 1968년 프랑스의 학생투쟁을 기억할 필요가 있다. 그것은 물질적 풍요에 대한 욕망이 강했던 이전 세대에게는 이해하기 힘든 현실 거부의 집단적 자아 표출이었다. "금(禁)하는 것이 금지되고 있다", "꿈은 곧 현실이다", "1968년의 자유는 참여에 있다" 등의 낙서가 시사하듯 당시의 투쟁은 계급 지도에 의한 구(舊)사회운동의 성격과는 달리 개인들의 자유로운 '참여' 자체에 의미를 부여하는 표출적 성격을 지니고 있었다. 그리고 이러한 능동주의가 목적한 것은 개인들의 연대를 통한 예언적 소수파들의 '조용한 혁명' 즉, 사회의 근본적 재조직화였다(Inglehart, 1977 : 254-277). 결국, 68년의 경험은 개인성의 확대가 자아로의 침잠뿐 아니라 자아의 집단적 표출에 참여하는 개인들의 연대를 통해서도 이루어질 수 있음을 보여준 사례라고 할 수 있다.

라인골드(H. Rheingold)는 '영리한 군중(smart mob)'이라는 표현을 빌어 IT가 탈물질적 자기 지향성의 집단적 표출을 지원하는 강력한 도구가 될 수 있음을 논증하고 있다. 그는 모바일 컴퓨터의 일반화가 가져올 수 있는 사회적 파급효과의 징후로서 2001년 에스트라다 대통령을 실각시킨 마닐라에서의 휴대폰을 통한 시위 조직, 공통 관심사에 대한 실시간 자동 정보

제공서비스, 일본의 '러브게티(Lovegety)'와 같은 위치기반 중매 서비스, 개인용 컴퓨터의 집단적 협력 활동 등을 들고 있다(Rheingold, 2002). 정치, 커뮤니티, 관계망 등과 관련된 이러한 사례들은 모두 개인이 어떻게 IT의 능동적 활용을 실현하고 있는가를 구체적으로 보여준다. 이렇게 오늘날 개인들은 끊이지 않는 네트워크와의 접속 속에서 스스로의 정체성과 집단적 연대의 틀을 형성하고 표출함으로써 '자아의 공연'을 사회 속에서 펼쳐간다.

사이버상의 범죄자를 일컫는 '크래커(cracker)'와 구분되는 디지털 시대의 고급 기술자인 '해커(hacker)'의 윤리관에서도 IT와 참여적 자아의 관계가 명백히 드러난다. 히매넌(P. Himanen)은 해커의 노동윤리가 근대적 프로테스탄트 윤리와는 판이하다는 점을 지적하면서, 그들의 태도야말로 근대의 철장을 열기 위한 대안적 요소를 담지하고 있다고 주장한다. 물론 무위(無爲)의 삶을 바라는 것은 아니지만 그들은 노동을 즐거운 취미와 진지한 작업의 결합으로 이해한다. 창조를 중시하는 해커의 작업에 수반되는 고됨은 개인적 가치와 자유를 침범하지 않는 열정의 부산물일 뿐이다. 해커들은 항상 개인을 존중하고 反권위적 태도를 견지하며 '시간은 돈'이라는 강박관념에 쌓인 삶의 방식을 거부하고 억압됨 없이 스스로에게 충실할 수 있는 삶의 시간에 높은 가치를 둔다. 이에 대한 대가는 '동료의 인정'이다. 해커들에게 있어 서로의 열정을 공유하는 공동체 내부의 인정은 돈보다 더 중요하며 더 큰 만족감을 안겨준다. 동료들의 인정은 분명 열정적인 행위의 결과이자 사회적으로 소중한 창조물을 생산해낸 결과이다(Himanen, 2001). 자신에게 필요한 정보를 네트에서 얻었듯, 자신의 창조적 열정을 통해 새롭게 획득한 정보를 다시 네트상에서 공유함으로써 사회적 인정관계를 유지시켜 나아가는 해커들의 네틱(nethic) 실천 과정은 IT와 참여적 자아의 상호침투적 속성을 보여주는 전형에 해당한다고 하겠다.

요컨대, IT는 현대사회의 불안한 정체성에 관한 대안을 제시하는 기술문화로서 개인들의 일상생활에 깊이 관여하고 있다. 물론 자기폐쇄적인 개인주의를 조장하여 스스로의 본원적 특성들을 억압하는 퇴행적 개인화를 초래하는 것이 그 부정적 측면이라고 할 수 있지만, IT는 참여적 개인주의를 실현시킬 수 있는 물질적·철학적 토대를 제공함으로써 개인의 해방과 자기진정성의 회복에 기여하기도 한다. 따라서 IT 수용자의 성찰적이고 능동적인 태도는 자아지향적사회의 성격을 결정짓는 핵심적 요건으로 대두하고 있다.

❹ 한국 사회의 세대문화 변동

이미 세계 최고의 IT 하부구조를 자랑하는 한국 사회도 서구의 고도 산업사회들과 마찬가지로 탈물질주의라는 후기산업사회의 가치관으로 이동하고 있다는 연구 결과들이 간단없이 제시되고 있다(어수용, 2003 ; 송호근, 2003 ; 이정덕, 2004 ; 김희재, 2004). 그러나 아직 한국 사회는 선진 산업국의 심리적 마지노선으로 일컬어지는 일인당 국민소득 2만 달러에 미치지 못하고 있다. 특히 IMF 사태라는 충격적인 경험 이후 개인들의 경제 우선적 관념이 다시 강화되는 현상마저 나타나고 있기 때문에, 실제 모습은 물질주의적 가치관과 탈물질주의적 가치관이 경합하면서 세대간 갈등을 유발하는 각축기로 평가할 수 있다. 그럼에도 불구하고 기술문화적인 장기적 관점에서의 문화 변동 추세는 물질주의적 가치관의 퇴조와 자기성취 지향의 탈물질주의적 가치관으로의 수렴이라는 기본 틀을 벗어나지 못할 것으로 추정된다(OECD, 1994).

특히 90년대 초의 잉글하트 연구에 따르면, 개인의 자유나 삶의 질과 같은 탈물질주의 지표상으로 한국은 연구대상인 43개국 중 가장 큰 세대간 가치관 격차를 나타내고 있다. 즉, 20년대 세대와 70년대 세대의 격차를 보면 유럽 공동체의 경우 30 정도, 미국이나 일본은 20 정도, 중국이나 러시아가 40 정도를 나타내는 반면, 한국은 무려 70포인트를 기록하고 있다(Inglehart, 1997 : 143-149). 2004년 실시한 국내의 시계열적 비교연구에서도 동일한 결과가 나타난다. 이에 따르면 '높은 경제성장유지(1998년 62.9% → 2001년 58.8% → 2004년 53%), '물가억제(52.3% → 54.7% → 41.9%)', '경제안정(63.4% → 69.4% → 60.5%)' 등 물질적 가치를 주요한 국가목표로 선택한 응답률은 전반적으로 줄어드는 경향을 보인 반면, '직장, 사회에서 발언권 증대(1998년 9.9% → 2001년 10.9% → 2004년 17.6%)', '정부정책에 대한 발언권 증대(8.6% → 7.3% → 15.0%)', '언론자유(14.9% → 19.1% → 23.1%)' 등 탈물질적 가치를 선택한 응답률은 지속적으로 증가하고 있다.

이러한 가치관 변화를 주도하는 70년대 이후의 신세대들은, 자기 뜻대로 행동하는 X세대, 튀는 소비를 통해 자기표현을 강조하는 Y세대, 새로운 사고와 독립적 성향이 강한 Z세대, 사이버 공간을 무대로 자유분방하게 살아가는 N세대, 그리고 극단적 개인주의와 인터넷 혁명이 결합하여 출현한 M세대 등으로 정의되는데 이들의 공통점은 급진적인 자기지향성을 보인다는 것이다(김희재, 2004). 그러나 이들의 성향이 단지 사회적 관계를 거부하고 자신만의 세계에서 헤어나지 못하는 인터넷 페인(廢人)이나 오타쿠(otaku) 등의 자기폐쇄적 자아 형성에만 머무르는 것은 아니다.

지난 2002년 우리는 한국 사회의 주도 세력이 바뀌었음을 알려주는 전환기적 사건들을 경험할 수 있었다. 세계를 놀라게 한 월드컵 서포터즈 붉은 악마의 활약이 바로 그 전형적 사례에 속하며, 미군의 장갑차에 의해 사망한 여중생을 추모하며 평등한 한미관계의 재정립을 요구한 촛불시위, 그리고 기득권과 거리가 먼 노무현 대통령의 당선 등과 같은 후속적 사건들 역시 기성세대의 막강한 수성과 신세대의 미약한 도전이라는 기존의 세대간 갈등의 양상이 전복되어 "성장시대 가치관의 퇴조와 유동성 문화의 형성"이 가시화되었음을 상징한다. 한국 사회의 주류 가치관으로 성장한 유동성 문화란 자유주의, 개인주의, 고정적이고 불변적인 것에 대한 반감, 권위와 거대담론에 대한 혐오감, 탈출에의 끊임없는 욕구, 이성과 일사불란함에의 거역, 감성과 감성적인 것에의 욕망 등이 뒤섞여 있는 자아지향적 가치관으로 사회의 쟁점들에 대한 개인의 참여를 이끄는 정서적 배경이 된다(송호근, 2003). 이러한 감수성을 체화하며 성장한 세대들은 소위 W세대 / R세대(역동 코리아를 상징화했던 월드컵 서포터즈), 혹은 P세대(열정과 힘 그리고 참여의식이 투철한 개방적 신세대)로 불리며 문화혁명의 견인차 역할을 하고 있다.

전술한 바와 같이 IT는 자아에 대한 표현주의적 전회로 시작된 개인화의 흐름에 가속력을 부여한다. 한국 사회의 경우에는 인터넷이 상용화된 지 불과 10년 만에 대부분의 국민들이 인터넷 없는 세상을 생각할 수 없을 정도로 광범위한 보급과 사용환경을 성공적으로 조성하였다. 그만큼 한국인들에게 IT의 확산이 끼친 영향이 클 수밖에 없고 그에 대한 수용자들의 적응력 또한 다른 사회에서 유례를 찾아보기 힘들 정도로 빠르게 상승하였다고 볼 수 있다. 특히 컴퓨터를 하나의 생활환경으로 여기고 있는 한국의 새로운 세대들에게 IT를 활용한 하이퍼미디어 표현문화는 스스로의 자아를 기획하는 작업과 밀접한 연관을 맺고 있다. 이러한

IT 문화에 대한 사례로서 사용자가 1,000만 명을 넘고 있는 미니홈피 형태의 블로그족(bloger)에 대한 검토는 매우 유용하다. 원칙적으로 정보공간은 지리적으로 무한대의 영역이고, 위계적으로 평등한 구조이고, 비용적으로 거의 무료이고, 내용상으로는 자율성이 극대화된 해방구이다. 따라서 그 공간에서 자신을 드러내고 타인과 교류하는 행위는 현실보다 훨씬 간편하고 안전하다. 단, 기술적 문제만이 오직 걸림돌이 될 뿐이다. 웹상에서 자유롭게 자신의 공간을 꾸미고 관리하는 작업은 모든 이에게 순조로운 것이 아니다.

이 문제를 해소시켜준 것이 바로 1인 미디어 '블로그(blog)'이다. 블로그는 가입절차에 따라 몇 번만 클릭하면 자신의 공간을 만들 수 있고, 워드프로세서만 사용할 줄 알면 운영이 가능하다. 다시 말해 블로그는 개인 홈페이지+게시판+커뮤니티의 형태지만 그 기능은 이들 셋의 단순한 병합효과를 훨씬 추월한다. 블로그 인기의 비결은 무엇보다 '엿보기'에 있다. 그러나 이 엿보기는 부적절한 엿보기가 아닌 밝고 즐거운 엿보기이다. 블로거들은 누군가 자신을 엿보아 주기를 갈망한다. 타인이 자신을 보아 준다는 사실을 확인하면서 자신의 존재를 깨달을 수 있는 것이다. 즉, 블로그와 같은 개방적 개인 미디어의 형태는 정보공간의 위력이 극대화되어 표현되는 공간이라 할 수 있다.

또한, 1인+대중 미디어로서의 블로그의 힘과 가능성은 '연대'에 있다. 블로거들은 상호간의 '연대'를 통해 영토를 확장한다. 글 하나가 올라오면 그것은 블로그링(블로그에 글을 올림과 동시에 자동으로 자신과 취향이 비슷한 사이트에 글이 올라 가는 서비스)이나 트랙백(다른 사람의 글에 대한 코멘트를 자신의 블로그에 쓰되, 상대방 블로그에 그 주소와 일부 내용이 기록되는 서비스)을 타고 일파만파로 퍼져 나간다. 결국, 글 하나에 '댓글(reply)'과 '관련글'이

덧붙여지며 확대, 재생산돼 인터넷 세상을 넘실대며 수많은 블로그가 연결된 거대한 네트워크가 만들어진다. 이렇게 블로그는 ICT를 이용하여 탈중심적 근경학의 원리와 하이퍼텍스트적 네트워크의 원리를 구현한다. 그리하여 자신의 정체성과 자주성을 축소시키지 않고 열린 교류를 통해 외부에 대한 영향력을 키워가는 기술사회문화적 감수성을 심화시켜 나아간다.

이러한 방식으로 한국 사회의 새로운 세대에게는 ICT가 참여적 자아를 형성하는 도구로 광범위하게 활용되고 있다. 블로그 외에도 다른 나라에서는 찾아보기 힘든 게시판 문화의 활성화, 잊혀진 인간관계의 복원을 지향하는 동창 찾기 사이트의 성행, 하루에도 수없이 새로 생성되고 있는 공통관심사를 중심으로 한 인터넷 카페의 폭발적 증가, 인터넷 사상전으로까지 불리는 네티즌들의 활발한 정치적 활동, 연결망으로의 지속적 접속을 가능케 하는 메신저 프로그램의 유행 등은 한국 사회의 네트워크 개인주의를 활성화시키며 표출적 개인화의 흐름을 지원하고 있다.

❺ 고도 기술시대의 자아지향성

개인화의 역사는 자기진정성을 발현하기 위한 장구한 자아의 기획을 담지하고 있다. 때문에 개인이라는 개념은 고대의 원자론(原子論)이나 중세의 유명론(唯名論)에서 발견되듯 가장 오래된 철학적 성찰의 대상이었다. 하지만 근대사회의 개인에 대한 가치 부여는 과거의 그들과는 비견될 수 없는 신기원적 양상을 보인다. 전통의 종말로 표현되는 오늘날의 개인화 사회는 미리 설정된 여러 확신들에 우리를 내맡길 수 없는 가없는 불안을 초래한다(Renaut, 1995). 그 결과 자아의 기획과 성장을 위하여 의사소통 공간에서 이질적인 타자들과 교섭하는 행위가 중요한 과제로 대두되었고, 표출적 행위를 통하여 사회로부터 현존재의 차별성을 인정받아야 한다.

과학주의에 대한 반발은 1960년대 들어 대중에게도 널리 확산되기 시작하여 구성주의 관점이라는 하나의 학문분야로 이어졌다. 비판적 학자들과 활동가들은 오랫동안 당연시되어 왔던 과학기술의 혜택에 대해 의문을 제기하기 시작하여 현대 과학기술의 부작용을 재평가해야 한다는 인식에 이르게 된 것이다. 1972년 로마클럽 보고서 "성장의 한계", 1975년 "아실로마 회의" 등에서 제시된 과학기술 발전에 대한 부정적 함의들은 이러한 사유의 결과라고 할 수 있는데, 그러한 지적 반응은 곧 현대 과학기술의 복잡성에 대한 관심을 반영한 것이라고 할 수 있다.

(6) 잡종 사회

IT의 발전으로 인한 사회체계의 기저적 변화는 새로운 유형의 사회질서를 창발시킨다. 새로운 사회질서하에서 자립적이고 자율적인 의식은 시대에 뒤진 것으로 인식되는 대신, 무수히 연결된 관계망 안의 접속자로서 행동하는 개인이 그 자리를 채우게 된다. 즉, 개인 자율성이 관계성으로 대체되어 개인은 끊임없이 변화하는 관계와 활동의 그물망으로 이루어진 복잡하고 상호의존적인 질서 속에 몸담게 된다.

사실상 현대인은 과거 어느 때보다도 많은 사회관계에 다양하고 강도 높게 참여하고 있다 (Gergen, 1991). 현실적 관계에서뿐만 아니라 가상공간 속에서도 개인은 사회적 연결망의 일

개 노드로 기능하게 된다. 개인뿐 아니라, 기업·사회운동단체와 같은 조직체, 나아가 국민국가도 국제적 협력공동체의 복잡한 연결망의 한 요소로서 작용한다. 따라서 맥락과 무관한 노드나 요소의 독보적 행위는 사회적, 국제적 비난을 면치 못하게 된다. 이처럼 상호이질적인 '무수한 결절'과 '무수한 연결'을 본원적 특징으로 하는 초개방적 복잡계 사회질서는 '잡종사회'로 개념화할 수 있다.

정보통신은 하나의 상념에서 다른 상념으로의 인지적 도약, 병렬적 쟁점들에 대한 동시적 파악, 하나의 아이디어에 다른 아이디어들을 중첩시키는 복선적 사고, 서로 무관해 보이는 주제들을 일관된 명제로 통괄할 수 있는 종합적 사유의 가능성을 제공하는 기술적 기반구조를 형성한다(Rifkin, 2001). 따라서 창발적 산물로서의 잡종 사회는 선형적 세계관의 인식경계를 넘어서는 고유한 특성을 함유하게 되는데, 그러한 특성을 온전히 파악하기 위해서는 복잡다단한 사회질서를 있는 그대로 바라보려는 관점이 필요하다고 본다. 구성주의적 접근은 바로 그같은 목적에 부합되는 관점이라고 판단된다. 구성주의적 관점에서는 순차성이나 인과성과 같은 개념들이 존재가치를 상실하는 대신 복선성·통합성이라는 새로운 개념들이 보다 큰 의미를 발하게 되는데, 그러한 시각을 통해 잡종 사회의 주요 특성들을 탐지해 보면 다음과 같다.

① 시공간의 변형

전래적으로 인간이 세상에서 자기 존재를 확인할 수 있는 든든한 버팀목이 되어 주었던 지리적 장소가 오늘날에 들어서서는 점차 그 효력을 상실하고 있다. 전통사회가 구성원들의 대면적 상호작용에 기초하는 것인 반면, 현대사회의 상호작용은 시공간의 경계를 넘어선 네트워크에 의존함으로써 '장소귀속성 탈피' 현상을 현시하는 경우가 많다. 전자미디어 혁명은 지리적 시장을 사이버 공간으로 전환시켜 인간관계를 새로이 조직할 수 있는 길을 열어 주었으며, 지리적 한계를 제거해 멀리 떨어진 사람들간의 실시간 소통을 가능케 했다. 마이로위츠(J. Meyrowitz)의 표현을 빌리자면, 전자미디어는 우리의 역사지리적 감각을 온통 뒤흔들어 놓고 있다(Meyrowitz, 1985). 따라서 우리가 누구이며 사회적으로 어떤 위치에 있는가는 우리가 물리적으로 어떤 위치에 있는가에 구애받지 않는데, 사이버 공간상의 세계는 바로 이러한 진술이 정확히 들어맞는 곳이라고 할 수 있다. 사이버 공간에서 어떠한 지리적 준거점도 없는 상태에서 점점 많은 시간을 관계의 뒤얽힘 속에서 보내는 사람이 늘어나면서, 공간에 준거하지 않고 사회관계를 맺거나 사업을 벌일 수 있는 가능성이 확장되고 있다.

회고해 볼 때, 전기기술 시대라고 할 수 있는 지난 한 세기는 우리 뇌리에 물리적 시간과 공간 개념이 제거되면서 중추신경 조직 자체가 지구적 규모로 확장된 시기였다고 말할 수 있다(McLuhan, 2002). 따라서 국민국가는 자국 영토 내에서 통신을 감독하고 통제할 수 있는 능력을 상실해 왔으며, 글로벌 미디어 기업은 국경선을 가볍게 뛰어넘는 통신망을 전 세계에 구축하여 왔다. 그런 외중에 국제정치의 성격이 근본적으로 바뀌어, 민간기업이 구축한 통신망은 점점 지리적 공간에 속박되지 않는 새로운 이익공동체를 생성하고 있다. 특히, 1997년 체결된 국제통신협약은 각국 정부에게 주어진 정치적 무기 중에서 가장 기본적이라고 할 수 있는 규제권, 다시 말해 자국 영토 안에서 통신의 구조와 접속 양식의 기본적 조건을 정할 수 있는 권리를 박탈함으로써 정부의 힘을 약화시키는데 결정적으로 기여했다. 국민국가의 위축은 징세부문에서도 명백히 드러난다. 사이버 공간에서 이루어지는 거래가 어디서 이루어졌는

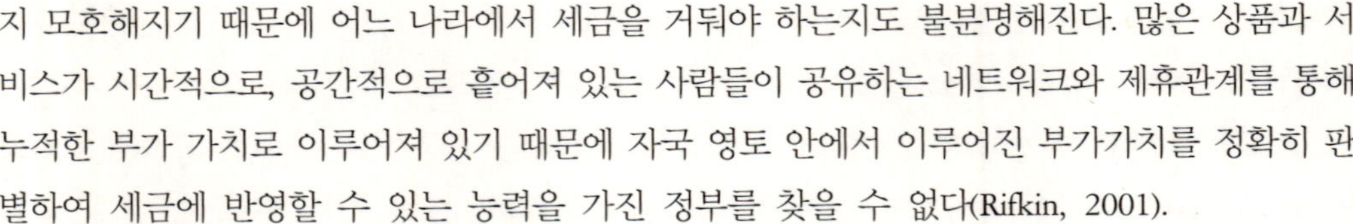

지 모호해지기 때문에 어느 나라에서 세금을 거둬야 하는지도 불분명해진다. 많은 상품과 서비스가 시간적으로, 공간적으로 흩어져 있는 사람들이 공유하는 네트워크와 제휴관계를 통해 누적한 부가 가치로 이루어져 있기 때문에 자국 영토 안에서 이루어진 부가가치를 정확히 판별하여 세금에 반영할 수 있는 능력을 가진 정부를 찾을 수 없다(Rifkin, 2001).

현대 자본주의의 중요한 특성의 하나는 삶의 다양한 국면을 상업관계망 안으로 강제 편입시켰다는 점이다. 시장을 통한 상행위는 제한된 공간과 시간 속에서 불연속적으로 이루어져 왔지만, 사이버 공간 경제에서는 연속적 상거래가 이루어진다. 빠른 속도로 변하는 네트워크 경제에서 고객은 온갖 유형의 상업 네트워크에 에워싸여, 네트워크를 통해 고객과 항구적 관계를 유지하고자 노력하는 기업의 끊임없는 보호 관리의 대상이 된다. 그런즉, 기업은 시장 점유율 확대보다 고객과 평생에 걸친 안정적 관계를 구축하는 일을 보다 중요시하여, 고객에 관한 방대한 자료에 근거해 고객들에게 필요한 적절한 서비스를 실시간으로 제공하는 데 전념한다. 하지만 네트워크 시장 상황에서 기업은 대체적으로 소비자보다 월등히 높은 정보처리 능력을 소지하기 때문에 거래관계에서 소비자의 주도권이 약화될 위험성이 크다.

② 이분법적 인식구도의 해체

근대 과학주의가 자연에 대해 품었던 사고의 대부분은 '주체'와 '객체'라는 이분법에 근거한 것이었다. 예컨대, 베이컨(F. Bacon)은 세상의 모든 활동은 주변에 존재하는 객체를 소유하고 착취하기 위해 주체들이 벌이는 사투로 묘사한 바 있다. 그런데 하이젠베르크(W. Heisenberg)가 불확정성의 원리로 과학 논쟁의 불길을 당기면서 이러한 계몽주의의 철갑에 금이 가기 시작했다. 하이젠베르크에 따르면, 자연의 비밀을 냉정하게 기록하는 객관적이고 초연한 관찰자는 있을 수 없다는 것이다. 대신 관찰을 포함한 모든 인간 행위는 어떤 식으로든 결과에 영향을 끼친다는 것이다. 따라서 우리가 관찰하는 것은 자연 자체가 아니라 우리의 질문 방식에 의해 노정된 자연이라고 할 수 있다. 하이젠베르크의 등장으로 수동적 객체와 그것을 객관적으로 인식할 수 있는 주체를 전제로 하는 베이컨의 생각이 설 땅을 잃게 되었다.

따라서 독립적 행위 주체를 상정하는 뉴턴(I. Newton)의 이론도 도전받게 되었다. 계몽시대의 지적 확신이나 이분법적 인식구도로부터의 탈피는 체계를 총체적으로 관망할 수 있는 새로운 가능성을 열어주었다. 예컨대, 사이버네틱스의 작동원리는 부분과 전체 사이의 관계에 대한 전통적 견해와 전면적으로 대비된다. 산업시대에는 전체란 단지 이를 구성하는 조립된 부분들의 총합으로만 여겨졌지만, 사이버네틱스는 전체를 하나의 통합된 체계로 인지하고자 한다. 산업사회에서 조직은 선형적 양식으로 묘사되었으나, 사이버네틱스는 환경으로부터 입력되는 새로운 정보를 계속 피드백하고 그 시스템이 환경에 대하여 계속 다시 적응해 나가는 순환과정을 새로운 조직의 특성으로 간주한다. 새로운 패턴의 사회질서에 내재되어 있는 자동조절적 순환과정은 원인과 결과 사이의 차이를 모호하게 한다. 피드백은 유클리드적 공간의 연속적 형태와 알파벳에서 비롯된 서구 세계의 선형적 사고가 종말을 고하게 되었음을 뜻한다(McLuhan, 2002). 날로 복잡해지는 상황하에서는 고립된 하나의 사건이 고립된 다른 사건을 유발한다는 단순한 생각은 더 이상 환영받지 못한다(Rifkin, 1999).

따라서 누구나 열망해야 하는 단 하나의 이상적 사회체계가 있는 것이 아니라, 나름대로의 타당성을 지닌 수많은 문화적 실험이 있을 뿐이어서, 다원주의나 다중성을 인정하고 인간의 경험을 구성하는 수없이 다양한 이야기들을 너그럽게 수용해야 하는 복합적 현실이 도래하고 있는 것이다.

③ 불확정성, 불확실성의 증가

기계론적 세계관은 선형적 인과성에 기반해 작은 충격에 대한 작은 변화, 혹은 큰 변화에 대한 거대한 변화라는 결정론적 인과론을 고수한다. 예컨대, 뉴턴과학의 역학적 패러다임에서 세계는 결정론적인 인과논리에 의해 지배되는 것으로 간주된다.

발생한 모든 사건은 명확한 원인을 가지고 있으며 확실한 결과를 낳는다고 생각된다. 더구나 라플라스(P. Laplace)는 "우주의 가장 큰 천체의 움직임에서 가장 작은 원자의 운동까지 모든 것을 동일한 방정식 속에 포괄할 수 있을 것이다"라는 엄격한 결정론을 고수함으로써 뉴턴의 운동방정식에 의거한 과거와 미래의 교신가능성을 주장했다.

하지만 선형적 결정론은 세계대전 이후 인류가 원자폭탄의 가공할 위력과 파멸적인 환경오염을 경험하면서 엄청난 비난에 직면하게 되었다. 해충 박멸을 위해 무차별적으로 살포되었던 화학농약이 가져온 생태계 질서의 파괴를 그려낸 카슨(R. Carson)의 침묵의 봄(Silent Spring)은 과학기술의 사회적 영향이 의도된 방향으로 전개되지 않을 수 있다는 인식을 대중적으로 확산시켰다. 동시에 과학사가 쿤(T. Kuhn)은 과학혁명의 구조(The Structure of Scientific Revolutions)에서 과학이 도달할 수 있는 절대진리의 존재를 거부함으로써 진리를 향한 과학적 진보의 신화를 비판하였다(Kuhn, 1962). 선형적 세계관에 대한 비판적 논의는 물리학, 생물학, 화학 분야와 같은 전통적 과학계에서 활발히 개진되어, 단순한 결정론적 방정식들이 전혀 예상치 못한 다양한 행동을 낳을 수 있는 반면 카오스적인 움직임도 질서 있는 패턴을 낳을 수 있다는 불확정성 논리를 확산시켰다.

비선형성에 근거한 전체론적 사고는 부분의 합은 전체가 될 수 없다는 비가역성을 지지한다. 체계의 비가역성은 비선형 체계가 가지고 있는 자기강화적인 피드백 과정의 반복적 발생에 따른 결과이다. 이러한 과정에 의해 작은 변화가 반복적으로 증폭될 수 있는 바, '나비효과'에서처럼 작은 변화가 엄청난 체계의 변화를 유발할 수 있다. 이러한 비선형 피드백 과정들은 새로운 형태의 질서에 갑작스런 창발과 불안정성의 기반이 된다. 즉, 하나의 교란은 단일한 영향으로 국한되지 않고 끊임없이 확산되는 패턴으로 파급되기 쉬운데, 그러한 교환은 피드백 루프들에 의해 증폭됨으로써 교란을 일으킨 원천이 무엇이었는지를 알 수 없게 만들 수 있다.

잡종 사회의 불확실성은 국가, 조직, 개인의 행위전략을 전통사회와는 다른 방식으로 구조화한다. 전통사회에서 행위자들은 정해진 행위규범을 따르도록 직접적 압력을 받았던 반면, 잡종 사회에서 행위자들은 자신의 행위를 선택함에 있어서 거의 절대적 자율성을 행사할 수 있다. 가계를 잇기 위해 결혼을 선택할 의무는 없으며, 결혼을 해서 반드시 아이를 낳을 필요도 없다. 기업조직은 최소한의 규제하에서 국경을 넘나들며 기업가치의 극대화를 위한 전략을 자유롭게 추구할 수 있다. 하지만 엄청나게 증대된 사회적 행위자들의 자율성에도 불구하고, 그들은 행위의 자율성을 기대만큼 만끽할 수 없다. 잡종 사회의 불확실성 때문이다.

한편, 잡종 사회에서 불확실성은 새로운 유형의 행위통제 기제로 작동하기도 한다. 위험을 감수하며 창조적 행위를 할 수 있는 여지가 크게 늘어난 것이 사실이지만, 대부분 행위자들은 여전히 안정성을 선호한다. 따라서 행위 결과가 예측하기 어려운 상황에서 행위자는 타인의 행위를 모방하거나 전문가의 조언에 귀를 기울인다. 다수가 지지하는 행위모델이나 저명한 전문가 집단의 견해는 불확실성에 처한 행위자들의 귀를 솔깃하게 할 수 있다. 하지만 이들은 반드시 긍정적인 결과를 보장하거나 기능적 유용성을 갖고 있는 것은 아니라, 사회적으로 구성된 과학지식이 최선의 대안으로 인식될 뿐이다. 그럼에도 불구하고, 행위자는 다수의 행위규범을 추종함으로써 사회적 인정과 정당성을 획득할 수 있게 된다. 예컨대 국가는 '인권위원회'를 설치함으로써 국제사회로부터 인권보호에 노력하고 있다고 인정받을 수 있다. 본연의 기능을 제대로 수행하고 있는지의 여부와는 상관이 없는 상황에서 말이다.

(7) 복잡계 패러다임

근대적 사유가 사물의 궁극적 진리나 작동방식에 대한 탐구를 목적으로 한 것이었다면, 탈근대적 사유는 돌발적 가능성과 패턴 발생의 원리를 찾으려고 한다. 현실은 불변의 자연법칙에 따라 실타래처럼 술술 풀려나오는 것이 아니라, 끊임없이 이어지는 창조적 행위의 연속으로 이해될 수 있기 때문이다. 특히 잡종 사회라는 기술사회체계에서는 구성요소간 관계망의 사회적 과정이 매개물의 역할을 한다. 이렇듯 복잡다단한 사회체계를 온전히 이해하기 위해서는 '패턴'과 '구조'가 동시적으로 파악되어야 할 것이다.

기술체계에 대한 접근방식의 핵심은 형태나 질과 관련된 패턴에 대한 연구와 더불어 실체, 물질, 양과 관련된 구조에 대한 연구의 종합 속에 내재하는데(Capra, 1996), 그들에 관한 연구는 자기강화적 피드백 과정에 의거한 새로운 사회질서의 돌발적 출현이나 불안정성을 이해할 수 있는 가능성을 제공한다. 패턴의 창발은 새로운 구조들과 새로운 행동양식의 창조를 의미한다. 즉 발전, 학습, 진화의 제반과정에서 새로운 구조와 행동양식의 창조가 나타난다. 따라서 비평형상태로부터의 안정적 질서, 즉 평형상태와 거리가 먼 안정성이 창발되는 과정은 복잡계 패러다임을 통해 보다 효과적으로 이해될 수 있다.

복잡계 패러다임을 일률적으로 규정하기란 용이치 않다. 왜냐하면 그것은 단일학과가 아닌 여러 학문분야에서 분산적으로 발전되어 왔을 뿐 아니라, 아직 완결된 상태가 아닌 형성 중에 있는 관점인 까닭이다. 하지만 자연현상이나 사회현상의 복잡성을 있는 그대로 탐구하고자 한다는 점에서 그것은 전통적 과학의 한계를 극복하려는 동기에 기초하고 있음이 분명하다.

평형적 질서를 선호하는 전통적 과학은 선형적 인과관계를 전제하면서 특정 사물이나 현상의 결과가 예측가능하다고 본다. 또 탐구 대상을 요소로 나누어 분석하고자 하는 전통 과학은 부분에 대한 고찰로 설명불가한 체계의 복잡성을 인식적 한계를 벗어난 미지의 영역으로 간주한다. 반면 복잡계 패러다임은 전통적 과학이 외면했던 비평형이나 불균형 문제를 중시하면서, 질서와 무질서를 동질이성적 현상으로 파악한다. 또 부분론적 시각이 아닌 전체론적 시각으로 대상에 접근하면서, 요소들간의 관계 역시 선형적 인과관계가 아닌 역동적 비선형 관계로 상정함으로써 사태의 예측이 간단치 않음을 역설한다.

최근 수학, 물리학, 화학, 생물학과 같은 자연과학 분야에서는 물론이요 사회학, 심리학, 행정학, 경영학, 경제학 등의 사회과학과 더불어 철학, 문학, 미술, 음악 등 인문예술 영역에 이르는 방대한 학문 영역에서 영향력을 행사하고 있는 복잡계 패러다임은 1940~50년대에 개

방체계론이 끼쳤던 충격을 넘어선 크나큰 파급효과를 학계에 끼치고 있는 바(Bourdouries, 2002 : CALResCo, 2005), 이 장에서는 (1) 복잡계 이론이 형성되고 발전되어온 전개과정을 개관하고, (2) 그 특성을 일곱 가지 범주로 나누어 고찰하며, (3) 니클라스 루만의 체계이론을 중심으로 복잡계 패러다임의 사회과학적 적용 현황을 검토한 후, (4) 복잡계 패러다임의 함의와 전망을 약술해 보고자 한다.

❶ 복잡계 패러다임의 전개과정

과학 패러다임의 새로운 경향을 대변하는 복잡계 패러다임은 흔히 "기계론적 세계관에서 전체론적 세계관으로"라든가 "부분에서 전체로"라고 표현되는 코페르니 쿠스적 인식 전환의 소산으로 평가되고 있다. 기계론적 세계관에 대한 최초의 반발은 독일 낭만주의 운동의 중심 인물인 J. W. 괴테로 소급할 수 있다. 동역학적, 발생론적 관점에서 생물형태에 대한 연구를 수행하며 '형태학'이라는 용어를 최초로 창안한 괴테는 생명체의 형태를 조직된 전체 속에서의 상호연관적 패턴으로 인식하고자 했는데, 이는 오늘날의 시스템적 사고의 선구에 해당한다고 할 수 있다. 생명현상의 이해를 강조한 I. 칸트 역시 생명체를 "자기재생산적, 자기조직적 전체"라고 주장하였는데, 이처럼 낭만적 자연관에서는 자연질서나 세계를 하나의 "조화롭고 통합된 전체"로 바라보고자 했다. 지구를 생물, 기후, 지각이 공진화하는 살아 있는 전체로 간주하는 가이아 이론 같은 것이 그러한 인식의 전형에 속한다고 하겠다(Lovelock, 1979). 여기에 부분들간의 결합 효과를 강조하는 시스템적 사고가 병합해 복잡계 패러다임이 태동하게 되는데, 이같이 새로운 발상이 출현하게 된 데는 다음 학자들의 공로가 지대했다고 알려지고 있다.

① 위너(Nobert Wiener) : 1948년 사이버네틱스 연구를 통해 통제와 의사교환에 관한 새로운 착상을 제기함.
② 섀넌(Claude Shannon) : '정보론'이라는 것을 통해 피드백 루프를 개념화함.
③ 버탈란피(Ludwig von Bertalanffy) : 제반 과학의 대통합을 지향한 일반체계론(general system theory)의 선도자
④ 프리고진(Ilya Prigogine) : 결정론을 대신한 구성주의적 관점을 제시함.
⑤ 푸앵카레(Jules H. Poincare) : 동역학이론의 모태가 되는 비선형 수리체계를 정립함.
⑥ 마투라나(Humberto R. Maturana)와 바렐라(Francisco J. Varela) : 인지적 연결망의 자동생산성에 기초한 새로운 생명관을 제시함.

❷ 복잡계 패러다임의 특성

전통과학적 접근과 구분되는 복잡계 패러다임과의 특성은 시스템 사고의 진화과정을 통해 직시할 수 있다. 조직연구 분야에서 집중적으로 거론되어온 시스템 개념의 발전사는 폐쇄체계(closed system) → 자연체계(natural system) → 개방체계(open system)라는 3단계 과정으로 요약할 수 있다(Scott, 1998). 폐쇄체계는 액면 그대로 외부 환경의 영향력이 단절된 상태를 뜻하고, 그에 대응되는 개방체계는 외부 환경과 지속적 교류가 이루어지는 상태를 의미한다. 한편, 폐쇄체계와 개방체계의 접점에 위치하는 자연체계는 의도하지 않은 체계-환경간의 상호작용이 포착되는 상태를 지칭하는데, 양가적 입장을 수용하는 자연체계론은 체계개념을 닫힌 상태에서 열린 상태로 진전시키는 데 부분적으로 기여했다고 본다.

흔히 일반체계이론(GST : general system theory)이라고 불리는 개방체계론은 전체성(wholeness)을 강조하는 새로운 보편과학으로서, 조직화된 전체에 관심을 갖는 여타 분야의 학자들에게 크나큰 영향을 끼쳤다. 개방체계론의 발전에 결정적으로 기여한 L. 버탈란피는 진화라는 개념이 과학계에 등장한 19세기 이래 학자들이 해결하지 못한 딜레마를 지적하면서, 힘과 궤적에 대한 뉴턴 역학을 넘어서서 성장이나 변화와 같은 진화의 문제를 다룰 수 있는 새로운 과학을 요구하였다.

프랑스 물리학자 카르노(S. Carno)는 열의 소산법칙으로 알려진 열역학 제2법칙에서 자연계에는 질서에서 무질서로 향한 경향성이 내재되어 있음을 밝혔다. 이러한 물리적 현상의 전개 방향을 수량적 형식으로 표현하기 위해 물리학자들은 "무질서의 정도"를 의미하는 엔트로피 개념을 발전시켰다. 열역학 제2법칙과 엔트로피의 정식화를 통해 과학계에 "시간의 화살"로서 비유되는 비가역성 모형이 확립되었다. 항시 소산되어 열로 바뀌는 우주의 에너지는 완전히 기계적 에너지로 환원될 수 없으므로 세계라는 기계는 점차 느려져서 결국에는 정지할 수밖에 없다는 것이다(Capra, 1996).

우주의 운행에 관한 이러한 암울한 전망은 19세기에 생물학계에 널리 퍼져 있던 진화적 낙관론과 극명히 대비되었다. 당시 생물학자들은 생동하는 우주가 무질서에서 질서로 복잡성이 증대되는 방향으로 진화해간다고 생각했다. 세계의 엔진이 점점 느려져 무질서의 상태로 귀결된다는 카르노의 주장과 살아 있는 우주가 보다 고등한 상태로 진화해 나간다는 다윈의 상반된 입장을 버탈란피는 개방체계의 관점에 의해 통합적으로 인식하고자 했다(Bertalanffy, 1968). 복잡계란 이러한 개방체계적 사고의 연장선상에서 도출된 것으로서, 그것은 일차적으로는 다음과 같은 일련의 개방체계적 속성을 함유한다(Buckley, 1967).

① 개방성(openness : 정의적 특성) : 주위 환경과 물자, 에너지 및 정보를 교환하는 상태
② 성장(growth) : 유입된 자원의 일부를 이용한 체계의 진화나 발전
③ 가형성(morphogenesis) : 성장발전을 통한 구조적 변화의 가능성
④ 좀(부)의 엔트로피(negative entropy / negentropy) : 구조적 복잡성이나 정교성을 강화시키는
    추세 추동하는 경향
⑤ 正(정)의 피드백(positive feedback) : 결과가 이전 과정에 영향을 끼쳐 반응의 양상을 변경
    시키는 현상
⑥ 자기규제(self-regulation) : 정의 피드백을 통해 변화과정에서 자율적 통어력을 행사하는 행위
⑦ 목적성(purposiveness / teleology) : 고정적이지는 않은 변화의 목표가 상존하는 경향
⑧ 등(等)종착성(equifinality) : 상이한 경로를 통해 동일한 결과에 이를 수 있다는 점을 지칭
    하는 개념

그러나 지난 20여 년간 다양한 학문분야에서 활발히 진전된 복잡계론은 종전 개방체계론
의 논의 수준을 넘어서는 새로운 착상이나 증거를 지속적으로 축적해 왔다. 개방체계론에서
명시되지 않은 복잡계의 부가적 속성들을 총괄적으로 정리해 보면 다음과 같다.

① 비평형성(Disequilibrium)

복잡계는 외부환경과 물질, 에너지, 정보를 상호교환하는 개방체계로서, 그것은 끊임없이
이합충돌하는 하위체계들로 구성된 것이다. 따라서 복잡계는 때때로 단 한 번의 사소한 동요
에도 돌출적 변화를 일으킬 수 있다. 그러한 사태가 관측되는 대목을 분기점이라고 하는데,

이때는 변화가 어느 방향으로 전개될 것인가를 사전에 예측하기가 용이치 않다. 즉, 체계가 '파국'이라는 혼돈의 늪으로 와해될는지 혹은 보다 고차원의 조직화된 질서로 향진해 갈는지를 쉽사리 판정할 수 없다.

② 비선형성(Nonlineality)

기계론적 관점에서는 비례적 변화를 전제로 하는 선형성(linearity)이 강조된다. 과거 수백 년간 자연현상은 선형성에 입각한 뉴턴의 기계론적 관점에 의해 설명되어 왔으며, 사회과학에 있어서도 인간의 행동이라 심리를 설명하는데 선형적 모형이 널리 활용되어 왔다.

그러나 현실계의 모든 요소들은 사실상 선형적 인과성으로 파악하기 어렵고 복잡한 비선형성을 함유하고 있다는 데 문제가 있다. 특정 활동이 하나 이상의 결과를 만들어내며 또 그들이 부분들의 합 이상을 넘어서는 결과를 창출할 때 체계가 비선형성을 지니고 있다고 간주되는데, 비선형성계에서는 분기점을 벗어난 사건이 어느 쪽으로 진행될 것인가를 온전히 예측할 수 없다. 이는 곧 고전적 인과율에 의거한 결정론적 서술방식이 지양되어야 함을 뜻한다.

③ 소산구조(Dissipative Structure)

프리고진은 1967년 스톡홀름에서 열린 노벨 심포지엄 기념강연에서 "평형상태와는 거리가 먼 안정된 상태에서 스스로를 유지할 뿐 아니라 진화할 수도 있는" 소산 구조라는 개념을 최초로 제기하였다. 소산구조란 시스템의 하위요소들이 환경으로부터 새로운 에너지를 유입하고 그로부터 생성된 엔트로피를 외계로 방출할 때 새로이 창출되는 구조를 말한다(Prigogine, 1977).

소산구조의 가장 간단한 예로서는 욕조에서 물이 빠져나갈 때 발생하는 소용돌이를 들 수 있다. 물이 배수구를 향해 밀려갈 때 방사상류의 속도는 회전속도에 비례해 증가한다. 중력의 가속으로 인해 유속이 증가하는데, 그로 인해 회전반경이 줄어들면서 회전속도도 증가하여 소용돌이 관을 형성하게 된다. 즉, 물을 배수구로 끌어들이는 중력, 안쪽으로 몰려드는 물의 압력, 그리고 바깥쪽으로 작용하는 원심력이 서로 균형을 이루면서 깔때기 모양의 안정된 상태에 도달하게 되는 것이다.

④ 자기조직화(Self-Organization)

자기조직화라는 개념이 최초로 등장한 시기는 사이버네틱스 연구가들이 신경망의 내재적 논리를 표현하는 수학적 방법을 구성하기 시작할 때였다. 1943년 신경과학자 맥컬록과 수학자 피츠는 「신경활동에 내재하는 개념들의 논리적 계산(A Logical Calculus of the Ideas Imminant in Nervous Activity)」이라는 선구적 논문에서 모든 행동의 논리가 연결망을 구성하는 규칙으로 변환될 수 있다고 주장하면서, 신경계를 이진 스위칭 소자들의 복잡한 연결망으로 모형화하였다(McCulloch and Pitts, 1943). 이후 과학자들이 그러한 연결망을 직접 제작하여 실험에 옮겨본 즉, 대부분 연결망에서 일시적 혼란 끝에 부분적으로 질서 있는 패턴들이 창발된다는 놀라운 사실을 발견하였다.

이로부터 자연발생적 질서의 형성을 뜻하는 '자기조직화'라는 용어가 출현하였는데, 실로 많은 의미를 함축한 자기조직화 개념이 학계로 널리 알려지면서 시스템 연구가들은 그것을 각자의 용도에 맞게 발전시켰다. 특히 물리학자이자 사이버네틱스 연구가인 포에스터(H. Forrester)는 20여 년 간 학제적 연구활동을 주도하고 지원하면서 자기조직화 현상에 대한 이해를 진작시키는 데 결정적으로 기여했다. 포에스터는 '조직'이라는 말에 함축된 질서의 증가를 규정하는 데 사용할 수 있는 질서의 척도란 무엇인가라는 물음을 제기한 후, 생물 시스템에 관한 고찰을 통해 생명체가 단지 환경으로부터 질서를 수입하는 것이 아니라 에너지가 높은 물질로부터 질서를 취한 후 그것을 자체적 조직 속으로 통합시켜 내부적 질서를 증가시킨다는 이른바 '잡음으로부터의 질서'라는 답변을 제시하였다(For rester, 1968).

⑤ 자동생산성(Autopoiesis)

자동생산성이란 칠레 생물학자 마투라나와 바렐라(H. Maturana and F. Varela)가 창안한 개념으로서, "생명 순환의 원리를 기본으로 하는 생물시스템의 자기지시적조직화 과정"을 뜻한다. 마투라나와 바렐라는 인간이 세계를 인식하는 과정을 자세히 연구해 볼수록 이 세계가 어떻게 출현하는가라는 본원적 문제를 우리의 생물학적·사회적 행위의 역사와 분리시켜 생각할 수 없다고 말하면서, 생명체계를 중심으로 자동생산성 논의를 전개한다.

노벨화학상 수상자인 생화학자 아이겐(M. Eigen)은 1971년 지구상 생명의 기원이 평형과는 거리가 먼 조직화 과정의 소산일지 모르며, 그 과정에는 복수의 피드백 루프로 이루어진 초(超) 사이클들이 포함되어 있을 것이라는 가설을 제기한 바 있다. 더불어 그는 15가지 효소들로 이루어진 촉매연결망에 대한 실험을 통해 그들이 불안정성을 거치며 진화하여 보다 높은 조직수준을 창조한다는 단서를 발견하였다(Eigen, 1971). 그 후 초사이클 모형은 자연과학 일반은 물론이요 음향학이나 교통학 등까지 널리 파급되었으나, 우리는 초사이클 이론을 생명 시스템 연구의 시발로 간주할 수는 있되 그 자체를 살아 있는 생명체로 인정할 수는 없다고 본다.

그러면 살아 있다는 것은 무엇인가? 다시 말해 생물 시스템과 무생물 시스템을 구분 지을 수 있는 기준은 자기조직성과 어떻게 연관되는 것인가? 유기체론적 생물학자들이 생물학적 형태의 본성에 대한 탐구에 골몰하고 사이버네틱스 연구가들이 정신의 본질을 이해하고자 노력할 1960년대 말에 마투라나는 두 가지 난제를 단번에 풀 수 있는 열쇄가 '생명의 조직'에 대한 이해에 달려 있음을 깨닫고 신경계의 순환조직이 모든 생물 시스템의 기본이라고 주장하였다. 1970년부터 바렐라와 공동연구에 착수한 마투라나는 신경조직에 관한 자신의 새로운 사고를 '자동생산성'이라고 이름 짓고, 후속 저작들을 통해 그 개념을 적극 개진하였다(Maturana and Varela, 1980).

차후 마투라나와 바렐라는 자동생산성에 관한 자신들의 입장을 '조직'과 '구조'의 차이점을 중심으로 상론하게 되는데, 한마디로 생물 시스템의 구조는 물리적 구성 요소들 간의 실질적 관계를 뜻하는 것이라면, 조직이란 그것이 특정 집단에 속하는 것으로 특징짓는 구성요소들 간의 관계성을 의미한다고 주장하면서 관계들의 추상적 기술인 조직은 그 구성요소와는 근본적으로 무관하다고 말한다. 이렇듯, 자신들의 관심이 구조가 아니라 조직임을 명시하면서 그들은 자동생산성이 모든 생명체의 공통적 속성임을 역설하였다(Maturana, 1988).

⑥ 공진화(Coevolution)

공진화란 상호의존적 요소들이 서로 영향을 끼치면서 더불어 진화해 나아가는 상황을 의미한다. 즉, 생명계의 현상을 놓고 말한다면, A라는 종의 변화가 B라는 종의 생존환경을 만들고, B의 변화가 다시 A의 생존조건이 되는 가역적이자 연속적인 과정을 의미한다. 이러한 공진화 이론은 실제의 진화가 생명체의 돌연변이가 환경에 의해 선택된다는 적자생존의 논리를 벗어나, 전체가 개체를 진화시킬 뿐더러 개체도 전체를 진화시키는 데 기여하는 상호 변화적 과정임을 시사한다. 마투라나와 바렐라에 의하면, 생명체는 행태적 결합을 도모하는 조건하에서 상호작용한다는 것이다. 그 같은 조건에서 유기체 A의 자기변형적 행위는 유기체 B를 변형시키는 근원이 될 수 있고, 유기체 A의 변형 근원이 되는 유기체 B의 보상적 행위가 교차적으로 수반될 수 있다(Gleick, 1987).

❸ 복잡계 패러다임의 사회과학적 적용

1950~60년대 서구 사회과학계에 폭넓은 영향을 끼친 파슨스(T. Parsons)의 구조 기능론을 비판적으로 계승한 독일 사회학자 니클라스 루만(Niklas Luhmann)은 복잡성이론(자동생산성이론)을 사회현상에 적용한 新기능론을 대표하는 인물로 알려져 있다. 사회를 분화를 통해 체계의 복잡성이 확대되어가는 진화의 과정으로서 인식하고자 한 루만은 자신의 독창적인 新체계이론(기능체계론)을 통해 기존의 기능론적 발상들이 지닌 맹점을 지양한 보편적 이론체계를 구축하고, 그러한 이론틀에 입각해 현대 사회의 구성적 성격을 규명하고자 했다(Turner, 1991).

루만 진화이론의 요체는 "분절적 분화로부터 계층적인 것을 거쳐 기능적인 것으로 이행하는 장기간에 걸친 사회분화 원리의 전환과정"에 있다. 가장 단순한 사회에서의 분화는 동일한 하위체계를 창출한다는 점에서 분절적 분화라고 할 수 있다. 반면 前근대적 발달단계에서는 계층적 분화형식이 지배적이었다. 그러나 근대 유럽에서 전개되기 시작한 기능적 분화형식의 진전은 위계적 형태의 통일성을 파괴하고 수평적·기능적 조직화를 야기하였다. 이러한 경향이 보다 강화되는 현대사회는 자기 스스로를 조절하고 조직하는 여러 부분체계들이 경제, 정치, 학문, 법 등 다양한 영역에 자율적 형태로 공존하면서 기능적으로 코드를 통해 자신의 정체성을 보강한다.

이러한 진전은 지금까지 사회과학계에서 통용되어 왔던 보편적 가정, 즉 한 체계(예컨대 경제체계)의 다른 체계들에 대한 우위성을 강조하는 가정에 기초한 관점의 타당성을 약화시킨다. 대신 루만은 각 기능체계에 해당 체계 고유의 가치를 인정하되 체계-환경과의 관계성을 중시하면서 그 기능을 파악하고자 하는데, 바로 이것이 현대사회의 전형적 체계 작동방식으로 상정되는 자동생산적 진화의 조건인 것이다.

(8) 기술과 문화

이렇듯 사회체제에 복잡성이나 역동성을 부여하는 BT, IT, NT, ST와 주로 제어적 역할에 기여할 수 있는 AI, CT, NT 등과 같은 새로운 기술의 병합에 의해 기술사회구성체의 고도화가 촉진되는데, 그와 더불어 다음과 같은 문제점들이 제기된다.

① 복잡성 문제(Complexity Trap) : "혼돈으로부터의 질서(Order out of chaos)"가 출현하는 대

신, 혼돈이 가중됨으로써 더 이상 수습이 불가한 파국(catastrophe)이 초래될 수 있다는 점
② 본원성 문제(Substantive Trap) : 기술 문제와 상대적으로 동떨어진 윤리, 가치, 심미적 쟁점들에 대한 무력성이 심화된다는 점

　이상과 같은 고도기술사회의 새로운 문제점들에 효과적으로 대응하기 위해서는 기계적 세계관에 기초한 '근대지'를 복잡성이 가중되는 새로운 사회환경에 적실성을 발휘할 수 있는 '후(後)근대지'로 전환시켜야 할 것이다. 후근대지는 보편성, 논리성, 객관성을 중시하는 근대지의 속성과 대비되는 상호성, 유의성, 주관성을 지향하는 것인 바, '북방지'와 반대되는 '남방지(中村雄二郎, 1995)', 혹은 바티모(G. Vitimo)가 말하는 '약한 사상'이 바로 그에 해당하는 것이라고 여겨진다.

　'복잡성 문제'의 해소를 위한 정책 방향은 의사소통 능력의 제고를 통한 성찰적 생활양식의 확산, 요컨대 "생각하는 국민"으로 평가받을 수 있을 정도의 집합적 분별력을 양성하는 데 있다. 복잡다단한 현실 문제를 슬기롭게 대체할 수 있는 사려 깊은 인간을 배양하는 두 가지 정책방안으로는 다음과 같은 것들을 예거할 수 있다.

　첫째, 학교교육의 차원에서는 암기위주의 수동적 교육과정을 지양한 구성적 교육프로그램을 강화하는 것이다.

　둘째, 사회생활의 차원에서는 대화와 토론을 통한 소통적 문제해결 절차를 제도화하는 일. '본원성 문제'의 해소를 위한 정책은 기본적으로 사회체계의 구조와 과정을 총체적으로 인식할 수 있는 종합적 사고역량의 배가에 초점이 주어져야 한다고 본다. 그러기 위해서는 현실이 불변의 자연법칙에 따라 단선적으로 전개되는 것이 아니라 돌발적 사건들이 끊임없이 발생하는 역동적 과정임을 흔쾌히 수용하는 개방적 사고나 의식이 절실히 요청된다. 인지적, 감성적 개방성을 증진시킬 수 있는 구체적 정책으로는 다음 두 가지 개선안을 꼽을 수 있다.

첫째는 과학적 사고와 인문학적 사고를 병합시킬 수 있는 교육체계의 일대 개선이다. 사회적 개방성이나 유동성의 증가가 주류적 시대 동향임에도 불구하고 한국 사회에서는 문과와 이과, 혹은 이공계 – 인문사회계 – 예능계 간의 학제적 장벽이 엄존하고 있는 바, 타 영역에 대한 문맹화를 자초하는 그 같은 시대착오적 잔재는 시급히 척결되어야 할 과제라고 본다.

둘째는, 매체의 발달과 확산으로 인해 교과서적 공식지보다 난관 극복을 위한 실용지나 암묵지가 보다 큰 중요성을 발휘하게 되는 만큼, 직업세계에서는 앎 자체를 중시하는 '지식 패러다임'보다 종합적 문제해결 능력을 강조하는 '지혜 패러다임'을 우대하는 인센티브제의 개발과 적용이 절실하다고 생각된다.

　인생은 두 번 살 수 없고, 좋은 기회는 다시 잡기 힘든 법이다. 아무리 많은 계획을 세울지라도 행동이 따르지 않는다면 아무런 의미가 없다. 매사 비평만 하고 망설이는 사람은 모든 것이 불가능하다. 왜냐하면 그의 눈엔 모든 것이 불가능하게 보이기 때문이다. 어떤 사안에 대해 결정을 내리지 못하고 있다면, 그것은 당신이 결정을 내리지 않기로 결정하고 모든 것들을 그대로 방치한 결과다.

　인생의 패배자들 중에 가장 흔한 유형은 결정을 내리고 행동해야 할 때 항상 우유부단하게 머뭇거리면서 어떻게 해야 할지 몰라 자신의 생각조차 정하지 못하고 일단은 뒤로 미루는 타입이다. 결단력이 부족한 사람은 자신이 내린 결정의 결과가 좋을지 나쁠지를 파악하지 못하기 때문에 모든 일에서 제대로 된 결정을 내리지 못하는 것이다. 신속히 결정을 내리지 못하고 머리로 생각만 하는 사람은 신뢰를 얻을 수 없다.

　결단력의 반대 개념이라고 할 수 있는 우유부단한 태도는 모든 사람들이 정복해야 할 '공공의 적'이다. 또한 우유부단한 사람은 대개 매사가 분명치 않고 본론 없이 얘기하며 결론을 분명히 하지 않는다. 이런 사람들은 학식과 수완은 물론 인격을 갖추었다 해도 결단력이 부족하기 때문에 스스로에 대한 신뢰도 얻지 못하고 일생을 엉망으로 살아간다. 기회가 찾아왔을 때도 잡지 못하는 사람들은 거의가 우유부단한 성향을 가졌다.

5. 윤리적 과제와 새로운 방향

(1) 정보화 시대의 사회윤리

정보화 시대는 그 자체가 주로 윤리적인 이유 때문에 이루어지는 것도 아니고, 정보화를 가능하게 하는 기술도 그 자체가 뚜렷하게 윤리적 성격을 가지고 있는 것은 아니다. 그럼에도 불구하고 그것도 궁극적으로는 사람의 가치판단에 의하여 이루어지는 것이므로 윤리적인 성격을 갖고 사람의 삶에 큰 영향을 끼치기 때문에 윤리적인 의의를 갖는다. 그러면 정보화 시대가 갖는 윤리적 의의는 어떤 것인가?

❶ 윤리적 상대주의

정보화 시대의 가장 심각한 문제는 윤리적 상대주의일 것이다. 모든 사회는 각각 고유한 행동규범들이 있게 마련이고 그 규범들은 어릴 때부터 받은 교육을 통하여 거의 당연하고 절대적인 것으로 받아들여지고 지켜진다.

그런데 정보화 시대에는 다른 사회의 다른 규범들과 접촉할 수 있는 기회가 많아지게 될 것이다. 그것은 이제까지 거의 당연하게 받아들여 왔던 우리 사회의 고유한 규범들을 상대화하는 작용을 한다. 즉, 그동안 그 당위성에 대해서 조금도 의심해보지 않았던 규범에 대해서 과연 이것이 진리인가에 대한 의문이 생길 수도 있는 것이다.

물론 모든 규범이 다 상대적인 것은 아니다. 어떤 규범은 시대와 장소에 관계없이 존중되고 있고 존중되어야 한다. '모든 인간은 평등하다.', '살인은 옳지 않다.', '거짓말은 옳지 않다.' 등의 규범이 그것이다. 그러나 대부분의 사람들은 그런 보편적인 규범과 시대와 장소에 따라 달라질 수 있는 상대적인 규범을 잘 구별하지 못한다. 그래서 결코 상대적이 되지 말아야 할 가치, 규범들도 상대화되어 그에 따라 행동하게 하는 동기를 약화시킨다.

절대적이라고 믿고 있던 가치와 규범이 약화되면 대부분의 사람들은 행동의 기준을 다른 사람들의 행동에서 발견한다. 다른 사람과 다르게 행동해야 할 절대적이고 객관적인 근거와 이유가 없는 한 다른 사람과 비슷하게 행동함으로써 일종의 심리적 안정을 얻는 것이다. 그래서 윤리적 상대주의가 사회를 지배하면 사회에 다양한 행동구조가 생기는 것이 아니라 오히려 더 획일적이 되는 역설적 현상이 일어나게 된다. 윤리적 상대주의 시대의 사람들은 더 유행에 민감해질 것이다.

❷ 정보의 빠른 확산과 상업화

정보라 하여 항상 건설적이고 건전한 것만은 아니다. 정보로 만들어지거나 전달되지 말아야 할 것들이 얼마든지 생산되어 확산되고 있다. 음란한 사진과 글, 폭력을 자극하는 글과 만화, 폭탄 제조법, 욕설 같은 것들도 정보통신망에 올려져서 많은 청소년들에게 불건전한 영향을 끼치고 있다. 일반적으로 건전한 정보보다는 불건전한 것들이 더 빨리 전파되는 속성을 가지고 있다. 또한 그런 정보를 받지 말아야 할 계층에 오히려 더 빨리 그리고 더 많이 확산되는 경향이 있다.

정보화 시대의 등장과 각종 통신 기술의 발달로 한 사람이 생산한 정보가 전 사회, 나아가서 전 세계에 빠른 속도로 확산될 수 있게 되었다. 물론 창조적이고 건전한 정보도 그렇게 될 수 있으나, 불건전한 정보는 더 빨리 확산될 수 있다.

또한 콘텐츠가 경제적 이익 창출의 근원이 되는 정보화 사회에서 생산적 정보 이외의 이러한 소모적, 향락적인 저질 정보가 상업적으로 이용되는 현상은 우리에게 이미 익숙한 것이다.

❸ 정보 분배의 불평등

정보가 사회의 한 중요한 힘의 원천으로 등장하고 돈으로 매매될 수 있는 상품이 되면 그것의 공정한 분배문제가 심각해질 수 있다. 아득한 옛날엔 육체적으로 힘이 센 사람이나 종교적인 신통력을 가진 사람이 사회에서 특권을 누렸다. 그 후에는 무력, 가문, 정치력, 재력이 신분차별의 기준이 되었으나 최근에 와서는 지식과 기술을 가진 사람들이 사회에서 우위를 누릴 수 있게 되었다. 그러나 요즘은 정보가 힘의 원천이 되고 있다. 새로운 기술에 대한 정보가 있어야 더 효율적으로 제품을 생산할 수 있고, 좋은 기업 정보가 있어야 더 효율적으로 기업을 운영할 수 있으며, 다른 나라의 상황에 대한 좋은 정보가 있어야 좋은 외교활동을 할 수 있다.

정보가 힘과 특권을 가져다주는 근거로 작용하면 불가피하게 정보와 관계해서 경쟁이 벌어지고 정보의 창조, 획득, 활용에 있어서 불평등 상태가 만들어질 수 있다. 좋은 정보를 만들어내는 사람, 좋은 정보를 빨리 얻을 수 있는 사람, 그리고 주어진 정보를 효율적으로 사용할 줄 아는 사람들은 사회의 강자가 될 것이고, 거기에 뒤지는 사람들은 사회의 약자로 남을 것이다. 그래서 이제까지의 사회정의 문제가 물리적 힘, 정치권력, 경제력의 불평등한 분배 때문에 일어났다면 이제 사회정의 문제는 정보 분배의 불평등을 중심으로 야기될 것이다.

❹ 인격적 만남이 없는 인간관계

정보화 시대의 인간관계는 주로 간접적이다. 직접 만나기보다는 전화나 이메일로 의사소통을 하고 회의도 점차 영상매체를 통해서 이루어질 것이다. 많은 사람들이 전혀 얼굴을 알 수 없는 불특정 다수를 상대로 정보도구를 통하여 자신들의 의견을 제시하고, 정보를 생산하고 배포한다. 정보를 받는 사람은 누구로부터 정보를 받았는지 알 수 없고, 정보를 받을 때도 컴퓨터 앞에서 혼자 받는다. 따라서 정보화 시대에는 사람들이 직접 얼굴을 대하여 인격적인 관계를 맺는 경우는 점점 줄어들고 정보통신매체를 통하여 간접적으로만 접촉하는 경우가 늘어날 것이므로 인간관계가 비인격적이 되고 기계적이 된다.

인간관계가 이렇게 비인격적이 되는 정보화 사회에서 사람들의 윤리의식, 혹은 다른 사람에 대한 책임의식이 약해지는 것은 불가피하다. 자신의 행위가 누구에게 어떤 경로를 거쳐 어떤 해악을 끼치는지를 알 수가 없고, 그 해악의 원인이 자신의 행위에 국한된 것이 아니고 여러 가지 다른 원인들과 같이 작용할 때 죄의식 혹은 책임의식을 느끼기는 매우 어렵다. 따라서 정보화 사회에서는 비윤리적인 행위의 피해자가 많고 그 고통도 심각하지만, 그 원인을 제공한 가해자는 확실하지 않으며, 부끄러움과 죄의식을 느끼는 경우도 거의 없는 부조리 현상이 일어나게 된다.

(2) 정보화 시대에 있어 지향하는 사회윤리

❶ 합리적 이기주의

정보화 사회의 윤리적 성격 가운데 하나인 상대주의는 매우 심각한 것이다. 무엇이 옳고 선하며 무엇이 그르고 악한가를 구별할 수 있는 분명한 기준과 그것에 대한 확신이 있어야 윤리적으로 행동할 수 있는데, 윤리적 상대주의는 그런 기준에 대한 확신을 약화시키기 때문에 사람들에게 가치의 혼란을 가져오고 사회의 질서를 문란케 한다. 확실한 기준이 없다 하여 사람들이 행동하지 않을 수는 없기 때문에 대부분의 사람들은 자신에게 이익이 된다고 생각하고 나아가서 자신을 즐겁게 한다고 생각하는 대로 행동하게 될 수 있다.

그렇다고 해서 세계의 모든 종교, 이념, 전통이 서로 알려져 있고 상대화되어 있는 상황에서 모든 사람들이 다 받아들일 수 있는 윤리적 기준을 제시하는 것을 매우 어려운 일이며, 그에 따라 행동할 수 있을 만큼 확신시키기는 더더욱 어렵다.

오늘날에도 자기의 이익을 희생하면서까지 다른 사람들의 이익을 도모하는 사람들이 없지는 않을 것이다. 그러나 그와 같은 사람들은 그렇게 많지 않고, 일관성 있게 행동할 수도 없다. 모든 사람, 혹은 대부분의 사람들이 이타적으로 행동할 것이라고 기대하는 것은 과거에도 비현실적이었지만 정보화 시대에는 더욱 기대하기 힘들다. 그러므로 사회정책을 세울 때 전제해야 하는 것은 대부분의 사람들은 이기적이며, 이타적인 사람들은 소수의 예외라는 사실이다.

그러므로 정보화 시대에 제시될 수 있는 현실적인 윤리적 원칙은 합리적 이기주의로 귀착

한다. 즉 사람들은 대부분 자신에게 이익이 되도록 행동하되, 그 이익이 눈앞의 것이 아니라 장기적인 것이라야 하고, 자신뿐 아니라 자신이 사랑하는 가족이나 자녀들의 이익이 되도록 행동하라는 것이다. 그렇게 하려면 다른 사람에게 해를 끼치지 않으면서 자신의 이익을 추구해야 할 것이고, 그렇게 행동하는 것이 합리적으로 이익을 추구하는 것이라는 사실을 이론적으로 설득시키는 것이다. 정보화 시대에 사람들로 하여금 현실적이면서도 동시에 윤리적 질서를 유지하도록 행동하게 하려면 본래 이기주의적인 사람들에게 합리적으로 그 이익을 추구하도록 설득시켜야 할 것이다.

❷ 정보 분배 정의의 확립

어느 시대, 어느 사회에서든 인간관계에서 기본적인 것은 정의다. 그 내용은 시대나 사회에 따라서 다소 다르겠지만 한 사람이 다른 사람에 대해서 부당한 손해를 끼치지 않아야 하고 아무도 억울함을 느끼지 않아야 그런 사회를 윤리적인 사회라 할 수 있다.

얼마 전까지만 해도 우리는 정치적 정의에 많은 관심을 기울였다. 소수의 사람들만이 국가 전체의 중요한 사항에 대해서 결정권을 가지고 다른 사람들은 그저 따라만 가는 상황을 극복하기 위하여 많은 사람들이 민주화를 위하여 투쟁하였다. 독재정권에 항거하는 것도 정치적 정의를 위한 노력이었다. 그 다음에는 경제적 불평등을 해소하여 경제정의를 확립하려고 많은 사람들이 노력하였다. 경제적 부가 삶의 중요한 부분들에 결정적인 영향을 미치기 때문이다.

그러나 이제는 정치권력이나 경제적인 부도 얼마나 좋은 정보를 많이 창조하거나 얻을 수 있고 그것들을 잘 활용할 수 있는가에 더 좌우될 것이므로 정보경쟁이 치열해질 것이다. 무엇을 위한 것이든지 대부분의 사람이 더 많이 가지려고 서로 경쟁하면 거기에는 반드시 그것을 많이 가지는 강자와 못 가지는 약자가 생기기 마련이고, 새로운 정의문제가 발생하게 된다. 정보가 모든 힘의 원천이 되면 정보경쟁이 일어날 것이고, 정보를 많이 활용할 수 있게 된 사람들이 그렇지 못한 사람들을 지배하고 착취할 가능성이 없지 않다.

그러므로 앞으로 사회를 정의롭게 만들기 위해서는 정치권력이나 경제력의 공정한 분배를 위해 노력한 것 못지않게 가능한 한 정보가 골고루 분배되도록 하여야 할 것이다. 즉, 소수가 모든 정보를 독점하지 못하게 해야 할 것이고, 삶에 있어서 기본적인 정보는 모든 사람들이 골고루 가질 수 있도록 사회정책을 펴야 할 것이다.

정보의 소유와 활용은 정치권력이나 경제력에 비해서 외적 환경에 적게 의존하며 주로 개개인의 지적 능력과 그 능력의 개발에 달려 있다. 그러므로 앞으로 사회정의를 위한 노력은 무엇보다 우선적으로 교육기회를 모든 사람에게 골고루, 그리고 폭넓게 제공하는 데 기울여야 할 것이다. 정보화 시대의 교육은 학교교육보다 오히려 점점 더 정보통신망을 통한 사회교육의 형태로 이루어질 것이므로 정보를 활용할 수 있는 사람은 더 많은 정보를 활용할 수 있는 반면, 그렇지 못한 사람은 그 반대의 악순환이 일어나 경제영역 못지않게 빈익빈, 부익부 현상이 일어날 수 있다. 그러므로 가능한 한 많은 사람들이 기본적인 정보 정도는 생산하고, 얻고, 활용할 수 있도록 교육을 받아야 하고, 그렇게 할 수 있는 능력을 개발해야 할 것이다. 그리고 나아가서 홍수처럼 쏟아지는 정보를 평가하고 선별할 수 있는 능력도 배양해야 한다. 올바른 정보와 거짓 정보, 합리적인 것과 비합리적인 것, 효율성이 높은 정보와 낮은 것들을 구별할 수 있어야 불이익을 당하지 않을 것이다.

❸ 정보윤리 심의제도

정보가 사회에 미치는 윤리적 악영향을 막기 위한 손쉽고 효과적인 방법은 정보의 비윤리적인 내용을 직접적으로 제거하는 것이다. 즉 법적 혹은 도덕적 권위를 가진 기관이 생산된 정보내용을 조사, 심의하여 비윤리적인 부분을 색출하고 어느 정도의 강제력을 행사하여 그것의 유포를 막는 것이다.

이런 방법은 우선 매우 비민주적이고 유치한 방법같이 보인다. 거의 모든 독재국가에서는 검열이란 방법으로 언론의 자유를 축소하고 자유로운 정보의 유통을 제한해 왔다. 비판 없는 권력행사는 시민들의 기본권을 박탈하는 것이다. 그뿐 아니라 정보의 자유에 제재를 가한다는 것은 권력을 가진 기관이 시민들에게 무엇은 읽고 무엇은 읽지 말아야 한다는 것을 지시하는 것으로 시민들의 자율능력과 비판능력을 무시하는 모독이다. 특히 윤리규범 혹은 가치라는 것은 자율적으로 선택했을 때, 즉 자신이 옳다고 생각하고 추구할 때만 가치로 기능할 수 있는 것인데, 그것에 대한 제재란 바로 윤리의 자율성 그 자체에 역행하는 것이다.

그럼에도 불구하고 정보화 시대에는 어느 정도의 제재가 불가피하다. 과거에 언론의 자유, 표현의 자유가 강조된 것은 소수가 권력을 독점하기 위하여 비판을 허락하지 않은 경우가 너무 많았기 때문이다. 그러나 정보가 상업화의 수단이 된 것은 최근의 일이고, 그것을 대규모로 할 수 있는 것은 정보의 제작과 확산의 기술이 개발되었기 때문이다.

이렇게 정보를 생산해내는 소수의 사람들이 사회 구성원의 상당수, 특히 청소년들에게 윤리적으로 악영향을 끼치는 것이 가능해진 현대사회에서 과거의 상황에서 필요했던 언론의 자유와 정보의 창조 및 확산의 자유를 무제한 허용하는 것은 정당화될 수 없다. 언론과 정보통신의 자유가 한 사람이 다른 사람에게 해를 끼치거나 해를 끼치도록 자극하는 결과를 가져오도록 해서는 안 되는 것이다.

물론 정보의 생산과 확산에 대한 제재는 매우 조심스럽게 이루어져야 한다. 비윤리적인 정보의 제재를 구실 삼아 정당하고 건전한 정보를 억제하는 결과를 가져와서는 안 될 것이고, 사회의 특정 소수의 가치관을 모든 사람에게 강요하는 결과를 가져와서도 안 될 것이다. 사회구성원 절대 다수가 동의하는 방법에 의하여 가장 심각한 악영향만 제재할 수 있도록 해야 할 것이다.

❹ 사회구성원 개개의 책임

앞으로 정보화 시대가 과연 사람들에게 안정되고 창조적인 삶을 제공해 줄 수 있는가는 궁극적으로 정보를 생산하고 수용하고 활용하는 사람들이 얼마나 책임감을 가지고 합리적으로 선택하는가에 달려 있다. 정보화 시대에는 한 사람의 파괴력이 과거 어느 때보다 더 클 수 있으므로 가능한 많은 개인들이 합리적이 되어야 하고, 비합리적인 행위가 적절히 제재될 수 있는 구조가 만들어져야 할 것이다. 그런 구조를 만들어야 할 필요성을 느끼는 것도 개인들이고, 그것을 만드는 것도 궁극적으로 개인들이다. 그러므로 정보화 시대에 필요한 사회윤리도 궁극적으로는 개인들이 책임을 져야 할 것이다. 책임감 있는 개인들이 많을수록 정보화 사회는 더 질서 있고 평화로운 삶을 보장해 줄 것이다.

📖 읽을거리 : 성공을 위한 습관 다지기

성공한 사람들은 남보다 더 노력하고 인내하고 효과적으로 준비하는 습관을 가지고 있다. 습관은 노력으로 바꿀 수 있다. "하나의 새로운 습관이 우리가 알지 못하는 우리 내부의 낯선 것을 일깨울 수 있다."는 생텍쥐페리의 말처럼 일상을 변화시키려면 습관부터 바꾸어야 한다.

① 실천하는 사람이 되라 : 세상에는 말하고 생각하고 계획하고 꿈만 꾸는 사람과 그 모두를 행동으로 옮기는 사람이 있다. 실천하는 사람을 성공으로 이끌고, 꿈만 꾸는 사람을 실패로 이끄는 힘은 습관이다. 목표를 세웠다면 당장 실천하자. 꿈만 꾸고 생각만 한다면 진정한 삶의 변화를 얻을 수 없다.

② 신중하게 새로운 습관을 찾아라 : 습관은 버려지는 것이 아니라 교체된다. 금연에 성공했지만 대신 먹는 습관이 생겨 체중이 느는 것처럼 하나의 습관을 중단하면 진공 상태가 발생하면서 다른 것으로 채워진다. 또 다른 나쁜 습관이 대체되지 않도록 구체적이고 신중하게 새로운 습관을 선택하자.

③ 꾸준히 반복하라 : 새 습관이 배도록 하려면 꾸준히 훈련하는 노력이 필요하다. 바이올리니스트 사라사테는 "사람들은 내가 지난 37년 동안 하루에 14시간씩 연습한 건 생각도 않고 천재라 부른다."고 씁쓸해 했다. 최고가 되는 것은 재능보다 꾸준히 연습하는 습관에서 비롯된다.

④ 크게 생각하고 작게 시작하라 : 습관은 오랜 시일에 걸쳐 자신도 모르게 천천히 갖게 되듯이 습관을 바꿀 때도 작은 것부터 하나씩 차근차근 실천하는 것이 중요하다. 마라톤 완주 목표를 세웠다면 1km, 5km의 단거리로부터 차근차근 거리를 늘리면서 달리는 습관을 들여야 완주할 수 있다.

⑤ 자기를 통제하라 : 피타고라스는 '가장 위대한 자산은 바로 자기통제'라고 했다. 자신을 통제하지 못하면 인생을 변화시키지도 잠재력을 충분히 발휘하지도 못한다. 날마다 할 수 있는 조깅, 수영, 악기 연주, 독서 등 지속적인 활동으로 얻는 자기 수양, 의지, 인내가 자기통제로 이어진다.

⑥ 마음으로 리허설하라 : 어떤 상황에 대해 대응 방식을 미리 머릿속으로 연습하면 나쁜 습관을 고칠 가능성이 더 커진다. 실제를 상상하면 정신적으로 준비할 때 행동을 이끄는 두뇌의 전두엽 피질이 활성화된다. 원하는 습관을 되새기며 마음으로 연습하라.

6. 새로운 문화적 도전

　N1.5세대가 주도하는 문화는 대부분 사이버 문화이다. 사이버 공간의 문화란 앞서 말했듯이 가상현실공간이라는 의미를 선취하고 있지만 아직은 이런 가상현실기술이 발달하지 못한 상태에서 정보통신기술의 개발 및 이용과 관련하여 나타나는 다양한 문화적 현상을 뜻한다. 현재 인터넷으로 대표되는 컴퓨터통신망에 대한 공간적 은유라고 할 수 있는 이 문화는 모든 사람들이 언제 어디서나 자유롭게 접속하여 소통할 수 있고 장소에 구애받지 않고 정보를 취득하고 전달할 수 있는 새로운 만남의 장을 제공하는, 자유와 평등의 이상을 실현할 수 있는 새로운 민주적 문화의 대명사처럼 통칭되고 있다. 그러나 다른 한편에서는 거대자본과 정보통신기술의 결합으로 사이버 공간의 상업화와 독점화가 가속화되고 있고, 인터넷 언어의 영어중심화 경향이 심화되고 있어 오프라인상에서의 거대자본의 독점화와 미국화 현상보다 더욱 심각한 위험을 내포하고 있다.

　사이버 문화는 과거와 같이 국지적인 차원에서 머무는 것이 아니라 전 지구적 차원에서 동시적인 접속과 소통이 가능한 시공간 압축 기술과 무제한적인 공간확장 가능성, 텍스트만이 아니라 오감을 동시에 충족시키는 멀티미디어 환경과 인터랙티브한 소통방식 등 전적으로 새로운 형태의 시공간적 체험을 바탕으로 하고 있기 때문에 그 부정적인 측면에서 보면 과거의 문화자본 / 문화권력이 행사했던 지배의 강도나 범위를 크게 능가하는 규모이며, 긍정적인 측면에서 보더라도 자유와 평등과 개방과 자율의 강도와 범위를 크게 확대할 수 있는 특성을 가지고 있다.

　그러나 아직 사이버 문화는 레이몽 윌리엄즈식의 분류에 따르면 아직은 지배적인 문화로까지 이르지 못하고 부상하고 있는 신생문화이다. 따라서 이 신생문화가 현재 지배적인 위치

를 차지하고 있는 대중문화와 잔여문화라고 할 수 있는 예술 및 전통문화와 어떤 관계를 맺을 것인지는 불확실하다. 이런 불확실성 속에서 자본 / 대중 중 어느 쪽이 사이버 문화의 특성을 얼마나 잘 이해하고 이를 적극적으로 활용할 것인가에 따라 그 긍정적 / 부정적 측면의 발현 양상이 달라질 수밖에 없다. 따라서 사이버 문화의 진보적 측면을 적극적으로 구현해 가기 위해서는 사이버 문화의 다양한 특성을 잘 이해할 필요가 있다.

우선 사이버 문화의 특성을 사이버 공간의 차원에서 살펴보면 다음과 같이 요약될 수 있다. (1) 익명성, (2) 개방성, (3) 자율성이 그것이다. (1) 익명성은 가명(ID)으로 상징되는 '접속인'들 간의 만남에서 비롯되는 것으로 상대를 알지도 못하지만 상대에게도 알려지지 않기에 접속인들 간의 만남은 사회적 관습과 자신의 정체성이라는 맥락에서 벗어날 수 있다는 점에서 발생한다. 이렇게 가명을 이용한 만남은 때로는 폭언이나 사기행각으로 귀결되기도 하지만 오프라인상의 사회적 구속을 벗어나 '함께 모여 즐기는 삶(동호인들의 커뮤니티)'이라고 하는 새로운 형태의 적극적 만남을 만들어낼 수도 있다. 익명성은 사이버 공간을 배설과 소음의 장으로 만들기도 하지만 정보의 다양성을 무한히 증식시키고 개인들의 자발성을 촉진시키면서 다양한 커뮤니티를 형성할 계기가 되기도 한다. (2) 개방성은 정보의 송신자와 수신자 사이의 벽을 없애고 정보 공유를 허용하는 데서 발생한다. 이 점이 기존의 다른 매체와의 가장 큰 차이점이라고 할 수 있는 바, 개방적이지 않은 통신망은 이미 사이버 공간이라고 할 수 없고 기존 매체와 차이가 없게 된다. 인터넷의 상업화가 가속화되어 정보공유와 쌍방향의 자유로운 접속이 제한될 경우 인터넷 자체의 성장이 중단될 수 있다. (3) 자율성은 사이버 공간의 가장 강력한 도덕적 원리로서, 오프라인에서의 일방향적인 소통방식과 통제기구 및 규범으로부터 벗어나 자율적 개인들이 스스로 표현의 자유를 만끽할 수 있는 원리이다.

최근 들어 인터넷상의 폭언과 인터넷 포르노사이트의 급증 등을 빌미로 오프라인에서와 같은 형식으로 인터넷에 대한 규제를 강화하려는 정치적 시도가 제기되고 있지만(미국의 '통신품위법'이나 한국에서의 정보통신등급분류법 등), 그런 이유로 인터넷에 대한 규제가 제도화될 경우 익명성 / 개방성 / 자율성이라고 하는 사이버 공간의 특성은 크게 위축되고 변질될 수밖에 없다. 반대로 익명성 / 개방성 / 자율성을 지켜낼 경우 사이버 공간은 기존의 오프라인상에서는 구현할 수 없었던 새로운 형태의 공공영역으로 기능할 수 있다. 익명성 / 개방성 / 자율성의 사이버 공간을 오프라인에 비유하자면 개방된 광장에서의 익명적 만남(이를 지속적이고 적극적인 만남으로 가능하게 하기 위해서는 서로를 존중하는 네티켓이 필요하다)을 가능케 하며, 저자와 저작권으로 묶여진 근대적 형태의 예술창작 / 감상의 위계를 깨고 대중의 자율적 참여에 의한 쌍방향 소통의 길을 열어줄 수 있다.

사이버 문화의 특성은 새로운 지각환경의 출현과 새로운 멀티미디어 제작방식의 출현이라는 측면에서도 살펴볼 수 있다. 디지털 멀티미디어 환경은 분명히 과거 아날로그 시대의 모노미디어, 또는 아날로그 시대의 멀티미디어(연극이나 영화)와는 다른 차원을 지니고 있다. 하이퍼텍스트나 윈도 체제의 등장은 문자와 비디오, 오디오를 하나의 매체 속에서 통합적으로 운영하면서 인간-멀티미디어의 인터페이스의 길을 열어놓기 시작했고, 가상현실의 산업화는 컴퓨터를 통한 인터페이스 없이 직접 오감을 지닌 가상현실과 대면케 하고 있다. 기본적으로 디지털화는 생산의 측면에서는 선형적이고 직렬식이던 공정을 비선형적이고 병렬식으로 변화시키며, 전체공정은 크게 압축되고 단순화된다고 할 수 있다. 또 수공업적인 요소는 사라지고 자동기술화의 비율이 크게 확대되어 전체적인 제작과정에서 프리프로덕션이 차지하는 비중이 점점 커지게 된다. 수용자의 측면에서는 수용자의 제작과정에의 참여나 주문형 제작과 같은 방식이 늘게 되어 상당한 범위 내에서 소비자의 생산자화가 촉진되게 된다. 또한 물리적인 측면에서 상당한 비중과 비용을 차지했던 제작과정이 자동적인 정보처리과정으로 상당 부분 대체되면서 창작자가 자유롭게 의도를 실현하거나 새로운 실험을 할 수 있는 기회가 늘어나고, 그 대신 다양하게 분화된 대중적 취향을 소구하기 위해 치밀한 사전조사와 기획과정이 요구된다고 할 수 있다. 이런 점에서 이론–창작의 분리라는 근대예술의 상투형에서 벗어나 문화정세를 읽고 조사연구와 토론 및 비평 능력을 갖추고 사회의 다양한 국면에 개입하고 결합하는 새로운 유형의 창작자가 요구될 수 있다.

사이버 문화의 또 하나의 큰 특성은 전통적인 의미에서의 예술과 비예술의 경계가 갈수록 애매해지면서 전통적인 의미에서의 예술이 문화 전반에서 차지하는 위상이 크게 약화될 우려가 크다는 점이다. 20세기 후반에 들어 가속화된 문화산업과 오락산업의 대대적인 증가는 사이버 공간의 확대를 통해 더욱 확산될 전망으로 순수예술은 갈수록 고립되고 주변화될 우려가 크다. 오늘날 문화의 중심은 문화산업과 문화관광, 스포츠 등이 차지하고 있는 실정이다. 정리해 보면 결국 18세기까지의 정치와 종교에 종속적이던 문화와 예술은 프랑스 혁명을 전후로 하여 자율성을 획득했으나 19세기라는 이행기를 경과하는 동안 획득한 자율성을 20세기에 들어서는 철저하게 상실해가면서 예술상품 / 문화상품 / 오락상품으로 변질해 왔다고 할 수 있다. 그러나 20세기에 들어 예술의 역할이 축소되고 대중매체문화가 지배적 위치를 구가할 수 있었던 것은 단품종 대량생산과 대량소비를 축으로 하는 포드주의적 대중소비사회라는 사회적 특성과 연관이 깊다. 이제 다품종 소량생산을 축으로 하는 포스트포드주의적인 다중소비사회 시대에 들어서면서 대중매체문화의 생산-소비 방식에도 상당한 변화가 야기될 것으로 보인다. 사이버 공간의 확산은 이와 같은 취향의 복수화 경향을 촉진할 것으로 보이는 바, 이에 따라 예술 / 대중문화 사이의 관계에도 새로운 변화가 나타날 가능성도 있다. 다시 말해서 사이버 공간의 특성에 따라 예술에 대한 대중의 접근성이 높아지고 예술 역시 복합장르화 / 복합매체화 방식을 통해 자신의 위상과 기능을 변화시킬 것이라는 얘기다.

그밖에도 사이버 공간은 물리적인 공간이 아니라 일종의 심리적 공간이라는 점을 주목해야 한다. 사이버 공간에서 사람들은 다양한 역할을 추구하고 자신의 정체성을 끊임없이 시험해보는데, 이는 마치 아이가 레고 블록을 가지고 새로운 형태를 반복적으로 만들어가는 것과 같다. 자기 변신의 욕구를 충족시키려는 경향은 사이버 공간에서 자신의 캐릭터를 만드는 활동으로 나타난다. 이처럼 사이버 공간은 사람들 개개인의 마음이 확장되는 곳이며 이곳에서 개인은 자신의 내면속에 깊이 있던 온갖 환상을 발산하고, 다른 사람들과 만나고, 스스로를 보다 잘 이해하는 기회로 삼을 수 있다. 덜 바람직한 조건이라도 이 심리적 공간은 사람들이 자기들의 환상과 이런 환상의 기원이 되는 심리적 좌절과 불안과 욕망을 해소하고 배설하는 공간이 된다(황상민, 사이버공간의 심리, 182-183).

위와 같은 개괄은 단편적인 것에 불과하며, 문제는 사이버 문화가 기존의 예술에 대해 던지는 이와 같은 긍정적 자극들을 오프라인에서의 창작 중심의 텍스트 생산과 일방향적 전달이라는 제도적 절차에 익숙해진 예술가들이 어떻게 소화할 것인가에 달려 있다. 예술 역시 하나의 역사적 제도로서 특정 시대와 지역의 정치경제적이고 사회문화적인 맥락 속에서 형성되었다가 소멸되고 새로운 제도로 전화되는 역사적 과정이라는 점에서 보자면, 근래에 들어 나타나고 있는 사이버 사회와 사이버 문화/공간적인 특성은 근대적 형태의 예술제도를 새로운 방식으로 변화시킬 것을 요구하고 있다는 점에 주목할 필요가 있다. 철학적 측면은 사이버 문화를 자연정복적인 근대적 기술결정론으로부터 구제하여 인간-동물-기계-자연의 관계를 차이에 기반한 공생적 관계로 파악하게 해주며 예술적으로 촉진시킬 수 있는 새로운 근거가 될 수 있다고 본다. N1.5세대들은 새로운 문화창조의 주역이 될 것이며 갖가지 세대 차이를 극복하여 공유하며 전혀 새로운 소사이어티를 만들어나갈 것이다.

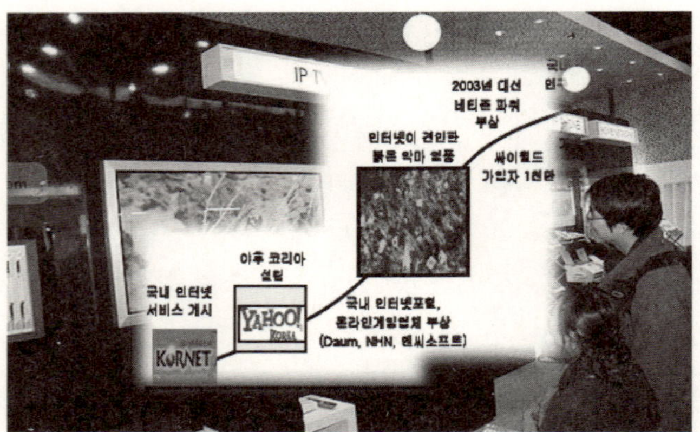

〈그림 17〉 2004년 코엑스에서 열린 IT기술 및 디스플레이 기술 전시회 내용에서 일부를 확대하여 붙임.

첫 번째, 나는 인생의 명확한 목표를 완수할 수 있는 능력이 나에게 있음을 알고 있다. 그러므로 내 자신에게 끈기, 목표를 달성하기 위한 끊임없는 노력을 요구하며 바로 이 자리에서 나의 그러한 요구를 수락하여 행동으로 옮길 것을 약속한다.

두 번째, 나는 정신을 지배하는 생각이 결국에는 외적으로 표출되고 행동으로 나타나며 점차적으로는 그 생각이 물리적 현실로 변형된다는 것을 알고 있다. 그러므로 매일 30분마다 생각을 집중하여 내가 미래에 되고 싶은 모습을 떠올리고 마음속에 그것을 선명하게 그려볼 것이다

세 번째, 나는 자기 암시의 법칙을 이미 알고 있다. 내가 진정으로 끊임없이 뭔가를 갈망하면, 결국 그것을 성취할 수 있도록 어떤 실질적인 방법이 내 앞에 그 모습을 드러낼 것이라는 것을 알고 있다. 따라서 나는 자신감을 갖기 위해 노력하는 데 매일매일 하루의 10분을 할애할 것이다.

네 번째, 나는 인생에서 이루고 싶은 것을 자세히 기록했으며 그것을 실현하는 데 꼭 필요한 자신감을 갖기 전까지는 노력을 멈추지 않을 것이다.

다섯 번째, 어떤 부나 명예도 진실과 정의를 토대로 완성된 것이 아니라면 오래 갈 수 없다는 것을 나는 이해하고 있다. 그러므로 어떤 일을 할 때 그 일과 관련된 모든 이들에게 혜택이 돌아가는 일이 아니라면 절대 그 일에 관여하지 않는다. 내가 이용하고 싶은 힘이 스스로 나에게 다가오게 하고 다른 사람들이 자진해서 나를 도와주게 만들어, 그런 도움을 바탕으로 성공을 만들어 나갈 것이다. 내가 다른 사람들에게 잘하기 때문에 다른 사람들도 나에게 잘해주도록 이끌 것이다.

또한 증오·질투·부러움·이기심·냉소적인 태도 등은 전부 없애고 대신 모든 인간에 대한 사랑을 키워나간다. 다른 사람들에 대한 부정적인 태도는 절대 나에게 성공을 가져다 줄 수 없다는 것을 알기 때문이다. 내가 다른 사람들과 내 자신의 가치를 믿기 때문에 남들도 나의 가치를 인정하게 만들 것이다.

참고문헌

1. 국내문헌

고길섭 외, 『문화읽기 : 삐라에서 사이버 문화까지』, 현실문화연구, 2000.

권병수, 「상호작용적 텍스트의 사용과정에 대한 연구-컴퓨터게임을 중심으로」, 서울대 석사학위논문, 1997.

권장원, 「사회적 자본으로서의 연고 속성 변화경향에 대한 연구」, 『언론과 사회』 10(2), 2002.

김문조, 「사회망 분석의 이론과 실제」, 황성모 편, 『사회이론과 사회분석』, 1987.

김문조, 「IT와 새로운 사회질서의 형성」, 『IT기반 미래국가 발전전략 연구』(사회영역 2차 워크샵 발표모음집), 정보통신정책연구원, 2004.

김문조, 『과학기술과 한국 사회의 미래』, 고려대출판부, 1999.

김문조·임병갑·김종길, 「PC방(인터넷플라자)을 활용한 정보생활화 추진방안」, 연구보고서, 한국정보문화센터, 2000.

김미란, 「청소년문화의 새로운 이해」, 『숙명여자대학교원우론총』 제14집, 1996.

김미윤, 「사이버 공간 경험의 의미와 청소년문화」, 『청소년학연구』 10권 4호, 211~232, 2003.

김선업, <정보화와 청소년>, 『청소년의 일상과 가족』, 2000년도 미래인력연구센터 주최 여성연구 학술대회, 2000. 12. 2.

김성재, 『체계이론과 커뮤니케이션』, 박영률출판사, 1998.

김수정, 「청소년 음란물 중독에 관한 연구」, 『정책과학연구』 11권, 단국대학교정책과학연구소, 2001.

김인구, <인터넷은 미래 생활의 열쇠>, 『정보화로 가는 길』, 2000. 6.

김정로 외, 『정보사회의 빛과 그늘』, 일신사, 2003.

김종길, <인터넷 공간 내에서의 자아성찰>, LG 커뮤니카토피아연구소 편, 『정보혁명, 생활혁명, 의식혁명』, 백산서당, 1998.

김종길, 「니클라스 루만(N. Luhmann)의 일반 체계이론」, 『한국사회학』 27, 1993.

김종길·김순주, <한국의 유즈넷 뉴스그룹 형성과 발전 가능성 : han.* 뉴스그룹을 중심으로>, 『한국사회학』
　　　제32집 봄호, 1998.
김종래, 『CEO 칭기스칸』, 삼성경제연구소, 2003.
김창남, 「청소년집단의 하위문화적 특성에 관한 연구」, 『한국사회와언론』 제5호, 1995.
김창남, 「하위문화집단의 대중문화 실천에 대한 일연구 : 대중음악을 중심으로」, 서울대 박사학위논문, 1994.
김창남, 『대중문화와 문화적 실천』, 한울아카데미, 1995.
김창남, 『대중문화의 이해』, 한울, 2003.
김창배, 『21c게임패러다임』, 지원미디어, 1999.
김창호 엮음, 『내가 아는 것이 진리인가』, 웅진닷컴, 1995.
김형곤, 「뮤직비디오 수용자들의 포스트모던 청소년문화에 대한 현장기술지」, 서울대 석사학위논문, 1992.
김형천, 「중학생의 컴퓨터게임 이용실태와 생활변화에 대한 분석적 연구」, 동아대 석사학위논문, 1999.
김희재, 『한국 사회변화와 세대별 문화코드』, 신지서원, 2004.
라도삼, 『비트의 문명 네트의 사회』, 커뮤니케이션북스, 1999.
문화체육부, 「정보화사회에서의 건전청소년문화육성방안-컴퓨터게임과 컴퓨터통신을 중심으로」, 문화체
　　　육부, 1995.
박명진, 「전자매체와 청소년문화 : 전자게임의 경우」, 『청소년연구』 제17집, 1994.
박부권, 「청소년 자아변화와 그 교육적 함의-시장과 인터넷의 영향을 중심으로」, 『교육사회학연구』 12권
　　　1호, 2002.
박용관, 『네트워크론』, 커뮤니케이션북스, 1999.
박창호, 『사이버 공간의 사회학』, 정림사, 2001.
박통희·원숙연, 「조직구성원간 신뢰와 연줄 : 사회적 범주화를 중심으로」, 『한국행정학보』 34(2), 2000.
방희경, 「소수문화적 관점에서 본 사이버 민주주의」, 서강대 석사학위논문, 2003.
배영수, 『서양사강의』, 한울, 1992.
백욱인·하종원, 「컴퓨터와 청소년문화-현황과 전망」, 한국청소년문화연구소, 1998.
서일윤, 『종족을 찾아라』, 생각의 나무, 2004.
석승혜, 「저항적하위문화에 대한 일 연구-폭주족을 중심으로」, 이화여대 석사학위논문, 2000.

손 용, 『디지털 네트워크 시대의 텔레커뮤니케이션』, 한울, 2003.

손봉호, 「정보화 시대의 윤리」, 2000.

손연기외, 「정보사회인식 및 실태조사」, 한국정보문화센터안정임, 1997.

손인수, 『교육사교육철학연구』, 서울 : 문음사, 1994.

송호근, 『한국, 무슨 일이 일어나고 있나』, 삼성경제연구소, 2003.

신승환, 『포스트모더니즘에 대한 성찰』, 살림, 2003.

안 홍, 『21세기 대변혁과 인류의 미래 1, 2』, 문예당, 2003.

어수용, 「한국인의 가치변화와 지속성 그리고 민주화」, 『한국정치학보』 33, 1999.

원용진, 『대중문화의패러다임』, 한나래, 1996.

유석춘·장미혜·정병은·배영, 『사회자본 : 이론과 쟁점』, 그린, 2003.

유승호, 『사이버 커뮤니케이션론』, 녹두, 2000.

윤영민, 『전자정보공간론 : 컴퓨터 네트워크의 사회학적 탐색』, 전예원, 1996.

윤철경, <청소년 자발성의 육성>, 『N세대 : 새로운 정책의 추구』, 제8차 정책토론회 자료집, 한국청소년교
　　　육연구소, 2000.

이근무, <정보통신혁명의 사회학적 함의>, 『한국사회학』 제30집 봄호, 1996.

이덕희, <정보통신기술의 변화와 네트워크 확대>, 『정보화 저널』 5(1), 1998.

이동연, <헤드뱅잉에서 스노우보드까지 : 서태지와 하위문화 스타일>, 『서태지는 우리에게 무엇이었나』,
　　　문화과학사, 1999.

이성식·전신현 편역, 『감정사회학』, 한울, 1995.

이세용, <인터넷과 청소년의 성의식>, 『인터넷과 청소년』, 한국정보사회학회 청소년 보호위원회 주최 학
　　　술 심포지움, 2000. 9. 30.

이승환, 『유가사상의 철학적 재조명』, 고려대출판부, 1998.

이재현, 『인터넷과 사이버 사회』, 커뮤니케이션북스, 2000.

이정덕, 『21세기 한국의 문화혁명』, 살림, 2004.

이정춘, 『미디어와 사회』, 세계사, 2003.

이정훈, 「사이버스페이스에 대한 담론 연구 - 신자유주의 이데올로기를 중심으로」, 서강대 석사학위논문,

1999.

이주한, 「컴퓨터게임의 상호작용성에 대한 연구」, 서강대 석사학위논문, 1998.

전경란, 『미디어교육의 이해』, 한나래오치선, 1999.

전효관, <10대의 놀이 문화 : 차이와 다양성의 문화?>, 『청소년의 일상과 가족』, 2000년도 미래인력연구센터 주최 여성연구 학술대회, 2000. 12. 2.

정기선, <인터넷 사용의 심리적 영향>, 『인터넷과 청소년』, 한국정보사회학회 청소년보호위원회 주최 학술 심포지움, 2000. 9. 30.

정민승, 「학생들은 사이버에서 무엇을 배우는가? – 언어사용과 대중문화 수용과정을 중심으로」, 『교육사회학연구』 11권2호, 2001.

정유성, 「청소년문화담론 형성을 위한 시론」, 『한국청소년연구』 28호, 1998.

주은우, 「90년대 한국의 신세대와 소비문화」, 『경제와 사회』 제21호, 1994.

천전웅, 「청소년 사이버 일탈의 특성과 유형에 관한 연구」, 『청소년학연구』 7권 2호, 2000.

최동철, 『인간활용 : 사이버네틱스와 사회』, 전파과학사(1996), 1978.

최문규 · 김희봉 · 조경식 · 서규환, <새로운 매체현실과 문화변화>, 『독일어문학』 11, 2004.

최배근, 『네트워크 사회의 경제학』, 한울, 2003.

최병두, 『근대적 공간의 한계』, 삼인, 2002.

최소영, 「인문계고등학교 학생문화의 이중성 연구 : 입시문화와 대중문화의 갈등적 공존」, 숙명여대 석사학위논문.

최창섭, 「미디어교육 관련 연구 경향 고찰」, 우리나라 미디어교육의 현실과 과제, 제2회 미디어교육 현장 사례 및 학술발표회 자료집, 1998.

최창현, 『조직사회학 – 조직환경론을 중심으로』, 학문사, 1995.

하종원 · 백욱인, 「컴퓨터와 청소년」, 『정보화 시대의 매체정책과 문화정책』, 언론학회 · 사회학회 공동세미나, 1998.

한국전산원, <정보화통계>, http://www.nca.or,kr/main/nca_main.html, 1999.

한규석, 「사회심리학 이론의 문화특수성 : 한국인의 사회심리학 연구를 위한 고찰」, 한국심리학회지 : 사회 6(1), 1991.

한규석, 『사회심리학의 이해』, 학지사, 2003.
홉스봄 외(E. Hobsbawm et al.), 『노동의 세기, 실패한 프로젝트?』, 임지현 편, 2000.
홍 성, 『하이브리드 세상읽기』, 안그라픽스, 2003.
홍성태, 『사이버 공간·사이버 문화』, 문화과학사, 1996.
홍성태, 『사이버 사회의 문화와 정치』, 문화과학사, 2000.
황상민·한석규, 『사이버 공간의 심리』, 박영사, 1999.
LG 커뮤니카토피아연구소 편, 『정보혁명 생활혁명 의식혁명』, 백산서당, 1999.
SBS 서울디지털포럼 편, 『세계 디지털 리더들이 말하는 제3의 디지털 혁명 : 컨버전스의 최전선』, 미래
        M&B, 2004.

2. 국외문헌

Aries, Philippe., Centuries of Childhood. Harmondsworth : Penguin, 1973.
Arthur, W., Increasing Returns and Path Dependence in the Economy, University of Michigan Press, 1994.
Ashby, R., "Principles of the Self-Organizing Dynamic System." Journal of General, 1947.
Bateson, G., Mind and Nature : A Necessary Unity. Dutton, 1979.
Bauman, Z., "The Great War of Recognition." Theory, Culture & Society 18(2-3), 2001.
Beck, U. & E. Beck-Gernsheim., 2002. Individualization. Sage.
Bell, D., An Introduce to Cybercultures. Routledge, 2001.
Bell, D., The Coming of Postindustrial Society : A Venture in Social Forecasting, Basic Books, 1973.
Bertalanffy, L., General System Theory. Braziller, 1968.
Bijker, W. & P. Trevo., "Social Construction of Facts and Artifacts." Social Studies of Science 14, 1984.
Bourdouries, M., "Self-Organization, Systems Theory & Constructivism."<http://platon.ee.duth.gr/2soeist7t>(현재
        폐쇄됨), 2002.
Buckley, W., Sociology and Modern Systems Theory, Prentice Hall, 1967.

Burg, David., Encyclopedia of Student and Youth Movements, New York : Facts on File Publications, 1998.

Burt, R., "Structural Holes versus Network Closure as Social Capital." in Lin, N., 2001.

CALResCo., "The Complexity & Artificial Life Research Concept for Self-Organizing

Castells, M., "Toward a Sociology of the Network Society." Contemporary Sociology 29(5), 2000.

Castells, M., End of Millenium, Blackwell, 1998.

Castells, M., The Information Age : Economy, Society and Culture, The Rise of Network Society, Vol.1, Blackwell, 1996.

Castells, M., The Information Age : The Power of Identity, Vol.2, Blackwell, 1997.

Coleman, J., "Social Capital in the Creation of Human Capital." American Journal of Sociology 94, 1988.

Dourish, P., Where the Action Is : The Foundations of Embodied Interaction, Bradford Books, 2001.

Durkheim, E., The Division of Labor in Society, Free Press, 1956.

Durkheim, Emile., The Division of Labor in Society. New York : Macmillan, 1933.

Eagleton, Terry., After Theory. New York : Basic Books, 2004.

Edward, L., D. Laibson & B. Sacerdote. "An Economic Approach to Social Capital.", 2002.

Eigen, M., "Molecular Self-Organization and the Early Stages of Evolution." Quarterly Reviews of Biophysics 4(2/3), 1971.

Erikson, Erik., Childhood and Society. New York : W.W.Norton, 1963.

Evans, P., "Fighting Marginalization with Transnational Network : Counter-Hegemonic Globalization." Contemporary Sociology. 29(1), 2000.

Fiske, J., Moment of televisions, In Seiter et el, Remote Control.London : RoutledgeBarthes, R.(1975), The Pleasure of Text, New York : Hill&Wang, 1991.

Foerster, H. and G. Zopf (ed)., Principles of Self-Organization. Pergamon, 1962.

Forrester, J., Principles of Systems. Cambridge, 1968.

Freud, Anna., "Adolescence" in R. Eisser, A. Freud, H. Hartman, & M, 1958.

Fromm, E., Escape from Freedom. Henry Holt & Company, 1994.

Gergen, K., The Saturated Self : Dilemmas of Identity in Contemporary Life. Basic Books, 1991.

Gleick, J., Chaos. Penguin, 1987.

Gosse, Van., The Movements of the New Left, 1950~1975 : A Brief History with Documents. New York : Bedford/St. Martin's, 2004.

Granovetter, M., "The strength of Weal Ties." American Journal of Sociology 78, 1973.

Griswold, W., Cultures and Societies in a Changing World, Pine Forge Press, 1994.

Habermas, J., The Theory of Communicative Action, Vol. 1 : Reason and the Rationalization of Society. Beacon Press, 1985.

Hebdige, Dick., Subculture : The Meaning of Style, London : Methuen, 1979.

Hine, Thomas., The Rise and Fall of The American Teenager, New York : Harper Collins, 1999.

Hochschild, A., The Managed Heart. University of California Press, 1983.

Honneth, A., "Recognition or Redistribution." Theory, Culture & Society 18(2-3), 2001.

Hradil, S., Die Single-Gesellschaft, C. H. Beck, 1995.

Inglehart, R., Cultural shift in Advanced Industrial Society. Princeton University Press, 1989.

Inglehart, R., Modernization and Postmodernization : Cultural, Economic, and Political Change in 43 Societies. Princeton University Press, 1997.

Jones, S. (ed)., Virtual Culture : Identity and Communication in Cybersociety, 1997.

Jones, S.G.(ed.), Cybersociety, Sage Publications, 1995.

K. Cook, and R. S. Burt (ed)., Social Capital : Theory And Research, Aldine de Gruyter, 2001.

Kauffman, S., The Origin of Order, Oxford University Press, 1993.

Kogut, B. & G. Walker., "The Small World of Germany and the Durability of National Networks." American Sociological Review 66(3), 2001.

Kohlberg, Lawrence., The Psychology of Moral development : The Nature and Validity of Moral Stages(vol. 2). New York : Harpercollins College Div, 1984.

Kris(Eds.), Psycholanalytic Study of the Child(vol. 13), New York : International University Press.

Levi, P., Becoming Virtual : Reality in the Digital Age. Plenum, 1998.

Levi-Strauss, Claude., Structural Anthropology, New York : Basic Books, 1963.

Lifton, R., The Protean Self : Human Resilience in an Age of Fragmentation. Basic Books, 1993.

Lin, N., Social Capital : A Theory of Social Structure and Action. Cambridge University Press, 2001.

Lorenz, E. "Deterministic Nonperiodic Flow." Journal of the Atmosphic Sciences 20, 1963.

Lovelock, J., Gaia. Oxford University Press, 1979.

Loytard, Jean-Francois., The Postmodern Condition : A Report on Knowledge.

Luhmann, N., "The Autopoiesis of Social Systems." in F. Geyer and J. Zouwen (ed) Sociocybernetic Paradoxes. Sage, 1986.

Luhmann, N., The Differentiation of Society. Columbia University Press, 1982.

Maffesoli, M., The Time of the Tribe : The Decline of Individualism in Mass Society, Sage, 1995.

Mandelbrot, B., The Fractal Geometry of Nature, Freeman, 1983.

Maturana, H. and F. Varela., Autopoiesis and Cognition : The Realization of the Living. D. Reidel, 1980.

Maturana, H., "Ontology of Observing : The Biological Foundations of Self-Consciousness and the Physical Domain of Existence." <http://www.inteco.cl/biology/ontology>, 1988.

McCulloch, W. and W. Pitts., "A Logical Calculus of the Ideas Imminent in Nervous Activity." Bulletin of Mathematical Biophysics 5, 1943.

Mcginn, R., Science, Technology and Society, Prentice-Hall, 1991.

Melton, James., Absolutism and the eighteenth century origins of compulsory schooling in Prussia and Austria, Cambridge : Cambridge University Press, 2002.

Meyrowitz, J., The Impact of Electronic Media on Social Behavior, Oxford University Press, 1985.

Miller, D. and D. Slater., The Internet : An Ethnographic Approach. Berg, 2000.

Miller, Timothy., TheHippies andAmericanValues, Knoxville : The University of Tennessee Press, 1991.

Minneapolis : Univ. of Minnesota Press.

Mueller, W., Understanding Today's Youth Culture, Wheaton, IL : Tyndale House Publishers, Inc., 1998.

Nadel, S., The Theory of Social Structure, Cohen & West, 1957.

National Center for Education Statistics, Internet Access in Public School, 1997.

OECD., OECD Societies in Transition, OECD, 1994.

Paldam, M., "Social Capital : One or Many? : Definition And Measurement." Journal of Economic Survey 14(5), 2000.

Parsons, Talcott., The Social System, London : Tavistock, 1952.

Portes, A., "Social Capital : Its Origins and Applications in Modern Sociology." Annual Review of Sociology 22, 1998.

Prigogine, I. and I. Stengers., Order out of Chaos. Bantam, 1984.

Prigogine, I., "Dissipative Structures in Chemical Systems." in S. Claesson(ed). Fast Reactions and Primary Process in Chemical Kinetics, Interscience, 1967.

Prigogine, I., From Being to Becoming. Freeman, 1980.

Putnam, R., Making Democracy Work : Civic Traditions in Modern Italy. Princeton University Press, 1994.

Regan, Stephen., The Eagleton Reader, Oxford : Blackwell Publishers, 1998.

Reid, E., "Electropolis : Communication and Community on Internet Relay Chat", Electronically distributed version of honors thesis for the Department of History, Melbourne : University of Melbourne, 1991.

Rheingold, H., "A Slice of Life in My Virtual Community." in L. Harasim(ed), Global Networks, MIT Press, 1993b.

Rheingold, H., "A Slice of Life in My Virtual Community", L.M. Harasim(ed.), Global Networks, Cambridge : MIT Press, pp. 57~80, 1993b.

Rheingold, H., The Virtual Community : Finding Connection in a Computerised World. Secker and Warburg, 1994.

Rheingold, H., The Virtual Community : Homesteading on the Electronic Frontier, A William Patrick Book, 1993a.

Riesman, D., The Lonely Crowd, Yale University Press, 1950.

Rietschel, P. and K. Rohde., Gezimeks Tierleben, Band I, 1971.

Rousseau, Jean-Jacques., Emile : Or On Education, New York : Basic Books, 1979.

Sachs, H., "Computer Networks and The Formation of Public Opinion : An Ethnographic Study", Media, Culture and Society, vol. 17, London, Thousand Oaks and New Delhi, pp. 81~99, 1995.

Schulze, G., Die Erlebnisgesellshaft, Kultursozioloogie der Gegenwart. Campus Verlag, 1992.

Scott, R. Organizations : Rational, Natural and Open Systems(4th ed), Prentice Hall, 1998.

Simmel, G., The Philosophy of Money. Routledge, 1978.

Slevin, J., The Internet and Society, Malden : Blackwell, 2000.

Stewart, I., Does God Play Dice? Blackwell, 1989.

Stone, C., Networking : The Art of Making Friends. Vermilion, 2000.

Systems, <http://www.calresco.org>, 2005.

Taylor, C., Sources of the Self : The Making of the Modern Identity. Harvard University Press, 1989.

Taylor, V., "Mobilizing for Change in a Social Movement Society." Contemporary Sociology 29(1), 2000.

Thurer, Shari., The Myths of Motherhood, Harmondsworth : Penguin, 1995.

Toffler, A., The Third Wave, Random House, 1980.

Turner, J., The Structure of Sociological Theory(5th Ed.). Wadworth, 1991.

Weber, Max., Economy and Society, New York : Bedminster, 1968.

Webster(Jr.), M. & J. Whitmeyer., "Application of Theories of Group Process.", 2001.

Wellman, B. & K. Hampton., "Living Networked On and Offline." Contemporary, 1999.

Woolgar, S., Virtual Society? Oxford University Press, 2002.

Wuthnow, R., Cultural Analysis : The Work of Peter L. Berger, Mary Douglas, Michel Foucault, and Jurgen Habermas, Routledge & Kegan Paul(최샛별 역, 2003), 1984.